台湾民意与
群体认同

陈孔立　著

陈孔立作品集 ▶

Collection of works of
Chen kongli

九州出版社 | 全国百佳图书出版单位
JIUZHOUPRESS

图书在版编目（CIP）数据

台湾民意与群体认同 / 陈孔立著. -- 北京 ：九州
出版社，2021.4（2023.5重印）
ISBN 978-7-5225-0000-3

Ⅰ．①台… Ⅱ．①陈… Ⅲ．①政治－研究－台湾
Ⅳ．①D675.8

中国版本图书馆CIP数据核字（2021）第052784号

台湾民意与群体认同

作　　者	陈孔立　著	
出 版 人	张黎宏	
责任编辑	张皖莉	
出版发行	九州出版社	
地　　址	北京市西城区阜外大街甲 35 号（100037）	
发行电话	(010) 68992190/3/5/6	
网　　址	www.jiuzhoupress.com	
印　　刷	三河市兴博印务有限公司	
开　　本	650 毫米 ×960 毫米　16 开	
印　　张	21.5	
字　　数	340 千字	
版　　次	2021 年 5 月第 2 版	
印　　次	2023 年 5 月第 2 次印刷	
书　　号	ISBN 978-7-5225-0000-3	
定　　价	92.00 元	

1992 年我第一次访问台湾，回来以后写下这样一段话："在台湾，多次接触到'感情''信仰'之类的说法，不能不引起我的思考。在政治文化中，信仰、感情和习惯、态度、性格、气质等等都是属于政治心理层次的，而心理状态往往是相当坚强的、持久的、不容易改变的，研究两岸关系问题，不应当忽视这个层次的研究"，"只有了解在政策措施背后的深层的因素，才能得到正确的认识，而正确地认识对方，则是达成共识的必要前提"。此后，我有意通过与台湾各界人士的交往，广泛搜集台湾民众心态、政治心理、主流民意、"主体意识"、群体认同等方面"鲜活"的具体的资料，并且长期从事这个方面的研究。本书是多年来研究这一问题的论文的结集。

第一部分有一组论文研究各个历史时期台湾民众的政治心态，包括从古至今的历史记忆，1945 年以来对台湾内部政治实践的心态、对两岸关系的心态，目的是说明：由于台湾历史与大陆历史有一定的差异，近几十年来两岸又处在不同的社会制度下，因此台湾民众对台湾历史与现实以及两岸关系的看法，与大陆同胞有许多不同。"历史记忆"导致台湾同胞形成一些特殊的心态，诸如悲情心态、"出头天"心态、优越感心态、"小国寡民"心态、分歧的认同心态、复杂的统"独"心态等等，而这些心态是大陆同胞所没有的，也是不容易理解的。应当强调，不了解台湾民众的历史记忆与特殊心态，就无法深入地认识台湾的现实。我认为，研究两岸关系的学者，有责任帮助大陆同胞深入了解台湾、深入了解台湾民众的心态。所以这一组文章着重运用比较丰富的具体资料，介绍台湾民众在各个方面的心态，主要是政治心态，让大家了解台湾民众在许多问题的看法是与我们不同的，这是认识台湾、研究台湾必不少的一个重要方面，我愿意承担这项工作。

由于不了解台湾民众的心态，在相当长的时间里，大陆一些媒体强调"求和平、求安定、求发展是台湾的主流民意"，认为台湾当局"违背了主流民意"。在文中，我对台湾主流民意作了"细化"分析，指出它具有两重性，而其中的一面就是针对大陆的，并且从理论上说明上述流行观点的错误所在。

此外，本部分还对台湾民众在两岸关系上的政治心理、"台湾主体意识"进行了研究，目的也是帮助大陆同胞具体深入地了解台湾民众的真实心态，并且采取正确的态度来对待，这就是我一贯强调的"同情的理解"。设身处地，将心比心，只有这样才能化解敌意，增进两岸人民的感情。

第二部分七篇论文都是近两年写的，集中研究"台湾人认同"与两岸认同问题。台湾方面研究两岸关系的著名学者杨开煌指出："认同问题是两岸的核心问题。"我赞成这个说法。现在两岸已经有不少学者对这一问题展开研究，我感到有必要作为研究重点加以深入探讨。我发现要研究这一课题，只靠政治学的理论是不够的，它已经涉及社会学、心理学等其他学科的领域，有必要开展综合性的研究。

在这一系列论文中，借鉴了社会心理学、社会认同论、建构主义理论以及管理学上的一些概念，研究了"台湾人认同"为什么和怎样成为主流民意，"台湾人认同"与"自尊需求""刻板印象"的关系，"台湾人认同"与大陆的关系，"台湾人认同"是否可能走向"双重认同"，即"两岸认同"，"两岸认同"过程的"双管双向互动模式"以及"两岸认同"可能出现的五个阶段。我强调的是：两岸交流不必然导致两岸认同，必须通过共同建构新的历史记忆与共有观念，才可能进入两岸共同建构社会认同的过程。总之，本书初步描绘出两岸认同的发展前景，为学术界的讨论提供参考。

第三部分研究"省籍—族群—本土化"的相关问题，这是台湾社会的一个特殊问题，对台湾民意与群体认同有重大影响，有助于深化对这一课题的认识。

我认为台湾民意与群体认同问题，必将成为今后一段时间两岸关系研究的热门课题，需要有多学科的综合研究。希望本书的出版能够起到抛砖引玉的作用，并且欢迎两岸学者对本书的见解提出批评指教。

民众心态分析 [001-137]

民众心态分析

历史的集体记忆与台湾民众的复杂心态

台湾同胞"在特殊的历史背景下形成的复杂心态"问题，这是一个十分重要的研究课题，本文试图对此进行一些具体的探讨。

什么是特殊的历史背景？这是相对于全国来说的。台湾的特殊历史背景主要表现在：第一，它是全国开发比较晚的地区之一，在相当长时期中是一个移民社会，因而带来不少特点；第二，它经历了50年的日本殖民统治，这是全国其他地区所没有的；第三，近半个世纪，台湾与大陆分隔开来，社会制度、经济制度、政治制度以及意识形态都有极大的不同。

什么是复杂心态？主要是指在上述特殊的背景下形成的，在国家认同、祖国统一方面存在的与大陆人民不同的心态和矛盾的心态，同时也指台湾内部不同经历、不同族群人们所有的不同心态。

只有从台湾特殊的历史因素来考察，才有可能真正理解台湾民众的复杂心态。

我一向认为，要研究当代的台湾必须了解台湾的历史，而要了解台湾的历史，不仅要了解它与全国历史的共同性，同时需要了解它的特殊性。我在《台湾历史与两岸关系》一书中指出："台湾历史作为中国历史的一个组成部分，它与全国的历史有着共性；但台湾作为中国的一个比较特殊的地区，它的历史也必然有其特殊性。如果只强调共同性，而忽略其特殊性，就不能正确地认识台湾的历史，也不能正确地认识台湾的现实;如果只强调其特殊性,而忽略了共同性,就不能正确地认识历史上的两岸关系和当前的两岸关系,也无法正确地认识和对待台湾的前途问题。"[1]

有关台湾历史与全国历史的共同性、特殊性问题,已经有过许多论文和专著作过研究。这里专门就"特殊历史背景"下台湾民众的"集体记忆"作一次总体性的考察。

一般说来,台湾民众并非都很了解台湾历史,他们的历史知识主要是从中学和小学教育中、从媒体的报道或文学作品中获得的。过去他们较多地接受国民党当局的影响,现在则较多地受到"台湾意识"甚至某些人鼓吹的"去中国化"的影响。因此,在台湾同胞的"集体记忆"中,对台湾历史的认识往往是相当矛盾的、模糊不清的,从而出现了一些比较复杂的心态。应当指出,并不是所有与我们不同的观点都是"台独"观点,不要把复杂的思想认识问题简单化为政治立场问题。

总的说来,台湾从古代到清朝末年被割让之前,有文献记载的历史并不长。虽然三国时代、隋朝中国大陆已经有人到过台湾(夷洲、流求),元朝政府在澎湖设立了巡检司,明朝年间已有相当数量大陆民众在台湾从事渔业和商业活动,有些人还在台湾居住,但中国政府正式在台湾设官置守则已经是明末清初的事了。由于台湾的开发和治理都比内地各省较晚,此外还经历过外国入侵的境遇,所以,台湾历史和整个中国的历史存在一定的差异,这就使得居住在台湾的民众对台湾历史和全国历史之间的关系,认识与大陆同胞不同,他们从全部台湾历史或从各个时期的台湾历史得出的看法和感受,也和我们有相当大的分歧。这种分歧是在两岸不同的历史背景下产生的,是客观存在的,不了解这种分歧,认为两岸同胞对历史和现实的认识"理应"完全一样,那完全是一种脱离实际的主观主义的想法。

集体记忆

台湾民众对历史的"集体记忆"究竟怎样呢？这里列举一些重要问题进行讨论：

（一）对台湾历史的总体看法

台湾是中国的一部分，台湾是中国人民开发的，但台湾的开发较晚，而且有过与大陆各地不同的经历。台湾民众从全部台湾历史得出的看法本来认为：台湾历史是中国历史的一部分，台湾史是中国的地方史，只是由于出现过特殊的历史背景，与大陆各地有一定的差别。现在，这种观点已经受到严重的冲击，在一部分民众中，出现了一些不同的看法。例如：

第一，有人认为"台湾自古不是中国领土"。他们说，在荷兰人到来以前，台湾不属于中国，未有建置，未列入版图。当时澎湖是属于中国的，而台湾则未有归属。"台湾因不属于任何国家管辖，遂成为走私商人最方便的会船点。"[2]

有人认为，荷据时期，台湾属于荷兰。这个时期的台湾史属于外国史。郑氏政权时期，清朝代表中国，郑氏统治下的台湾不属于中国。或者说，这个时期的台湾史是中国史中的"国别史"（即郑氏与清不是一国）。清朝统治时期，中国被清朝所占，中国"沦陷"了，台湾也"沦陷"了。这个时期的台湾史是"清廷的地方史"，即不属于中国史。日本统治时期，台湾被"永远让与日本"，属于日本，不属于中国。这个时期的台湾史是外国史。1949 年以后，台湾不属于中华人民共和国。有人把这个时期的台湾史称为"国史中的国别史"，即"两个中国"。[3]

这些看法显然是错误的。历史已经作出回答：台湾是中国人开发的，早在荷兰人侵占台湾之前，中国大陆居民已经在台湾生活，17世纪活跃在台湾地区的郑成功和荷兰人都承认台湾是属于中国的。荷兰曾经侵占台湾，统治了38年，但最终由郑成功收复，郑氏统治下的台湾是明朝的地方政权，当然属于中国，而不属于任何外国。清朝政府统治大陆，也统治台湾，当时的台湾属于中国也是没有疑义的。至于1945年以后，国民党统治下的台湾是否属于中国，国际上早有定论。

本来台湾民众都认为台湾属于中国，为什么近年来却出现这种不同的看法？显然是有人企图"改写"原来的"集体记忆"。

第二，有人认为"台湾从来都是由外来政权统治"。他们说，荷兰是外来政权；郑氏也是外来的，不是台湾本身的，郑氏政权一心要回大陆，不想扎根台湾；清朝是异族统治，当然是外来的；日本是外来政权；国民党是从大陆逃来，也是外来政权。

首先，对一个国家的任何地区来说，什么叫"外来政权"，本来就是一个模糊的、不科学的概念。是不是只有从本地产生的政权才不是"外来政权"？这样的话，在当今世界上，许许多多国家或地区，只要它的领导人或领导层不是本地人，其政权就都可以称为"外来政权"了。这样的说法是没有任何意义的。

其次，这里混淆了两个不同的概念，即"外来的"和"外国的"，荷兰、日本是外来的政权，也是外国政权。郑氏、清朝、国民党当局都是从大陆去的，但不是外国政权。

最后，在一定程度上，在一定范围内，这确实反映了一部分民众的集体记忆，这里包含着某些统治者不能代表当地民众的利益，甚至欺压当地民众，因而给民众带来"外来政权"的认知和感受，有人则利用这种情况，进行分裂主义的煽动，有一部分人已经接受了这个观点，这是值得重视的问题。

第三，有人提出："台湾从来不是由台湾人自己当家作主。"他们说，在荷兰、郑氏、清朝、日本、国民党统治下，统治者都是外来的，台湾人一直是被统治者，从来没有当家做主的权利。这种论点似是而非。试问在现代社会之前的任何社会中，什么地方、什么时候有过当地人民（平民百姓）当家做主的情况呢？实际上，在旧社会，由少数统治者统治广大被统治者的现象是普遍存在的，全国各地、世界各地概莫能外。有人以为这是台湾特有的现象，那显然是一种误解。

（二）对荷兰统治台湾时期历史的看法

荷兰在台湾实行殖民统治达 38 年（1624—1662），这是台湾特殊的历史背景之一，是全国其他地区所没有的。这段历史已经过去 300 多年，在一般民众中并没有留下多少印象，在台南还留下热兰遮城（安平古堡）、赤嵌楼等遗迹，让人们记忆起那个遥远的年代。一般台湾民众对这段历史的传统看法是："荷西窃据台湾"，荷兰人、西班牙人曾经占领台湾，最后被郑成功"驱逐"，并收复了台湾。但是，现在有些人则极力歌颂荷兰殖民统治的历史"功绩"，认为是荷兰殖民者把台湾带入世界贸易体系，引向国际化。所以以下观点对台湾民众有一定的影响，例如：

第一，有人说："台湾从荷兰统治时期开始就已经走向国际化。"他们提出："荷兰人以台湾为转口站，台湾纳入世界贸易体系的一环。"这种说法的目的是要把台湾与中国大陆区别开来，甚至企图说明那时的台湾和荷兰、世界关系密切，而千方百计地削弱和抹杀台湾与中国大陆的关系。但是，事实上他们无法切断台湾与大陆的关系，于是，他们提出："十七世纪给我们的启示是：台湾不能孤立或被孤立，台湾不能丧失主体性，台湾无法切断与中国的关系，但不能沦为边陲，台湾要在更大的世界网络中寻找自己的前途和位置。"[4] 目的还是要通过"国际化"达到"去中国化"。

第二，有人提出："台湾从荷兰起就已脱离大陆封建经济圈"，[5] "台湾由于荷、西的'进出'，此时似乎不曾编入'中国大陆经济圈'里，却已开启了未来被纳入'世界经济圈'之端倪"。[6]

对于以上观点，我已经作过评论，[7] 这里不再重复。

（三）对郑氏时期历史的看法

台湾曾经由郑成功及其子孙统治了22年（1662—1683），这也是台湾特殊的历史背景之一，也是全国其他地区所没有的。传统的看法认为郑成功收复台湾，是一位民族英雄，并且肯定其开拓和经营台湾的事业，尊称他为"开台圣王"。至今台湾各界还每年举行纪念集会，歌颂郑成功对台湾的贡献。但是，现在有人企图否定郑成功的功绩，或是把郑氏政权称为"独立政权""外来政权"。例如：

第一，有人说："郑经自称'东宁建国'，国际上称呼他为 The King of Tyawan，郑经俨然独立建国于台湾，这是台湾史上首次出现汉人建立的独立政权。"[8]

实际上，郑成功及其子孙始终"奉明正朔"，直至1683年，"海上犹称永历三十七年"（那时永历帝已经死了20多年了）。郑成功一向自称为"藩"，郑经称为"世藩"，第三代称为"延平王世子"，从来没有人称帝，没有成为一个独立的政权，更没有建立一个独立的国家，始终只是明朝的一个地方政权。

第二，有人说："郑氏政权也是一个外来政权。"[9] 这也是一种歪曲。当时台湾的统治者与被统治者主要来自中国大陆，汉人约10—12万人（包括6万军队），土著人口大约10—15万人，但多数是到清朝时才"归附"的。中国人的政权统治中国人开发的土地，怎么能说是"外来政权"呢？

（四）对清朝时期历史的看法

台湾从1683年开始归清朝统治，直至被割让为止，一共有212年，在这段漫长的岁月中，台湾与大陆各地一样，在统一的中国政府统治下，基本上没有什么特殊的地方。不过，到了清朝末年，台湾被割让给日本，这又是一次特殊的经历，也是全国其他地区所没有的。

传统的看法把这个时期称为"清朝统治时代"或"满清时代"，也有人用"全国统一的盛世"来说明清朝前期台湾的历史。进入近代以后，台湾和大陆沿海一带一样，受到外国列强的侵略，台湾人民和大陆人民一样，互相配合，进行了反对外国侵略的抗争。现在，有人对清朝在台湾的统治持否定的观点，甚至有人认为清朝统治和日本统治一样，都是异族统治，并且特别强调台湾最终"被割让""被遗弃"的特殊遭遇。其具体的看法是：

第一，有人说："台湾人是从大陆移民来的，他们不愿接受中国统治，要放弃中国，才到台湾来。"彭明敏指出：台湾人的祖先"是带着和中国断绝关系的心情移民台湾"的。[10] 史明说：移民"被中国当政者放逐于中国社会之圈外，而和中国大陆完全断绝了关系"。[11]

第二，有人认为近代的台湾已经脱离了中国。他们说："从1860年代开始，台湾开港通商，成为国际贸易体系的一环，而不属于中国的经济圈。"[12] 又说："1860年台湾开港通商以后，产品输往世界各地，与世界的关系日益紧密，而脱离中国。"[13] 以上观点都不符合历史事实，我曾经作过讨论，请参阅《台湾历史与两岸关系》一书。

第三，有人认为"依附于中国大陆不利于台湾"。张亚中写道："刘铭传的经验显示，台湾如果没有自主性的发展策略，而必须完全依附于中国大陆的经济与政治，是不利于台湾的发展的"，"台湾后来的命运正突显出，中央集权国家为贯彻本身意志或为了整个国家的利益，而牺牲了边陲地区利益的可能性"。[14]

第四，有人认为"马关条约"表明台湾被祖国出卖了。有人写道："这一割让，注定了台湾不一样的历史，我们的历史感情和中国疏离了，我们的历史经验和中国分离了，我们的历史伤痕也划下了。"[15] 有人还写了一本书，书名叫《1895年中国出卖台湾》。吕秀莲说："甲午战争，满清虽败而未亡，台湾不过被它的生身父母出卖给日本罢了。"[16] 施明德也说："中国是出卖台湾的国家，中国在任何危急的时候，随时可以出卖台湾。"[17] 还有人认为：台湾当时就被中国抛弃了，台湾人有什么资格自称为"中国人"呢？

上述两种看法也具有极大的片面性。清朝统治台湾的后期，特别在刘铭传当政时期，台湾社会经济得到相当大的发展，成为当时中国最先进的地区之一。这段历史是不应该"失忆"的。不能因为后来清政府确实把台湾割让给日本，就简单地得出"依附中国大陆不利于台湾"的结论。"割让台湾"是一个严重的事件，它主要应当归罪于日本的侵略野心和清政府的腐败无能，与后来的乃至今日的中国政府、中国人民无关，不能得出"中国出卖台湾"的结论。这个问题我也曾作过讨论，请参阅。[18]

（五）对日本统治时期历史的看法

台湾被日本侵占 50 年，这是台湾特殊历史背景中最重要的一页，全国其他各地人民都没有经历过长达半个世纪被殖民统治的历史。在如何看待日据时期的台湾历史方面，人们也有较大分歧，一般称之为"日据时期"，揭露日本的侵略、镇压、掠夺、歧视，歌颂抗日民族运动；但也有人认为"日本的占据台湾 51 年，其统治上是成功的"。

八年抗战时期，台湾所处的环境和大陆完全不同，当时日本把台湾人视为日本的"皇民"，不像对待中国大陆人民那样进行残酷的屠杀和蹂躏。台湾民众难以理解大陆人民为什么对日本那么仇恨，大陆人民也无法理解台湾一部分老年民众为什么对日本还会有好感。

台湾被割让，台湾民众形成了"被割掉、丢弃、出卖、疏离、无奈的心态"，具有"被迫害的'养女'属性，或被丢弃的特殊情结"。[19] 学者陈光兴写道："亚细亚孤儿"的悲情根深蒂固地成为本省人文化主体性中"不能说也讲不出来的底层共识"，"外省人无法理解被殖民者（本省人）的悲情，反而以'卖祖求荣'来诋毁本省人"。[20]

这个时期，中国大陆经历了反帝反封建的斗争，经历了推翻国民党反动统治、建立新中国的斗争，而这些革命斗争过程台湾民众没有亲身经历过。由于两岸人民不同的经历和台湾特殊的历史背景，台湾民众对外国势力、对国民党、对共产党的认识、感情和心态上，必然和我们有极大的差别。

所以，由于不同的经历，大陆人民要了解日据时代台湾的历史，特别是要了解在当时台湾民众的复杂心态，是相当困难的，但又是相当重要的一件事。只有了解日本统治时期的台湾民众的处境，才能了解台湾民众的"复杂心态"，而目前大陆同胞对这个方面的了解是十分单薄的。

在日本统治下，台湾民众大体上可以分为三种类型：一是具有民族意识者，他们坚持反抗日本统治，认同中国；二是被皇民化者，他们臣服于日本，认同日本；三是普通民众，他们"只求温饱，没有什么国家认同"。[21]这三种类型民众的心态是很不一样的。

当时，除极少数甘心充当"三脚仔"（日本爪牙）者之外，多数台湾民众念念不忘自己是中国人，日夜盼望回归祖国。也有一部分民众则成为"亚细亚孤儿"，被日本人视为"二等公民"，同时却已经失去了中国人的身份，他们既不认同日本，又找不到自己的归宿。这是日本殖民统治留下的伤痕。

由于上述特殊的处境，对这段历史的看法出现了不同，下列一些看法在台湾民众中仍然有相当大的影响：

第一，有些人肯定日本的统治，认为日本为台湾带来了现代化。有人写道："日本领台半世纪中，台湾发生极大的变化，从生活水平到价值观念，都与中国大陆有相当的距离与差异。"[22]日本人向台湾人灌输这样的思想："没有日本，台湾将永远贫穷落后。"李登辉便为日本统治歌功颂德。戴国辉说道：李登辉"看重日帝留下来的产业基础建设，但历史的大是大非他没有搞清楚"。日本的动机不是为台湾人民的利益，殖民统治的过程是残忍无道的，虽然最后留下了"遗产"，但它并不是甘愿的，其建设资金主要来自台湾的税金。[23]当然，日本为了巩固它的统治，也笼络了一部分台湾人，给他们一些好处。此外，在治安、卫生等方面也有些成绩。有的民进党人说：日本在台湾50年是相当和谐的，处理事情是相当公平的，对台湾民众是相当宽容的。所以，在《认识台湾》教科书上写了日本统治时期的某些成绩，能够为部分台湾民众所接受。

第二，对日本的复杂感情：当时有抗日的，有当汉奸的，立场相反，心态各异。一般普通民众都学日文，讲日语，唱日本歌曲，尊重日本教师，对日本有亲近感。到了第二次世界大战时期，有不少台湾青年参加了日本军队，很多大陆同胞以为那是被迫去当"炮灰"的，其实，他们多数是自愿的。据记载，到1942年1月，有两万名以上台湾青年志愿要求当兵，有的人还写了"血书"争取入伍。[24]有人指出，那个年龄段的台湾青年，"已经接受完整的日本基础教育，在意识上已经属于较纯的日本意识，这与他们的上一代有明显区别"。前些年还有一些台湾的老年人，专门邀请当年的日本老师回到台湾和他们欢聚。日本的教师作为普通人民，他们与自己的学生之间建立一定的感情，这是中日民间的友好交往，与殖民、被殖民是两回事。如果不了解当时的历史背景，对这些现象就很难理解了。有的学者认为"台人与殖民主之间既对抗又互容"的情况是存在的，可惜没有引起大家的重视。[25]这是一个值得注意的问题。

第三，有些人提出日据时代已有"台湾独立"的主张。"在抗日团体中，右翼运动者提出的'台湾议会''台湾自治''台湾自决'，左翼运动者提出的'台湾民族''台湾独立''台湾革命'等等政治主张，在内容方面纵有差异，但其最高目标都与台湾主权及台湾国格有极其密切的联系。"[26]其实，所谓"主权""国格"的问题，在当时是不存在的，作者显然是用一种歪曲历史的手法为"台独"制造舆论，但它对一部分民众也有一定的影响力。总之，由于台湾有过特殊的历史背景，所以台湾民众对台湾历史的"集体记忆"，就与没有在台湾生活过的大陆同胞的看法不同，这是必然的，毫无疑义的。不了解这一点，不了解他们的心态及其产生的原因，以为只有我们对台湾历史的认识才是正确的，而他们的认识都是错误的，那不但在道理上不能说服他们，更重要的是在感情上更不能为他们所接受。因此，为了更好地开展两岸人民之间的沟通，做到增进了解、增进共识、增进互信，就必须深刻了解台湾民众的种种心态。

复杂心态

台湾民众对台湾历史的以上种种"集体记忆"，不能不对当时乃至现在的民众心态发生影响。应当说，台湾民众通过全部历史的回顾，知道自己的祖先来自中国大陆，自己从来就是中国人，台湾人的根在大陆。台湾曾经被外国人侵占，最终还是归还了祖国。这是台湾历史的"集体记忆"得出的总体结论。与此同时，由于特殊的历史背景，在"集体记忆"中他们也形成了一些特殊的心态，概括起来，主要有如下几个方面的特点：

（一）悲情心态

台湾全部的历史，使一部分人认为，从古到今"台湾人祖祖辈辈受人欺侮""台湾人从来受外来人的统治""台湾人从来没有机会当家作主""台湾人曾经被祖国抛弃""台湾人遭受外国殖民统治""台湾人曾经是二等公民""台湾人曾经是'亚细亚孤儿'""台湾人的命运比任何人都苦"，总之，作为"台湾人"是十分不幸的。1989 年威尼斯影展获奖的台湾影片《悲情城市》，其主角所说的"本岛人，众人骑，众人吃，无人疼"，在台湾引起很大反响。至今在一定的场合，只要有人煽起悲情，就会得到人们的同情和"选票"。这说明，他们从历史记忆中形成了一股"怨气"，这样的"悲情"是大陆各地所没有的，或者说是与大陆各地不相同的，因而大陆同胞难以体会。

（二）"出头天"心态

台湾人要从"悲情"中走出，一定要"出头天"，即要自己当家做主，不受任何外人统治，台湾人别无依靠，只有靠自己的"打拼"。这种心态相当普遍地存在于台湾本省民众之中，"台湾人出头天"早就成为本省人士共同的愿望，他们愿意为追求这个理想而奋斗。在近几十年的台湾历史中已经有了充分的体现：这种思想既有追求民主、要求"当家做主"的正当性、合理性的一面，又有导致不要任何非台湾人介入台湾政权、要求"台湾独立"的分裂主义危险性的一面。所谓"省籍情结"就体现了这两个方面的特点，既有反对威权统治、争取本省人参与政治的民主权利的一面，又有一定程度的狭隘的"排外"情绪，有时甚至造成"族群对立"的局面。

（三）"台湾人优秀"心态

荷兰在台湾 38 年的殖民统治，使得一部分台湾民众产生一种心态，即认为台湾与中国大陆不同，一是台湾早已国际化，而大陆却一直闭关自守，与世隔绝；二是大陆属于大陆型文化，以农立国，安土重迁，内向，封闭，保守；而台湾则是海洋型文化，开放，自由，进取，求变，求新。所以，台湾是进步的，大陆则是落后的。尽管这种看法是片面的，经不起历史事实的检验，但是，"台湾是海洋国家""台湾是新兴民族""台湾与大陆根本不一样"之类的思想，在一部分台湾民众中确有影响力。这种心态表现为"自我欣赏"，认为台湾人比别人优秀，特别是比大陆人优秀，因而看不起大陆。现在，台湾还有人利用回顾荷兰统治时期与洋人生活在一起的历史，或利用台湾的 GDP 高于大陆等"优势"，而极力鼓吹和灌输"台湾人优秀"的思想，目的是说明台湾的"海洋文化"要高于"大陆文化"，台湾不能"被大陆统一"。

（四）"小国寡民"心态

郑成功时代的历史被用来论证：第一，台湾一向是"外来政权"统治，连郑氏也不例外；第二，既然郑氏可以在台湾建立"独立政权"，现在为什么不可以呢？显然，所谓"外来政权""独立政权"都是不符合事实的。可是，"台独"以此制造舆论，在部分台湾民众中也有影响。不过郑成功毕竟受到台湾民众的敬仰，"台独"分子在这个方面是难以得逞的。但是，从此也形成了一种"小国寡民"的心态，认为既然台湾在历史上可以与大陆分开，并且得到生存，现在也可以保持"小国寡民"的地位，独立自主，不必受制于人。

（五）对祖国的"亲切感"与"疏离感"

台湾人民多数来自大陆的福建、广东两省，移民到台湾以后，一方面受到大陆文化的影响日益加深，出现"内地化"的倾向，一方面日益认同本地，出现"土著化"的倾向。祖祖辈辈流传下来这样的嘱咐："我们是唐山人（大陆人），我们的祖先来自福建省某某府某某县某某乡某某村，后代子孙一定要想办法回乡祭祖，这是前辈的心愿。"因此，他们对祖国有亲切感。但另一方面，有些人从台湾历史得出看法：台湾人的祖先是在祖国活不下去才逃到台湾来的，台湾是祖国的边陲，是不被重视的地方，台湾最终被祖国不当一回事地抛弃了，"祖国不要我，我怎敢自称为中国人呢？""台湾在受到日本殖民统治之前，就先受到中国的抛弃，中国对台湾绝情背义，台湾有必要与中国和好如初吗？"[27] 是的，清朝割让台湾，对台湾同胞的情感造成极大的伤害。"割台"所造成的伤害，不是只有"台独"分子才强调的，而是所有的台湾民众都难以忘怀的。老一辈的台籍共产党员谈起这段历史，也都不愿意再去回顾，他们认为"清代台湾的历史是不堪回首的"。更严重的是由"疏离感"而导致对大陆的"缺乏信赖感"，这种心态相当普遍地存在。

作为大陆同胞应当同情台湾同胞的不幸遭遇，理解他们产生上述心态的根本原因，而不能只是以历史事实进行解释、分清是非就行了。割让台湾固然是由于日本的侵略野心和清朝的腐败无能，并不能说是"中国对台湾绝情背义"，但是，有些事不是靠"讲道理"就能解决的，还必须考虑到"感情"问题。有一位外省籍学者陈光兴写道："如果外省人把日本占据台湾的责任推给清廷腐败，不能面对这样的问题与汉人的历史责任，那么本省人又情何以堪？"这个看法是值得我们考虑的。

（六）对日本的"对抗—亲近"的复杂心态

日本人统治台湾人，"内地人"（指日本统治时期在台湾的日本人）欺侮"本岛人"，日本人是"四脚仔"（意即畜牧，狗），甘心充当狗腿子的本地人，则是"三脚仔"；日本帮助台湾近代化，日据时期治安好、卫生好，日本统治下的台湾比当时的大陆进步，等等。所以，台湾民众在日本统治下长达半个世纪的生活经历，是大陆同胞所没有的，他们对日本的态度，与大陆同胞也有相当大的差别，也是大陆同胞所难以理解的。

日本统治台湾50年，留下的影响是：一方面，人们对日本在台湾进行"殖民地化"普遍反感，另一方面，对所谓"近代化"则给予正面的评价。"反日"和"亲日"的不同心态同时存在。尽管像李登辉那样抱有"皇民心态"和严重"反中亲日"的"亲日派"为数不多，影响不大，但有一部分人把日本统治与国民党统治相比，认为国民党还不如日本，进而认为中国不如日本，对日本抱有好感。近年来还出现了"哈日族"，与这段历史不无关系。

总之，台湾民众对历史的"集体记忆"有正面的，也有负面的，形成了既复杂又矛盾的种种心态，而这些心态都是在特殊历史背景下自然形成的，是不会轻易改变的。我们要充分了解和充分理解台湾民众的心态，就不能不面对这样一个难题。

（2003 年）

注释：

[1] 陈孔立：《台湾历史与两岸关系》，第 5 页，台海出版社，1999 年。

[2] 杜正胜：《台湾的诞生》，第 25 页，时艺多媒体，2003 年。

[3] 参阅黄秀政等：《台湾史》，五南出版公司，2002 年。

[4] 杜正胜：《台湾的诞生》，第 63 页。

[5] 宋泽莱：《台湾人的自我追寻》，第 88 页，前卫出版社，1988 年。

[6] 郑钦仁：《生死存亡年代的台湾》，第 135 页，稻乡出版社，1989 年。

[7] 陈孔立：《台湾历史与两岸关系》，第 7、40—42 页。

[8] 李筱峰撰写：《台湾史话》，民进党中央党部出版，1996 年。

[9] 李筱峰等：《台湾历史阅览》，自立晚报文化出版部，第 68 页，1994 年。

[10] 彭明敏：《自由的滋味》，第 250 页，台湾文艺出版社，1987 年。

[11] 史明：《台湾不是中国的一部分》，第 36 页，前卫出版社，1992 年。

[12] 宋泽莱：《台湾人的自我追寻》，第 70 页，前卫出版社，1988 年。

[13] 张炎宪：《威权统治和台湾人民历史意识的形成》，马关条约一百年研讨会论文，1995 年。

[14] 张亚中:《全球化与两岸关系》,第 140、135 页,联经,2003 年。

[15] 虞义辉:《台湾意识的多面向》,第 109 页,黎明文化,2001 年。

[16] 吕秀莲:《台湾的过去与未来》,第 61 页,拓荒者,1979 年。

[17] 《自由时报》,1995 年 4 月 17 日。

[18] 陈孔立:《台湾历史与两岸关系》,第 65—69 页。

[19] 戴国煇:《台湾结与中国结》,第 18 页,远流出版社,1994 年。

[20] 陈光兴:《小林"台湾论"的反思》,一国两制与两岸关系学术研讨会论文,2002 年 3 月。

[21] 陈癸淼:《论台湾》,第 25 页,海峡学术出版社,2002 年。

[22] 李筱峰等:《台湾历史阅览》,第 154 页。

[23] 戴国煇、王作荣:《爱憎李登辉》,第 55 页,天下远见出版公司,2001 年。

[24] 周婉窈:《日本在台军事动员与台湾人的海外参战经验》,《台湾史研究》,2 卷 1 期。

[25] 卢建荣:《分裂的国家认同》,第 26 页,麦田出版社,2000 年。

[26] 陈芳明:《探索台湾史观》,第 39 页,自立晚报文化出版社,1992 年。

[27] 卢建荣:《分裂的国族认同》,第 74 页。

1945 年以来的历史记忆与台湾民众的复杂心态

从 1945 年台湾光复以后，台湾就在"中华民国"的统治下，至今将近 60 年了。台湾民众在这种特殊的历史背景下生活，对本地的历史进程、与周边地区的关系和由此而产生的自我感受，与不生活在这个环境中的大陆同胞当然不同。

这个时期生活在台湾的，大体上可以分为两种人：一是日据时代就已经生活在台湾的台湾"本省人"；二是 1945 年以后，特别是 1949 年跟随国民党移居台湾的"外省人"。他们的经历不同，在同样历史环境中生活，却有不同的感受。因此，这个时期的"集体记忆"存在相当大的差别。

本文主要讨论台湾民众在国民党统治下生活所形成的历史记忆和复杂心态，同一时期有关两岸隔绝所造成的历史记忆和复杂心态，将另文讨论。

一、对"二二八事件"的惨痛记忆

早在 1946 年，台湾的省籍问题已经发生，当时确有一部分为非作歹的外省人，引起本省人的反感。当年台湾省籍记者徐琼二，在分析本省人和外省人感情隔阂的原因时指出：一是本省人生活困苦，产生了对现政府的不信任；二是各中枢机关掌握实权的都是外省人，本省人因外省人占据了职位而失业，因而民怨极大。[1]"二二八事件"是由国民党政权的腐败统治引发的，学者戴国煇在分析这个问题时指出："已习惯于守法（虽然这个法是日本强制于台民的恶法）和循法而办事的台民，当然看不惯来自于无法无天、又贫困又落后的大陆歹徒之做法。"[2] 可是，有人却把它提到两岸文化对立的高度，认为"二二八事件""原因是文化较低的族群要来统治文化较高的族群"，[3] 这是企图为反对外省族群、制造省籍对立提供似乎是"合理"的依据。1947 年的"二二八事件"，给台湾本省人的心理造成极大的创伤，使他们对国民党政权失望，进而对外省人、对整个中国都感到失望。戴国煇认为台湾人"对大陆人士的心态经历了'期待—失望—怀疑—不满—委屈—反抗'的痛苦历程"。[4]

台湾本地居民多数已经移民台湾五六代以上，经过 50 年的日本统治，除了依靠族谱的记载以外，对大陆的联系不很密切，感情也已经不很深厚了。在"二二八事件"中，不少本省人遭到国民党的逮捕和屠杀。台湾民众认为他们与外省人同床异梦，"本省人是本省人、外省人是外省人的心理隔阂，一如日本时代本岛人与日本人的关系。人人都必定保持一定距离，以为安全""族群间的差别待遇，撕裂台湾人原本对祖国毫无保留的感情，也切断原本血缘至高无上的思考"。[5]"二二八"导致了本省人对国民党的"政府"不再信任，认为它是"外来政权"，欺负台湾人。本省人和外省人的"省籍矛盾"开始形成。在政治生活层面留下了难以摆脱的阴影。

紧接在"二二八"之后，即 20 世纪 50 年代初，国民党对台湾实行白色恐怖的统治，他们把所有与其意见不同的团体或个人，"一概目之为共产党的同路人"。[6] 当时的台湾墙上到处都写着"匪谍就在你身边"的标语，并且制造了许多冤假错案。国民党统治的 50 年，

"其中40年，民众是在恐怖中度过的"。[7]李登辉的儿媳妇写道，在白色恐怖的日子里，李登辉的妻子在夜里听见汽车声都会紧张，担心李登辉又会被人带去"约谈"。[8]这种现实导致"人性被扭曲，互不信任的人际关系和阳奉阴违的社会风气，很快地蔓延到台湾整个社会"。[9]

本来，"二二八事件"的账应当算在国民党身上，可是由于国民党政权是从大陆去的，而且它还代表"中国"，于是，一般台湾民众就把"二二八"的仇恨记在"大陆""中国"身上，他们认为"国民党是外省党，共产党也是外省党，因此，台湾人也不能接受共产党，也就不能接受统一"。[10]这样的逻辑推理是我们很多人所想象不到的。

二、对国民党政权的不同感情

台湾不同的省籍族群存在不同的心态。外省人是1945年以后去台湾的，他们一般在大陆还有亲人，包括父母妻子、兄弟姐妹，大陆是他们的故乡，对大陆"不免觉得若有所失，而患有一种强烈的怀乡病"。本省人在大陆基本上没有亲人，只有"根"，或者说，只有"远亲"。因此，二者对大陆的感情有亲疏之别。同样，台湾的外省人和本省人与国民党的关系和感情也有亲疏之别，对国民党政权的态度也就有很大的差异。

（一）本省人对国民党政权的感情

占台湾人口大多数的本省人，他们把国民党政权看成是外来的，因而基本上都反对国民党政权。

1. 本省人认为国民党造成了本省人与外省人不平等的地位

台湾人"在心理上，很容易产生'多数被少数管理'的不安全感、不公平感、不信任感"。[11] 因为早期当官的多是国民党从大陆带来的外省人，而本省人却极少人可以当官。

不少本省人至今还对 50—60 年代童年的情景作这样的描述：外省孩子的"便当"里有肉，本省的孩子只有菜；外省的孩子有鞋穿，本省的孩子打赤脚；外省的学生才有机会留学，本省的学生只能留在台湾。当然，也不能一概而言，外省人中的中下层军人，住在"眷村"，生活也相当艰难。但是，他们的孩子与本省人的孩子却无法沟通，所以，很多人都有童年时"本省人孩子和外省人孩子打架"的记忆。一般来说，本省人认为"外省人和本省人是一种压迫和被压迫的关系"；但也有人认为二者彼此过着各安生理、各安天命的生活，毫无权势的外省人也有命运相当悲惨的人。[12]

2. 本省人认为国民党政权是欺压台湾人民的

"日本走了，国民党来了，政府的招牌不同了，而监狱里关的还是台湾人。"本省人对于当官的外省人没有信任感，而有恐惧感。至今本省人常说"国民党大老欺侮了我们几十年"，[13] 他们对国民党的腐败和专制是十分反感的。本省籍的知识分子一般不会为国民党讲话，相反，他们经常抨击国民党的专制统治。有些本省人由于曾经在大陆居住或工作，被当地民众认定是"半山"，即"半个唐山（大陆）人"，而"半山是协助外来政权统治的阶层，与草根民意迥然有别"，[14] 因而基本上被划到外省人一边。这部分人的心态更加复杂。

3. 本省人认为国民党不能代表台湾，台湾经济的成就不是国民党的功劳

在国民党统治时期，台湾民众就认为国民党不能代表台湾，不让国民党单独和大陆方面谈判解决台湾问题，因为他们担心被"出卖"，

担心台湾人民在台湾前途问题上没有发言权。本省人也认为台湾经济繁荣是台湾人民的"汗"，政治民主是台湾人民的"泪"，不能归功于国民党。因此，当台湾同胞听说大陆有人把台湾几十年来的成就归功于国民党的领导，就感到无法接受，甚至产生"大陆就是和国民党亲"的看法。

4. 本省人一般对国民党元老派没有感情

他们认为国民党元老派退出政治舞台是历史的必然，本省人参与政治、在政治上取得应有的地位才是正常的。1989年3月学运时，"资深民代"已经成为"过街老鼠"，被称为"民主宪政之毒瘤"或"人民共弃之老贼"，[15]在台湾是不受欢迎的人。1990年台大学生前往国民党中央党部抗议，口号是："莫等待，莫依赖，民主绝不会天上掉下来；莫等待，莫依赖，老贼绝不会自己垮台。"[16]"现在无论带有什么倾向的人都同意这样一个看法：即非主流派大势已去，本钱已经丢光，退出历史舞台是不可避免的了。"[17]然而，从某些外省人看来，"大陆代表集体撤退对政治生态的蜕变，实可谓走向台独的第一步"。[18]立场截然不同。当然，也有一些本省人的第二代由于受到国民党的教育，"他们认同现政权（指国民党政权），而不信老一辈人所讲的历史（受国民党政权的政治迫害）"。[19]

（二）外省人对国民党的感情

一般来说，外省人大多数是拥护国民党政权的，反对国民党的是少数。

1. 外省人对国民党政权较有感情

"外省人早年来台不是为了反共就是为了避共"，[20]他们多数是跟随国民党政权退往台湾的，国民党是他们的靠山，有不少外省人当了官，因而对国民党政权表示拥护。他们认为："凭良心说蒋氏父子对建设台湾有很大贡献，他们最大的贡献是挡住了共产党的赤流淹没台湾。当时若挡不住赤流，那有今天的台湾！"。[21] 至于那些地位很低的老兵，生活相当艰苦，对国民党政权不满，但他们与台湾社会格格不入，并且认为是由于国民党带他们到台湾，才使他们"免受共产党统治之苦"，因而对国民党又心存感激，甚至怀有"图腾式"的感情。

2. 外省人较多地肯定国民党政权的成就

他们认为国民党虽然在大陆失败了，但在台湾终于造出了"经济奇迹"，成为亚洲"四小龙"之一。外省人认为："两百万的大陆各省精英，随政府播迁来台，与台湾人民共同以血汗、血泪、血肉来保卫台湾、建设台湾，才有今天的繁荣。"[22] 外省人多数把台湾政治上的成就归功于蒋经国和国民党。因此，外省籍的知识分子往往为国民党政权讲话。

3. 外省人产生"失落感"

自从李登辉上台以后，外省人和本省人的处境有了改变。外省人认为，"现在是本省人的天下，外省人吃不开了"。外省人的失落感时常有所表露，例如，有人向李登辉泼红墨水，本省人认为是暴行，而外省人却叫好。外省人对于国民党元老派退出历史舞台感到痛心，有失落感和危机感。有人指出，实际上外省人"真正的危机感来自他们多年坚持的价值、情感和付出不被承认，反而被当成外来者对待"。[23] 面对台湾"本土化"的出现，外省人的态度是不敢公开反对，而要求给予公平对待。关中指出："本土化是台湾未来政治的必然趋势，我们亦肯定此政策。"但他提出应该特别关切"族群和谐"问题，"对于外省人才的任用，务求适才适所"，"唯有不强调省籍，才能泯除省籍之分"。[24] 他们最担心的是别人说他们不爱台湾，他们强调自己从小在台湾长大，对台湾富有感情，自己"所有的一切都在台湾"。

当然，对国民党的看法并不完全取决于省籍的不同，有人从阶级差异作了分析，指出："劳工、农民对国民党不满，基本权益受到漠视和打压，劳工处于弱势地位，贫富差距扩大。中下阶层成为最想推翻国民党，寻求'出头天'的一股力量。"对国民党的前途也有不同的看法。早在1993年国民党势力还相当强大的时候，其内部就有人"看出国民党已没有多大希望了"，赵少康认定"国民党即将垮台"。1995年杨宪村发表《民进党执政》一书，预测2000年是"国民党与民进党真正的决战点"，"国民党政权正式走到终点"，民进党"取得绝对的胜利"。[25] 这个预测果然言中，国民党于2000年下台了。有些人认为国民党下台以后，已经没有力量重新上台了。邱永汉说：国民党"过去几十年来在台湾政坛的绝对影响力，已经完全丧失，未来无论谁接任国民党主席，恐怕都很难扭转这个局面"。[26] 可是由于民进党执政三年来政绩不佳，经济衰退，有不少人希望出现"第二次政党轮替"，国民党重新上台。因此，面临"大选"，"连宋配"的"泛蓝联盟"还有相当大的支持率，谁胜谁负，还需要时间进行观察。

三、对"中华民国"的不同态度

几十年来，台湾民众在"中华民国"这个符号下生活，他们的"国籍"填的是"中华民国"，他们的护照上、驾驶执照上写的是"中华民国"，在他们看来，他们理所当然地是"中华民国"的人。不过，在对待"中华民国"的态度方面，台湾民众中存在不同的看法。

（一）认同"中华民国"

国民党人，或支持国民党的人，都拥护"中华民国"，有些"死忠"分子则表示在他们的墓碑上要写上"中华民国某某人之墓"，要和"中华民国"共存亡。

一般民众也认同"中华民国"。有些统派认为，根据"宪法"，只能叫"中华民国"，如果不叫"中华民国"，就是否定"宪法"，就和"台独"分子一样了。学者赵建民认为，大陆应当把"两个中国"与"一中一台"区别对待，如果把"两个中国"等同于"台独"，就是要消灭"中华民国"，这样，台湾方面就无法接受"一个中国"。统派人士朱高正写道："毕竟1949年在大陆，中共是以武力的手段而非透过民主选举取得政权，在法理上，中华民国仍不失为中国合法的政府。"宋楚瑜也表示："'中华民国'是我们热爱的国家，也是我们坚持以生命和一切力量维护的国家。"[27]

（二）反对"中华民国"

一些反对国民党的人，也反对"中华民国"，他们认为"中华民国"是"虚幻"的存在，"中华民国"代表中国是一种"神话"，因为世界上公认的中国是中华人民共和国，而不是"中华民国"。所以，有人想改掉这个"国号"。民进党提出：台湾是一个"主权独立的国家"，依目前"宪法"称为"中华民国"。"台独"的"基本教义派"干脆不承认"中华民国"，他们要求"台湾正名"，即把所有"中华民国"的名称改为"台湾"。有些官职人员不便于公开反对"中华民国"，而只好采取某种"妥协"的做法，例如，民进党籍的台中市长张温鹰不得不出席"升旗典礼",但她"不唱国歌不敬礼",人们认为"是一种妥协"。[28] 陈水扁就职时不得不面向"中华民国国旗"宣誓就任"中华民国总统",同样是这种心态的反映。

(三) 关于"国家认同"问题

由于对"中华民国"存在不同的态度,因而在所谓"国家认同"方面也存在严重的差别。多数人认同"中华民国",而少数人不认同"中华民国",他们的"国家认同"是并不存在的"台湾国"。还有一些人则认同"中华民国在台湾"。

台湾多数民众对于"中华民国"是否仍然存在的问题,看法与我们有很大区别。我们认为从1949年中华人民共和国成立以后,"中华民国"的法统已经终结,"中华民国"早已成为历史名词。可是,台湾绝大多数人认为"中华民国"仍然存在,而且是一个"主权独立的国家",不论哪一个政党都不敢否定这一点。国民党、新党一向坚持"中华民国万岁",亲民党也主张"中华民国是主权独立的国家"。民进党也不得不说:"台湾是一个主权独立的国家,它现在的名称是'中华民国'。"

他们认为如果"中华民国"不存在,那么台湾只能承认自己是中国的一部分,是中国的地方政府。可是,"中华民国有它的宪法,并依此而产生的政府拥有主权,有国防,有外交,它具备所有'国家必备的条件',怎肯平白屈居为中共的地方政府"。[29] 有人指出"中华民国"政府五脏俱全,而且仍与26个国家维持"邦交"关系。这不仅是国民党人的看法,一般民众由于长期所受的教育,也都认为他们是一个"国家"。"蒋氏父子遗留下的代表全中国的意识,使得一些人不甘心成为地方政府,而年青人则比较容易接受这一事实。"[30] 林满红认为：目前台湾人民所拿"中华民国"护照，除在中国大陆要改"台胞证"之外，通行世界各地，也说明国际社会对"中华民国"在台湾主权的认定。[31] 所以，当他们看到我们的文件提到"中华民国从1949年后就不存在"的说法，非常反感。

还有人指出："如果中华民国已经不存在，这就意味着从1949年以后，台湾是在'非中国的政府'统治下，早就不属于中国了。"此外，前海基会秘书长焦仁和说："中华民国"究竟是一个什么东西，大陆也不给予明确的表态，台湾方面主张是一个"政治实体"，大陆连这一点都不承认，这样，"我们是在极端屈辱的条件下和海协谈判的"。类似意见相当多，这是两岸关系中一个敏感的难题，又是不能不解决的难题。

有人则认同"中华民国在台湾"。这是李登辉所强调的，有人指出："'中华民国在台湾'其实早在蒋经国时代即已是国际宣传的用语，不过，在'国内'似乎不是一个语词，直到李登辉主政，'在台湾的中华民国'，成为台湾人的国家论述模型，才风行成为定语。"[32] 他们之所以认同"中华民国在台湾"，目的是把它与"中华民国"区别开来，表示自己只认同在台湾的"中华民国"，与大陆已经割断关系。

民进党目前认同的是"台湾是主权独立的国家，依目前宪法称为中华民国"。也有人称之为"中华民国式的台湾独立"。

对于上述各种，有人认为"都是建立在对中华民国体制的认同"。但是，实际上它又不是一个国家。"中华民国虽然有相当的事实主权，却一直无法取得国际社会的接受，因此在主权残缺不全的情况下，中华民国的地位有如没有报户口的私生子，既不能像其他国家一般加入国际组织，国家元首访问美国又不能光明正大为之，而百姓出国旅游也只能以钱换取尊重，台商海外的财产甚或生命无法获得起码的保障，只能自求多福。追根究底，无非没有自己的国家。"[33]

至于有人认同并不存在的"台湾国",他们现在还不能公开地说，只能极力避免使用"中华民国"的名称，而以"台湾"来取代。但是，大家都知道，"在国际社会里，中共代表中国，台湾仅是中国的一部分，这不是事实，却是现实，当然我们可以关起门来说'台湾是台湾，中共是中国'，但这只是一厢情愿的说法，国际社会不承认，台湾就很难走得出去"。[34]

（四）对"中华民国"的不同态度存在"内外有别"的情况

上述对"中华民国"的不同态度，在台湾内部政治生活中经常有所表现。例如在 1994 年底台湾举行的省长和北、高两市市长选举时，新党提出"保卫中华民国"，民进党提出"四百年来第一战"，后者含有"夺回台湾人的政权"的意思。又如，1995 年 6 月 17 日民进党中有些人举行"告别中国"大游行，同年 8 月 13 日新同盟会与新党为纪念抗战胜利光复台湾，在台北举行"我是中国人"大游行，提出"捍卫中华民国，以作中国人为荣"的口号。这说明台湾民众对"中华民国"的态度是不同的。

但是，如果要把"中华民国"和中华人民共和国相比较，各个政党以及广大民众却相当一致地认为"中华民国是主权独立的国家"。民进党的颜建发说：现在"中华民国"已经成为台湾"最大公约数"。"阿扁既然讲'中华民国'，就要扮演'中华民国的捍卫者'。'一个中国'是台湾逃避不了的，'中华民国'是大陆逃避不了的。"台湾民众对"中华民国"态度既有差异性又有共同性，这是大陆同胞所不可忽视的。

四、对"台湾人"或"中国人"的认同

长期以来，在国民党的教育下，台湾民众都认为自己是中国人。但是，经过国民党的几十年统治，特别是在和大陆交往之后，这种认识开始发生变化，对于什么是"中国"发生了疑问，于是，对"台湾人"还是"中国人"的看法发生很大的变化。

在国民党统治下，台湾人受到不公平的对待。他们认为"国民党高层集团从来不是台湾人"，他们是中国人，而台湾人和他们是不同的，因此，只能认定自己是台湾人。国民党以"坚持正统中国"为号召，进行反共教育。所以，有人指出，在外省人中有许许多多"小蒋经国"，他们有"主政中国"的记忆，在精神上常以"中央人士"自傲。他们自认为是中国人，有回到大陆"逐鹿中原"的企图，而台湾人并不想这样，他们没有与共产党争夺政权的野心。

蒋经国曾经表示他既是中国人，也是台湾人，本来企图以此缓解本省民众的不满情绪，促使族群融合，巩固其统治基础。但是，认同"中国人"还是"台湾人"的分歧一直存在，而且在1996年"总统"选举时表现得十分典型。当年四组"总统"候选人对中国人或台湾人的认知分别是：陈履安，是中国人，不是台湾人。林洋港，是中国人之下的台湾人。李登辉，是台湾人也是中国人（但"中国人"的含义不清）。彭明敏，是台湾人不是中国人。[35]

他们各有一定数量的认同者。当时认同台湾人的约占28%，认同中国人的约占23%，认为自己既是中国人又是台湾人的约占44%。据陆委会的民意调查，1994年外省籍人士中有54.5%自认为是中国人，而到了1999年则只有28.3%的外省人自认为是中国人，而认为自己"既是中国人也是台湾人"的占52%。后来认同台湾人的比例却一再上升，而与"重叠认同"者相近了。

（一）自称为"中国人"的，有外省人，也有一部分本省人

外省人自称的"中国人"，绝大多数指的是"中华民国人"，特别是国民党、新党人士，他们主张"中华民国万岁"。一般民众则不同，一位外省人说："多数的台湾百姓们在谈到文化或民族性时，脱口而出'我们中国人'是很平常的。"有一位客家籍的台湾人写道："笔者的族谱清楚的记载我是祖籍广东饶平的第七代台湾人。'来台祖'是清政府时代的中国人。我身上流着的是中国人的血。"此外，也有个别特例，有一个"台独"分子这样写道："我是台独！我是中国人！我们同样看不惯美国的世界警察的样子。台湾和大陆的关系是我们中国人的事，和他人无关！我们曾经强烈支持中国申请WTO，也曾在网上以中国人的名义和他人辩论过。为中国羽毛球队加油时举过五星红旗。为炸（驻南）使馆而示威过。我们也唱过《我的中国心》。"

（二）自称为"台湾人"的，并不都是本省人，有少数
外省人也表示"认同台湾"，而自称为台湾人

有些人自称台湾人是为了要与"中国"划清界限，要"去中国化"。许倬云教授写道："（李登辉）那一代的台湾皇民，已经认同于日本，即使是第二等的日本人，自诩已是现代国家的一分子，对于中国早有强烈的优越感，怎能还甘心于认同中国？"[36]此外，有人界定"台湾人是被中国遗弃而抵抗日本殖民主义的后代"。[37]但并不是

所有自称为"台湾人"的都是"台独"分子。他们之所以不愿意自称为"中国人",其中一个重要原因是,国际公认的中国,指的是中华人民共和国。台湾民众认为如果自称为"中国人",就会被认为是"中华人民共和国人"。所以,有人指出:在世界交往中,中国指的是大陆,即中华人民共和国,而不是中华民国。"台湾必须把自己界定为和中国不相同的名字,否则不能存在。"[38]

(三)既是中国人又是台湾人,这种看法占多数

连战指出:"台湾人不也是中国人吗!'台湾人'是对自己出生地的情感,'中国人'是对自己民族与文化的情感。"[39]宋楚瑜则认为:"经国先生都说,我也是台湾人,大家都是台湾人,大家拢(都)是中国人,免分什么本省、外省。"[40]

在"中国人"或"台湾人"的认同中,出现一些复杂的情况:有的可以从不同的角度作出不同的认同,例如,林佳龙指出:"在多数人的认知中,'中国人'比较是一种文化的概念,而'台湾人'则主要是一种政治身份的认同","很多人可以接受自己是中国人,但并不愿致力于建立一个中国人的国家"。[41]此外,本省人与外省人结婚所生的儿女,有的采行双重认同策略:"在文化上认同中国,在政治上认同台湾。"[42]近年来,在李登辉的"界定"下,"台湾人"与"中国人"却成为对立的概念。李登辉说:"只要认同台湾,疼惜台湾,愿为台湾努力奋斗,就是台湾人",而"怀抱民族情感,崇尚中华文化,不忘记中国统一的理想,就是中国人"。[43]这样,他把主张统一的归为中国人,意思就是只有不主张统一的才算是"台湾人"。他以这样的界定迫使人们自行"选边",怀有蓄意挑起省籍矛盾的险恶用心。

不过，应当指出：第一，至今台湾同胞多数仍然认同自己既是中国人，又是台湾人；第二，所谓"台湾民族主义"的情绪也相当严重，这是与大陆对抗的情绪，如果两岸对抗的局势加剧，认同的分歧还会更加严重。

还应当提到，不论自称中国人还是台湾人，在一般台湾居民中都存在一种"小国寡民"的心态。徐宗懋指出：起初，国民党把台湾"处处抹上大中国的色彩"，"小小的台湾岛被硬套上大中国的衣服"，可是，"70 年代起，台湾的大中国外衣一件件地被剥掉"，80 年代小台湾的"大中国"色彩逐渐褪去。于是，"中华民国"转化为"中华民国在台湾"，由"反攻大陆"改为"保卫台湾"。从此，台湾人的心态起了显著的变化，"由天朝大国的自大自尊逐渐转化为小国的政治文化"，"小国文化"成为思考和行为的主流。[44] 于是，有人刻意把台湾塑造成一个"小国"，心安理得地自居于"小国寡民"的地位，只要"小台湾"，不管"大中国"，认为中国即使成为世界大国，也与台湾无关。在这种心态下，他们一方面以"国"的架构与大陆抗衡，要求取得平起平坐的地位；另一方面，则企图依附于某个大国，以增强其抗衡的力量。这样的心态也是大陆同胞所不容易理解的。

五、对李登辉、民进党的看法

台湾民众对李登辉、民进党也存在着不同的看法，它与省籍有关，但又不仅仅取决于省籍的差异。

（一）关于李登辉

李登辉的上台，被认为是"第一位台湾人的总统"，是"台湾人出头天"的一种表现，因此多数本省人对他表示支持。当时连作为反对党的民进党也不敢反对他，甚至还对他表示支持和拥护。有人写道："民进党把李登辉的作为视为台湾人出头天的象征，支持他所建立的新的权力体系。"[45]"李登辉情结"所象征的本省人当家做主的意识发挥了无可阻挡的作用。

后来，李登辉强调"经营大台湾"，空喊"建立新中原"，"与民进党的台独主张有异曲同工之妙"，因而支持民进党的民众也都支持李登辉。"民进党最大的武器是'台湾情结'，利用国会、媒体及群众运动等的交叉应用，将外省的党国大老锁定为'卖台集团'，配合李登辉团队的默许及提供资料，外省族群一一走入历史。"[46]后来，李登辉又帮助民进党上了台，二者的关系十分密切。

外省人之中，有的认为李登辉是蒋经国安排的继承人，起初也表示拥护；另一些人早就对李登辉持有保留态度，后来发现李登辉排斥外省人，甚至仇视外省人，反李的情绪便日益高涨。香港报人陆铿概括了台湾籍学者戴国辉的观点，指出戴国辉是用"媚日—反中国传统—反外省族群"的"架构"来评论李登辉的。[47]

对于李登辉执政的评价，看法也不一样。民进党的前主席黄信介曾说："李登辉总统非常贤明，相信他一定会做好总统这个角色。"民进党的"李登辉情结"从此被传扬开来。[48]许多人认为李登辉是"民主先生"，为台湾的民主化作出了贡献。"李登辉的民主改革大获人心。"[49]此外，民进党人还认为：李登辉最大的功绩在于他亲手结束了国民党的统治。

有人则持反对意见。有的学者批评李登辉"把赤裸裸的强权政治，改造为赤裸裸的金权的黑道政治"，早就预言"他将会成为国民党最后政权的终结者"。[50] 国民党下台后，有人批评李登辉是国民党的叛徒，是分裂国民党的罪人。徐立德问道："李登辉身为党领导人，把执政权丢掉，为何没有觉得耻辱，反而说出这是天意，是李登辉路线的胜利？"[51] 许信良则认为李登辉是一个"历史的享受者"，"他很会计算时机，算得准准地在最适当的点上出面接收、享受别人打拼努力的成果"，"在这八年中，李登辉做的正确的事，几乎都是民进党逼他做的"。[52]

有人针对所谓"民主先生"的说法，指出李登辉并不民主。例如，王作荣说："民主先生最不懂民主，最没有民主胸襟。"[53] 郝柏村指出，李登辉不是民主而是"独自裁决"。[54] 李登辉亲自对他说："党内是没有民主的。"郝柏村说："这种说法曾让我很震惊，这算哪门子的民主先生？"[55] 林毓生从政治体制、政治文化上进行评论，他说："李登辉主政了12年。他最对不起台湾人民的是：他没有善用那样长的主政时间，领导台湾进行深刻的民主改造，为真正的民主体制、民主文化奠立根基。"[56] 至今台湾民众对李登辉的看法仍然存在很大分歧。"台联党"把他捧为精神领袖，各地还有所谓"李友会"的存在，说明他在一部分民众中还有一定的影响力。但很多人对李登辉仍然介入政治感到不满，认为他制造台湾社会的对抗和分裂，起了很坏的作用。

（二）关于民进党

由街头运动出身的民进党，受到一部分民众的支持，被认为是反对国民党一党专制的重要力量，没有他们的"冲击"，台湾民众无法取得民主权利。许多人希望民进党成为"国民党政权的掘墓人"，希望通过民进党实现"台湾人出头天"的愿望。一位国民党籍的学者也承认："民进党的宣布成立，象征着国民党在台湾支配角色的削弱，而戒严令及其他政治禁令的解除，意味着台湾地区威权统治的逐渐瓦解。"[57]资深记者杨宪村也说："民进党的崛起可说是反国民党政治势力发展到某种程度之后的自然产物，它也可说是国民党四十几年来在台湾实行专制统治后的必然结果。"[58]经过十几年的较量，民进党的实力有所增长，到了2000年选举时，"换人换党做做看"已经成为将近40%选民的意愿，民进党在这种情况下勉强上台。

也正是由于民进党是由街头运动出身的，另一部分民众则对它存有戒心，认为它是破坏社会秩序的力量，对它"迷恋群众抗争运动的政治压力，不断以抗争与杯葛的手段表达政治的不满与诉求，几乎漠视议会协商策略的实质影响"，表示"厌恶与反感"。[59]民进党人施明德承认："我们时常可以听见诸如'民进党有能力执政吗？''民进党永远选不赢国民党！''民进党上台，国家会大乱！'等等批评之词。"[60]更多的人则认为民进党是"台独党"而对它心存疑虑，表示反对和不能接受。支持民进党的外省人只占极少数。

民进党上台以后的"政绩"，普遍不能令人满意，有人认为民进党应当下台，再次实现"政党轮替"；也有人认为"阿扁做得再差也是咱自己人，要给他时间"。到目前为止，"泛蓝"和"泛绿"两大阵营的支持度还不相上下，这反映了台湾多元的民意。

六、对政治民主与经济发展的看法

台湾民众普遍认为几十年来台湾拥有两大成就：政治的民主和经

济的发展。在《认识台湾》教科书中写了这样一段话："中华民国在台湾和平地完成政治改革，稳健地推动经济发展，创造了获得各国肯定的台湾经验。"[61]

关于政治民主化。他们认为台湾从"威权体制"走到"政党政治"是一大进步，尽管现在台湾民主还存在许多"乱象"，但比过去已经有巨大的差别，他们认为这是广大民众经过多年的努力争取来的，值得珍惜，也感到自豪。

有人指出："四十余年来，台湾地区能从一党领政逐渐形成政党政治，实根基于中央民意代表的增补选和全面改选，以及政治反对势力的成长和反对党的组成。"[62]"由于实施民主选举，反对势力在历次选举中逐渐得势，于是从原来的一党领政慢慢的转化成为政党轮替的政党政治。这是台湾四十多年来，在政治方面最大的收获，也奠定了民主政治的根基。"[63]

当然，对于台湾目前的民主，有不少学者持有不同的看法。一位旅外华人说："台湾民主化的实施，是蒋经国所决定的政策方向，李登辉执行和民进党在野之监督，是三者共同意向和积极推动的结果。"[64]高希均认为："民主的幅度与速度有长足的进步，但民主的精神与品质却江河日下。"[65]旅美学者林毓生认为，李登辉是"炒作民主的民粹主义"，就是"把复杂的、奠基于宪政民主的自由的民主，化约为无需民主基本条件支撑的选举"。李登辉"当选以后，却把不同的选民化约为一元同构型、整体性的'人民'，强调他的胜选代表'人民意志'的表达"。这样，先把"民主"简化为"选举"，再把赢得选举的人说成是"人民意志"的代言人与执行者。作者认为"这是民主的异化"。[66]本省籍学者许介麟也说："台湾的'民粹式民主'使人民沉醉于执政者所构筑的假民主之中，并渐渐迷失于统治者所建构的'台湾民族主义'之中。"[67]

关于经济发展。台湾民众对于几十年来台湾经济的成就也感到自豪。郑竹园指出，台湾的"经济奇迹"受到世界经济大师们的称赞，被"誉为第三世界的楷模"。[68]戴国煇写道："人们近年把台湾的经济成长称为'奇迹'，赞赏为亚洲 NIES（亚洲新兴工业国家或地区）群的高才生。"[69]高希均也说："过去四十年所创造的'台湾经验'，最显著的成就就是在经济上为大家带来了小康的台湾。"[70]台湾民众津津乐道台湾的 GDP 已经达到一万多美元的水平，和大陆相比，更使他们产生优越感。

当然，人们对台湾的经济发展也有自己的见解。高希均在肯定"台湾经验"的同时也指出："'台湾经验'也有其负面的后果，如牺牲环境品质、轻视社会成本、容忍特权与垄断、缺少社会纪律与现代法令规章。"[71]还有人指出：台湾经济还存在不少问题，例如，缺乏经济发展的腹地，对国际市场的依赖度过大，岛内投资环境极度恶化，民间投资意愿低迷，资金大量外流，经济发展陷于困境。

至于经济发展的功劳应当归于谁，看法也不一样。有人认为后来的经济发展"都是两位蒋故总统建立的基础"，有人则认为与国民党没有关系，"都是台湾民众打拼出来的"，在其中农民和中小企业者有很大的功劳。许信良指出："台湾的劳动力与资金源源从农村被挤压出来，支持初期的工业，再由这些工业的利润所得累积本土的资金，这是台湾'经济奇迹'出现的真正原因。"[72]

七、对美国、日本的态度

几十年来，台湾与美国、日本一直保持良好的关系。1949 年以后，台湾在美国军事力量的保护下，与我们相对抗，"台湾问题的由来"就与美国有重大关系。同时，台湾当局接受了巨额的"美援"，从而渡过了难关。台湾经济的发展，主要依赖对美国的出口。有人认为，战后在美国政府影响下，台湾实行工业化与民主化，"使得台湾的每人所得更加超前发展"。[73] 许信良也认为："美国在战后台湾史的发展上，有着不容忽视的决定性地位。"[74] 还有人认为，1970年以前，台湾是美国的军事基地，这成了台湾的保护伞，使台湾的发展拥有自己的"主体性"。[75]

台湾许多政界、商界、学界人士都是经过美国培养的，有人写道："过去几十年来，我们是一个以美国为导向的社会，在年轻人的心里，六千英里外的美国比隔邻的中国大陆要近得多。"[76] 台湾的许多制度，包括政治制度都是从美国学来的。所以，台湾民众对美国有较深的感情。1979年中美建交，在此之前，台湾已经得到消息，全岛"如丧考妣"，连原定的选举也不举行了。直至现在，"台湾当局还得以美国的马首是瞻，把老美当做大恩人，说实在的，我们是以姜妇之道在伺候美国佬"。

至于日本，台湾长期处在"出口靠美国，进口靠日本"的情况下，"台湾的经济受制于日本最甚"，"不管是传统产业或较精密的产业，多数被日商吃得死死的，他们大块吃肉，我们啃骨头、喝残羹"。[77] 但没有日本还是不行的。台湾留日的学者、官员也不少，一般台湾民众对日本还是有感情的。可是，他们现在对日本不满意，认为日本对台湾"太冷漠""没有负起责任"。

台湾当局曾经向民众灌输：有了美国的保护，"中共才没有打过来"。萧新煌说："那边有400个飞弹怎么办？国防难道不重要吗？如果他们有刀，我们也要准备枪，以防万一。"我们批评台湾当局购买军火，"挟洋自重"，台湾民众不以为然，他们说："台湾小，必须依靠国际力量来保护，并不可耻，而是理所当然。"他们把中国大陆与美国相比："一个是对台湾武力威胁，一个是军援台湾；一个是极权国家，一个是民主国家；一个想要并吞我们，一个要和平共存（虽然有时要看一点脸色）。大腿可以不抱最好，不得已要抱。"这种心态是我们很难理解的。

当美国轰炸我驻南使馆时，激起全国各地人民的极大愤慨，而台湾民众却认为这是一种"民族主义"的"反美狂热"，他们也无法理解。他们甚至认为美国是最好的国家，任何反对美国的表现都是错误的。当然，也有人对美国的霸权主义表示反感，对美国干预两岸问题表示不满，但为数甚少。

八、复杂的心态

台湾民众在国民党统治下生活了几十年，尽管他们内部对国民党、民进党、"中华民国"、美国、日本的态度以及对政治、经济的看法存在分歧，但台湾民众与大陆同胞的看法则差别更大，这是特殊历史背景下形成的复杂心态，对此，我们不能不有所了解。

台湾民众的历史记忆，使他们形成某些复杂的心态，这些心态具有延续性、时代性和多元性。延续性是指其中有的是原有心态的延续，而带有时代的特征；时代性是指有些心态是由于新时代的历史记忆所造成的，是过去所未曾有过的；多元性是复杂性的表现，即对同一历史进程，在台湾民众集体记忆中却有不同的反映，产生不同的心态，而这一点往往与省籍差别有密切的关系，这是当代台湾历史的一大特点。

这个时期台湾民众的复杂心态主要表现为以下几个方面：

（一）悲情心态

这种心态是原来就有的，近几十年来则由于受国民党统治而产生。从"二二八"到白色恐怖，从戒严体制到"万年国会"，本省人基本上处于无权的地位。这就造成一种新的悲情，矛盾针对着被视为"外来政权"的国民党政权。一切反抗国民党统治的活动，都在悲情的号召下进行，这些活动受到镇压却能越演越烈，则是长期受到压抑的强烈反弹。由于存在"悲情心态"，台湾民众迫切要求"出头天"，就是要求由本省人执政。李登辉、陈水扁的上台，改变了"悲情"的局面，为"出头天"带来了希望。一方面可以由台湾民众当家做主，另一方面则可能导致排斥一切"非本土"的力量。

至于外省人，一般说来，他们在两蒋统治下是没有"悲情"的，但到了李登辉、陈水扁时代便产生"危机感"，担心受到本省人的排挤，担心在政治上处于劣势，这可以说是另一种"悲情心态"的表现。

（二）对国民党政权的"亲切感"和"疏离感"

这个时期，台湾长期处在国民党统治下，台湾民众对国民党政权的心态是相当复杂的，一方面他们接受国民党的教育，已经习惯于国民党统治的体制，另一方面则对国民党政权有所不满，并且时常有所反应。拥护、支持、同情国民党政权者对它有"亲切感"，受到压迫、抑制而奋起反抗者对它则有"疏离感"。而这二者在相当大的程度上与省籍的差异有关。所以，认为台湾民众对国民党政权都有好感，那是片面的，反之，认为台湾民众对国民党政权都有反感，也是片面的。

应当看到，台湾民众毕竟是长期在国民党统治下生活，他们对国民党政权比较熟悉，因此，相对于共产党来说，他们更倾向于亲近国民党。即使是反对国民党的人士也表示，他们长期与国民党抗争，比较了解它，也有办法对付它，而对于共产党则十分陌生，不可能亲近，更不可能有信赖感，同时也感到难以对付。

（三）对"国家认同"的严重分歧

由于政治信仰的不同以及省籍的差异，台湾民众在所谓"国家认同"上存在严重分歧。其中包括"认同中国"还是"认同台湾"，是"中国人"还是"台湾人"，对"中华民国"采取什么态度等等。在这个重大问题上，台湾民众存在多样、复杂、矛盾的心态。总的来说，台湾民众与大陆同胞的认知存在极大的差别。

（四）对美国、日本的"亲近感"

由于几十年来台湾与美国、日本保持着十分亲密的关系，台湾在经济上不能离开美国、日本，在政治上、在国际上也长期追随、依附于美国，因此，在台湾民众中"亲美心态"是普遍存在的，"亲日心态"也相当普遍，有些人即使认为在经济上受到日本的盘剥，也无法摆脱日本的影响。这说明台湾民众对待美国、日本的态度，与大陆同胞有极大的差别。

（五）优越感心态

几十年来，台湾最得意的成就是所谓"经济奇迹"和"政治民主化"，陈水扁在就职演说中也强调："台湾在半个世纪以来，不仅创造了经济奇迹，也缔造了民主的政治奇迹。"尽管他们的悲情心态仍然存在，在所谓"国际活动空间"上存在无力感，但对于所谓"经济奇迹"和"民主政治"（尽管他们也承认有很多问题），却一致给予肯定，感到自豪，并且充满优越感。

（六）"小国寡民"心态

这种心态过去就存在，近几十年来，国民党政权以一个"国"的架构经营台湾，因而发展成一种"只要台湾，不管中国"的"小国寡民"心态。这种心态有导致分裂主义的危险性。

总之，几十年来，台湾在国民党政权统治下所形成历史集体记忆是多元的，由于产生的心态是复杂的，在台湾内部就存在差异，与大陆相比，差异更大。只有深入具体地了解台湾民众的历史记忆，才能正确理解他们的复杂心态，才能有针对性地开展对台湾民众的工作。需要说明的是，本文试图客观地反映台湾民众对这段历史的集体记忆和复杂心态，提供了较多的资料，至于如何看待这些问题，则留待另一课题的研究。

（2003 年）

注释:

[1] 萧三友等:《台湾光复后的回顾与现状》,第 89—90 页,海峡学术出版社,2002 年。

[2] 戴国煇:《台湾结与中国结》,第 67 页,远流出版社,1994 年。

[3] 谢长廷:《新文化教室》,第 34 页,月旦出版社,1995 年。

[4] 戴国煇:《台湾结与中国结》,第 26 页。

[5] 虞义辉:《台湾意识的多面向》,第 91、97 页,黎明文化,2001 年。

[6] 卢建荣:《分裂的国家认同》,第 199 页,麦田出版社,2000 年。

[7] 陈文茜:《文茜大姐大》,第 29 页,时报文化出版,2001 年。

[8] 李登辉:《台湾的主张》,第 303 页,远流出版公司,1999 年。

[9] 戴国煇:《台湾总体相》,第 129 页,远流出版公司,1992 年。

[10]《台湾民情》,第 177 期。

[11] 吴锦发:《做一个新台湾人》,第 45 页,前卫出版社,1989 年。

[12] 参阅卢建荣:《分裂的国家认同》,第 173 页。

[13] 吴国祯:《在历史面前》,第 228 页,海峡学术出版社,2002 年。

[14] 夏珍:《日落国民党》,第 106 页,天下远见出版公司,2000 年。

[15] 陶五柳:《陈水扁震撼》,第 213 页,沛来出版社,2000 年。

[16] 邱国桢:《抢救台湾》,第 38 页,前卫出版社,1990 年。

[17] 吴国祯:《在历史面前》,第 228 页。

[18]《大是大非——梁肃戎回忆录》,第 230 页,天下文化出版,1995 年。

[19] 卢建荣:《分裂的国家认同》,第 212 页。

[20] 徐宗懋:《务实的台湾人》,第 66 页,天下文化出版,1997 年。

[21] 牛震:《台湾观察》,第 3 页,磨坊文化公司,2003 年。

[22]《大是大非——梁肃戎回忆录》,第 322 页。

[23] 徐宗懋:《务实的台湾人》,第 66 页。

[24] 关中:《对国家未来发展的省思》,第 89 页,民主文教基金会,1994 年。

[25] 杨宪村:《民进党执政》,第 118、285、100 页,商周文化出版,1995 年。

[26] 邱永汉:《现在正是大陆认识台湾的最好机会》,《财讯》,2000 年 6 月。

[27] 夏珍：《自由自在宋楚瑜》，第 194 页，时报文化出版，1999 年。

[28] 余志明：《温柔的革命》，第 21 页，月旦出版社，1998 年。

[29] 陈癸森：《论台湾》，第 138 页，海峡学术出版社，2002 年。

[30] 吴国祯：《在历史面前》，第 195 页。

[31] 林满红：《晚近史学与两岸思维》，第 31 页，麦田出版，2002 年。

[32] 夏珍：《自由自在宋楚瑜》，第 188 页。

[33] 施正峰：《由国家定位看台、中关系》，《21 世纪两岸关系展望论文集》，夏潮基金会，1998 年。

[34] 董智森：《台北经验，陈水扁——一位资深记者的私人笔记》，第 286 页，月旦出版社，1998 年。

[35] 施正锋：《台湾人的民族认同》，第 236 页，前卫出版社，2000 年。

[36]《中国时报》2003 年 7 月 7 日。

[37] 卢建荣：《分裂的国家认同》，第 78 页。

[38] 张茂桂：《族群关系与国家认同》，第 268 页，业强出版社，2001 年。

[39] 陆铿：《别闹了，登辉先生》，第 47 页，天下文化出版，2001 年。

[40] 夏珍：《自由自在宋楚瑜》，第 216 页。

[41] 林佳龙：《台湾民主化与国族形成》，《民族主义与两岸关系》，第 261 页，新自然公司，2001 年。

[42] 卢建荣：《分裂的国家认同》，第 201 页。

[43] 李登辉：《台湾的主张》，第 77 页。

[44] 徐宗懋：《务实的台湾人》，第 291、306、220、292 页。

[45] 杨宪村：《民进党执政》，第 173 页。

[46] 董智森：《台北经验，陈水扁——一位资深记者的私人笔记》，第 325 页。

[47] 陆铿：《别闹了，登辉先生》，第 266 页。

[48] 王力行：《无愧》，第 207 页，天下文化出版，1994 年。

[49] 徐宗懋：《务实的台湾人》，第 265 页。

[50] 杨宪村：《民进党执政》，第 133 页。

[51] 陆铿：《别闹了，登辉先生》，第 149 页。

[52] 许信良:《挑战李登辉》,第48、62页,新新闻出版,1995年。

[53] 陆铿:《别闹了,登辉先生》,第247页。

[54] 王力行:《无愧》,第18页。

[55] 陆铿:《别闹了,登辉先生》,第121页。

[56] 林毓生:《论台湾民主发展的形式、实质与前景》,二十一世纪网络版,第10期,2003年1月。

[57] 黄德福:《民主进步党与台湾地区政治民主化》,第158页,时英出版社,1992年。

[58] 杨宪村:《民进党执政》,第71页。

[59] 黄德福:《民主进步党与台湾地区政治民主化》,第177页。

[60] 陆铿:《别闹了,登辉先生》,序第4页。

[61]《认识台湾》(历史篇),第112页,编译馆,1997年。

[62] 黄秀政等:《台湾史》,第264,五南出版公司,2002年。

[63] 宋光宇:《台湾历史》,第65页,东大图书公司,2000年。

[64] 牛震:《台湾观察》,第54页,磨坊文化公司,2003年。

[65] 高希均等主编:《台湾经验四十年》,第77页,天下文化出版,1991年。

[66] 林毓生:《论台湾民主发展的形式、实质与前景》,二十一世纪网络版,第10期,2003年1月。

[67] 许介麟:《李登辉与台湾政治》,第176页,社会科学文献出版社,2002年。

[68] 郑竹园:《台湾经验与中国重建》,第451页,联经出版,1989年。

[69] 戴国煇:《台湾总体相》,第145页。

[70] 高希均:《新台湾人之路》,第75页,天下远见出版公司,1999年。

[71] 高希均等主编:《台湾经验四十年》,序第3页,天下文化出版,1991年。

[72] 许信良:《新兴民族》,第197页,远流出版公司,1995年。

[73] 林满红:《晚近史学与两岸思维》,第33页,麦田出版,2002年。

[74] 许信良:《新兴民族》,第199页,远流出版公司,1995年。

[75] 张亚中:《全球化与两岸关系》,第138页,联经出版,2003年。

[76] 丁庭宇:《咱拢马是台湾人》，第 238 页，桂冠图书公司，1989 年。

[77] 陈癸淼:《论台湾》，第 46 页。

两岸隔绝的历史记忆与台湾民众的复杂心态

20 世纪下半叶，两岸人民有近 40 年的隔绝，互不往来。两岸政治、经济、社会制度完全不同，两岸人民生活的环境不同，有着根本不同的经历。"社会存在决定社会意识"，两岸不仅在经济、社会生活等方面存在巨大的差异，而且在政治文化、价值观念等方面存在显著的区别。加上台湾在日本统治时期受到日本文化的影响，近半个世纪以来，又受到欧美文化的影响，而大陆则受到马克思主义的影响，两岸在意识形态方面的差异甚至对立则更加明显。

几十年来，大陆人民在共产党领导下开展反对国民党反动统治的斗争，开展社会主义建设，取得今天的成就。因此，大陆人民对于革命与反革命的界限、阶级界限、社会主义与资本主义的界限、共产党与国民党的界限等等是十分明确的，党的领导、社会主义、马克思主义、毛泽东思想、爱国主义、国家统一、民族振兴对大陆同胞来说是天经地义、不容置疑的。而台湾人民则不然，他们没有经受过大陆几十年来翻天覆地的变化，对于革命、阶级、社会主义、共产党的领导等等，都十分生疏。他们处在国民党的统治下，对大陆人民认为是"大是大非"的问题，都会表现出怀疑甚至反对的态度。总之，不同的社会制度，使两岸走上不同的道路，两岸人民在许多重大原则问题上存在不同的立场。

本文准备比较详细地考察台湾民众在对待大陆和两岸关系方面的

历史记忆和复杂心态。

两岸隔绝的历史记忆

（一）台湾民众对共产党的历史记忆

在国共内战时期，现在生活在台湾的外省人第一代，大多数站在国民党一边，与共产党打得你死我活。他们多是被共产党打败或跟随国民党到台湾去的，他们相信在蒋介石领导下能够"反攻大陆"，他们在大陆的亲属有的受到"土改""镇反"等等运动的冲击，这些人对共产党是有仇的。他们相信蒋介石所说的：中共利用和谈的烟幕瓦解了"国军"的士气，在苏俄的支持下，吞食了整个中国大陆。"国民党被共产党的假和谈所骗，并长期广为宣传，深入台人的脑中"。[1]宋楚瑜指出："中共不会区分什么外省人、本省人，对我们的态度就是非常强硬，根本不必对这个政权抱任何幻想。"他又说：为什么"不愿意接受中共的统治？其中重要的原因就是台湾的民众对中共不信任和没有好感"。[2]有些外省籍作家把中共政权都描写成"暴力集团"，是本省人和外省人"共同的敌人"，极力把共产党"妖魔化"。只是到了两岸交流以后，这种情况才开始有所改变。

至于台湾本省人，他们和共产党、大陆人民没有什么深仇大恨，他们说："我们台湾人在国共斗争中被'莫明其妙地'划到国民党的一边，实际上我们和国民党、共产党都没有关系，你们不应当仇视我们。"但是由于受到国民党教育所灌输的"反共意识"的影响，他们对共产党也没有好感。[3]

"文化大革命"在台湾民众中造成的影响，是大陆同胞所难以想象的。统派学者王晓波说，台湾人民早就对"白色祖国"（指国民党政权）失去希望，他们曾经寄望于"红色祖国"，可是，"文化大革命"导致"中共的道德形象已破碎，'红色祖国'的梦碎"，在"文革"的阴影下，"台胞敢对中共有任何奢望吗？"[4]吕秀莲曾经表示："我对中共没有信赖感，因为你们搞文化革命，把全国最大的人物国家主席都整死了。如果统一，台湾老百姓毫无保障，就会像蚂蚁一样，任你们踩死。"谢长廷也说过同样的话：大陆"文革""连当权者也会身受其害。像中国国家主席刘少奇，据说他是死在牛棚内，连审判都没有"。[5]李远哲则问道："统一以后，会不会在台湾也搞一次文化大革命？"类似的思想是相当普遍的。

有人认为某些人倾向"台独"与"文革"不无关系。例如有人写道："非常讽刺的是，如谢雪红、李应章等一大群人在（'二二八'）事件后投奔'祖国'，却在祖国历次政治斗争中受尽屈辱、折磨甚至人身消灭。这种种意味着台湾人不论留在台湾或奔向祖国，命运其实都是一样悲惨的。台独成为唯一出路。"王晓波也说："台湾民主运动既不能接受'红色祖国'，又不能认同国民党的威权体制，只有走自己的道路，为保障台湾经济建设的成果，和民主运动的成果不被吞噬，台湾独立不失为一条选择的道路。"[6]

不过，应当指出，台湾民众的心态是多元的。"有脱离大陆的心态，也有征服它的心态；有轻视大陆贫困落后的尊贵心态，也有不信任、被出卖的畏惧心态；有免于与大陆交往过密的避祸偏安心态，也有与大陆人民积极往来从事商业贸易的务实心态；有其心必异的我族心态，也有血浓于水、祸福与共的一体心态。"[7]在两岸开始交流以来，有一部分台湾民众（包括本省人和外省人）已经逐渐消除了对共产党的恐惧和疑虑，他们肯定大陆近年来的发展和变化，表示愿意发展两岸关系，探寻两岸合作和迈向统一的前景。

（二）对"一个中国"的看法

尽管国民党曾经主张"一个中国"，但他们所说的"一个中国"始终是"中华民国"。郝柏村表示："我们绝不能接受中共政权的一个中国原则，因为这无异于向中共投降。"连战一再坚持"一个中国是中华民国"。

民进党认为"一个中国"指的是"中华人民共和国"，台湾不包括在内。他们认为国际上认同的"一个中国"是中华人民共和国，如果台湾也讲"一个中国"，台湾就不存在了。

现在台湾主要政党在"一个中国"原则上采取如下不同的表述：

国民党："一个中国是中华民国"，"中华民国是主权独立的国家"。国民党执政时还把"一个中国"说成是"一个分治的中国"（one divided China）。

亲民党："坚持中华民国的存在"，"中华民国是主权独立的国家"。

民进党：不讲一个中国，主张"台湾是主权独立的国家，它现在的名称是中华民国"。

在台湾民众看来，"中华民国"一直是存在的，"中华民国"与中华人民共和国"互不隶属，互不代表"。有人说："中华民国于1949年以后丧失中国大陆的主权是事实，但这有如一个人原有两间房子，丧失其中一间房子的所有权时，不能说他已经丧失两间房子的所有权。"[8] 在陈水扁提出"一边一国"以后，萧新煌说道："那边叫中华人民共和国，我们这里叫中华民国。"连战、宋楚瑜为什么不敢骂"一边一国"呢？"因为他们一个当过中华民国副总统，一个当过中华民国台湾省主席。"[9] 在台湾民间，有一种"通俗"的说法："中华人民共和国已是世界公认的中国，而且代表中国成为安全理事会的常任理事国，这是全世界谁也否认不了的事实（包括已经放弃推翻中共政权的台湾在内），那么如果台湾还坚持只有一个中国，显然就是承认中共是中国，而自己当然也就不是中国了。"[10]学者赵建民说：过去国民党讲"一个中国"，是因为国际上支持"中华民国"的比支持中华人民共和国的多，1979年后就不一样了，到了90年代，一个中国就是中华人民共和国，所以，国民党就不讲了。姜新立说："国际上之'一中'意涵系指'中华人民共和国'，台湾如接受'一中'，无异自陷政治陷阱。"[11]郭正亮指出：现在台湾只剩下"中华民国主权"这个唯一的筹码，是不会轻易放弃的。许信良提出这样的评论："'一个中国就是指中华民国'，就是走蒋家父子的老路线，把中共视为窃国者、视为敌人、视为主权的竞争对象。"[12]台盟中央副主席吴国祯也指出："蒋家国民党讲'一个中国'，但它的一个中国是反共反华反中国人民的一个中国。"关键在于"四十年来台湾政局的扭曲、虚伪性集中表现在其'代表整个中国'的虚幻意识"。[13]正因为如此，"一个中国就是中华民国"的观点还有相当的影响力。

有一位学者提出如下"折中"的意见："在国家统一以前谈'一个中国'，绝不可能说'一个中国就是中华人民共和国'或'一个中国就是中华民国'，我所理解的'一个中国'是：确认台湾是中国的一部分，中国的领土主权完整不可分割，在对外关系上，只能有一个政府是代表中国的唯一合法政府。基于这样的原则，就得确认在台湾的中华民国政府可以代表与其现有的邦交国维持外交关系，并在这个基础上停止外交竞争。"[14]

（三）对"一国两制"的看法

台湾各个政党都反对"一国两制"。他们明白地指出，主要是反对"一国"，而不是"两制"。李登辉反复声称："我们要再一次坚定拒绝所谓'一国两制'的构想。"[15] 陈水扁认为只要承认"一国"，就是要消灭"中华民国"，就是要台湾"投降"，要把台湾变为"地方政府"。最近，宋楚瑜还明确表示："反对中共的'一国两制'。"有的学者指出："在台湾，任何主张会消失'中华民国主体性'的政治人物很难有生存空间"。[16] 有人指出不接受"一国两制"的原因是："我们怕的是如香港一般，变成'港商治港'，变成次等公民"，"一国两制就是把台湾'香港化'。他们提出："在一个中国原则下，什么问题都可以谈"，为什么除了"一国两制"外，什么方案都不能谈？"一国两制"是20年前提出的，现在是否可以"与时俱进"予以修改？国民党人陈锡蕃说："国民党支持和平统一，不支持一国两制，你们提出一国两制，我们一定要提出另一种方案来讨论（例如邦联）。'一中'作为前提是可以的，但不能有预设结论（指一国两制）。"劳动党对"一国两制"提出如下尖锐的意见："一国两制"对台湾统治阶级、上层人士有利，对劳动人民不利。大陆只考虑上层的利益，没有从阶级立场上考虑对劳动人民的政策。

总之，根据历次民意调查，多数台湾民众目前还不能接受"一国两制"，不过"年轻的一代（39岁以下）有比较显著的赞成大有人在"，"教育程度愈高，有愈多的人愿意接受'一国两制'"。[17] 陈建仲认为：台湾民众不愿接受一国两制，主要是不信任中共；认为采行一国两制，中共将有机会并吞台湾；如果实施一国两制，"中华民国"就会消失；采行一国两制后，台湾人的财富就会被大陆民众均分等等。[18] 不过，包淳亮指出，在陈水扁上台执政后，一部分统派民众"怀疑民进党执政下的'中华民国'只是挂羊头卖狗肉，因此似乎宁愿向'人民共和国'投降，接受'一国两制'，也不愿接受此种'非中国'情感失落"。同时，也有一部分"统派支持群众囿于对'中华民国'的支持，可能不会轻易地转变为'一国两制'的支持者"。[19]

（四）对两岸关系某些重要问题的态度

1. 大陆对待国民党的态度

由于台湾民众对国民党有不同的看法，所以，大陆如何对待国民党，在台湾民众中间也会有不同的反应。许多亲近国民党的人士希望我们与国民党合作，而不要与民进党接触，因为他们是"台独"。而更多的本省人则不以为然，在他们的记忆中，"大陆一向和国民党亲"，他们认为"大陆的人没有把'国民党'和'台湾人民'概念分清楚。把台湾的繁荣归功于国民党"。[20] 他们问道：本省人占台湾人口的绝大多数，为什么大陆亲近的却是国民党人，尤其是少数外省籍的国民党人？

在国民党执政时期，大陆和国民党的交往较多，本省人已经不满，台籍人士吴国桢早就告诉大家："我们主张'国共和谈'，则是台湾人民所厌恶的。"[21] 大陆一向和国民党来往较多，更使广大台胞伤心。他们认为大陆"远有尊崇陈立夫，近有亲热冯沪祥"，而不知台湾民众对两蒋的深恶痛绝。[22] "大陆如果认为冯沪祥这样的人可以代表台湾民意，那就太不了解台湾了。"有人问：国民党长期叫喊"消灭共匪"，为什么大陆却和国民党好？一位海外老台胞责问我们：过去大陆多做国民党的工作，"中共当时的标准答案是：'因为他们当权呀！'现在已非国民党当权，大陆为什么一直热衷于跟那些已下台的过气余孽拉亲家？"[23]统派学者王晓波也说，"台湾人能看到的是国共两岸的眉来眼去，什么'历尽劫波兄弟在，相逢一笑泯恩仇'"，因而感到"不能寄希望于大陆中共"。

2. 关于爱国主义、民族主义、民族大义

我们强调台湾同胞是爱国的，"爱国不分先后"，对于一些表现很好的台商，称之为"爱国台商"。台湾民众对此产生很多疑问：爱国，是爱"中华民国"还是爱中华人民共和国？爱"中华民国"是不是爱国？有的台商表示："说我是爱国台商，会被人认为是爱共产党，让我回不了台湾。"

从他们看来，爱国主义并不重要。有人把个人利益摆在国家利益之上，他们说："我们早就开始要求国家要为我们作些什么了，你们还在问要为国家作些什么？"有人则强调台湾人对"中国"没有感情，认为经过长期分离，"中国的'祖国形象'已经愈来愈远，和台湾人的集体生活已经有了实质的断裂。现在的中国已逐渐不能为台湾的人所认识，因而再不能作为台湾人的祖国，像祖国一样要求台湾人爱它、保护它、为它牺牲"。[24]

我们认为民族主义有正面的含义，他们却认为"民族主义"是贬义词，把它视为"大汉族沙文主义"，李登辉则称之为"大中华主义"。有人甚至把"民族主义"与"台独主义"同等看待，认为"中国大陆常常提及民族主义，如同台独主义一样，都是非常危险的"。许信良担心大陆的民族主义会被人利用于台湾问题上，以致发展成政府无法掌握的激烈情绪。金耀基则认为以民族主义作为统一的号召会起反作用，他说："催化'台湾民族主义'发展最有力的因素，不是别的，正是海峡对岸来的中国民族主义，也即是中共以中国民族主义作为统一的诉求。"[25]

讲到"民族大义"，他们更加反感。有人指出我们讲"民族大

义"目的是让他们记得大陆是"爷爷",台湾是孙子;孙子要听爷爷的,否则就是大逆不道,就是"数典忘祖"。过去国民党常用"血浓于水""数典忘祖"之类的话批评他们的政敌,台湾年青一代认为这是保定封闭的落后观念。他们认为,吕秀莲曾经回到大陆寻根谒祖,还被说成"数典忘祖",那么没有回来祭祖的大多数台湾同胞岂不是更加忘祖了吗? 他们问道:"如果当初美国不'数典忘祖'把英国人踢开成立自己的国家,你想今天还能生活在这'人间乐园'吗?"[26]有人反过来说:"对于以台湾人自居的人来说,不知台湾史却是数典忘祖的人。"[27]还有人说:大陆讲民族大义,台湾人听不进去,"为什么呢? 简而言之,他们不感兴趣。正所谓'民不好义,奈何以义劝之?'"为什么不感兴趣呢? 吴国祯说:"统一的前景对大陆人而言,更多的可能是民族的感情、历史的重责。然而,对台湾人而言,他们的民族感情已受过日本、蒋家太多的伤害,'往事不堪回首',他们能够赞同统一,赞成'一国两制',端视这些能为他们带来什么样的美好未来。"[28]

总之,台湾民众对有些概念的理解和我们有很大的差异,其原因之一在于国民党。吴国祯指出:"因蒋家统治以'爱国''统一'和'一个中国''反台独'的名目压制人们合理的政治改革要求,也因此搞乱了人们对'民族''爱国''统一的一个中国'等本来充满正义的内涵的理解。这些,对在台湾受过蒋家统治的人而言,几乎都是'不正义'的同义词。"[29]许多大陆同胞不理解:为什么我们谈论此类正面的名词,却得到冷淡的反应甚至反面的效果? 上述看法已经给予明确的回答。

3. 关于"对台湾有好处"的说法

我们常说祖国大陆的政策主张是对台湾同胞的"宽容""宽大""照顾",他们对此不但没有表示感激,反而认为自己的尊严受到伤害。统派学者张麟征写道："台湾可以诘问中共的是：'一国两制'下，台湾交出了'主权'，可以得到什么？"中共所能给的，台湾早已有了，"又不是中共赏赐的"，"如果不能示惠台湾，台湾愿意束手就擒吗？"[30] 又说：台湾现在"气势大不如前，也还有 28 个邦交国，并参加数个国际组织。北京所提出的'一国两制'解决方案，虽然就北京的立场来说十分宽大，但就台北看来，一下子从中央被贬为地方，显然还是深觉委屈，难以接受"。[31] 张亚中也说："中共认为一国两制已经是祖国的最大宽容，台湾认为如果自己不能当家作主，任何的宽容都有可能只是毒药外的糖衣。"[32] 有一个网民更加激烈，他写道："对于已是自由民的台湾人而言，要的不是来自中国的恩赐，而是要来自中国的尊重。皇恩再浩瀚，再多的恩赐，台湾人都觉得是侮辱。"

我们说，对台湾会比对港澳"更宽"，他们也很反感。他们认为把台湾与港澳相比，台湾只能和港澳"平起平坐"，就是矮化了台湾，使他们的尊严受到伤害。因为"香港是殖民地，而'中华民国'是主权独立国家"。此外，港澳回归得到切实的好处，因为港人治港、澳人治澳、高度自治这是在殖民统治下所没有的权利，而且还可以按照当地人民的意愿，不必实行社会主义制度；当地人当了"特首"，也是以前所没有的，这一切都是祖国"给予"的。而大陆不仅没有给予台湾什么东西，还要台湾把"主权"交出去，"总统"降为"特首"，部长降为司长，哪有什么"更宽"？

我们说，统一以后台湾会得到很多好处，他们也有抵触，表示"我们不想沾光"。有人挖苦说："光荣你们自己去感受，我们敬谢不敏，只想好好过日子。你们的目标是当世界强权，幻想与美国一较长短，这些光荣留给你们自己享用，我们台湾人只想与世无争。"

台湾人民由于历史的原因以及现在的处境（在国际上没有地位），

在政治上相当自卑，最怕人家看不起，所以对于"尊严"十分在意。陈癸淼说："尊严、安全、实利是'一国两制'在台湾落实的三大基石，缺一不可。"[33]

他们认为，要尊重，就要平等。最好各管各的，两岸平等。他们说："台湾就是台湾，中国就是中国，两者互不隶属，两者互不侵犯，两者永久和平相处，不是也很好吗？"一个中学生问道："为什么只能一国？为什么不能让两岸作为友谊之邦，各自成为一个国家？"一位学者在分析民意调查资料后指出："不能要求台湾民众在一种投降的姿态下达成任何积极性的多数决定。"他说，一国两制是要台湾放弃"主权"，美国李侃如主张"台湾不独，大陆不武"是要台湾放弃选择独立的权利，都不能得到民意多数的支持。连统派也主张："台湾应维持独立之主权。"[34]

4. 关于"武力"和"打压"

台湾民众最反感的是受到武力威胁。我们在东南沿海布置导弹，在台湾影响极大。他们认为"飞弹是台湾安全的最大威胁"，大陆一方面讲"中国人不打中国人""骨肉同胞，手足兄弟"，一方面布置飞弹威胁台湾，是互相矛盾的。"一手安抚，一手拿剑"的做法又岂是应有的兄弟之情？中山大学学生说："飞弹对准台湾，伤害两岸感情。"当台湾人民期待强大的祖国给予关爱时，却得到了威胁。许多人说，只要飞弹还对准台湾，台湾民众对大陆就不会有好感。"独派"的南社社长曾贵海也说："飞弹对准，台民不会心向大陆。"施明德说："只要武力威胁还在，台湾人就没有尊严，我就不会去大陆。"赵少康说："新党反台独，也反对中共用武，中共就像一个恶邻居，当中共入侵时，新党没有理由幸灾乐祸，当然会一起对抗恶邻居。"[35]王建煊也说："中共若以台独为理由对台动武，新党会奋力一战。"有人指出："宋楚瑜比任何政治人物都更卖力表明爱台湾，甚至表示如果中共打过来，将身先士卒。"[36]也有人从另一个角度来看，认为我方的军事演习，会造成"狼来了"的效应，"军演太频繁也会使台湾人民越来越麻木"。[37]石之瑜说，军事演习没有起到威慑作用，大家认为大陆不可能打，反而引起对大陆的反感。

一位学者指出："武力犯台不止加深台湾人民百姓的不安及怨恨，更遑论如何能得民心？"或说："武力不能解决历史的纠缠，只会增加仇恨的对立"，"如果美国用武力威胁要中国人民屈服时，中国人民会接受吗？"[38]民进党人郭正亮指出："据1998年8月8日欧亚学者民调显示，一旦中共武力犯台，将有87%的台湾人民愿为台湾而战，比例之高，正显示北京多年来的打压台湾政策，反而强化了台湾人民抗暴的决心。"[39]学者张赞合则担心："既然不放弃使用武力，台湾海峡的和平就不可能获得保障，两岸间就得继续军备竞赛，台湾就得继续想方设法向外国购买武器，并向外国势力寻求奥援。两岸间的猜忌与仇恨无法消弭，良性的沟通与交流无法正常进行，台湾人民对祖国的疏离愈严重，中国的统一也就愈渺茫。"[40]

此外，在一些外交场合，他们都认为大陆有意"打压"台湾，不让台湾参与国际活动，对台湾民众"求发展"造成威胁。赵建民说：大陆在陈水扁就任党主席时把更瑙鲁拉走，对台湾民众的伤害很大。又如，APEC上海会议，台湾青年人原来认为台湾当局不对，可是大陆"蛮横"的态度，使得大家站到阿扁一边去了。陈毓钧指出："大陆不要干涉台湾内政，干涉会使台湾民众倒向美国。"王晓波指出："不要丑化台湾的民主经验，固然有缺点，但大陆30年后还不会达到。"民进党的林佳龙认为：中共把台湾当做敌我矛盾，搞零和游戏，只会打压，不会手软。大陆有人主张"台湾的前途要由13亿人来决定"，台湾民众问道：台湾的前途为什么不能由住在台湾的2300万人来决定，而要由不住在台湾的13亿人来决定呢？他们认为这是"以大欺小""以势压人"的表现，对此相当反感。

有的学者对武力威胁和"打压"作了比较仔细的分析，指出：由于"中共打压和文攻武吓，而导致（台湾民众）心理转折与内心深处的不平衡"，"打压和不尊重只会更加伤害两岸人民的感情，渐行渐远"。台湾民众最近十年才有自己做主人的感觉，面对大陆的压力，"台湾人不会软弱到跪地求饶"。每当大陆否决台湾"主权共享"的善意时，却又将台湾进一步推向绝对主权一端。大陆打压一次就增强台湾人民对"生命共同体"的共识一次。[41]陈朝政指出："大陆政府恫吓台湾人民、打压台湾的国际空间，已经多次造成台湾人民对中共同仇敌忾的反效果。"[42]一些统派学者则认为：武力威胁、外交打压，正好让"独派"利用来说明大陆以大欺小，造成台湾民众的"悲情"，对抗大陆。

一位台湾的外省人在"新华论坛"发表意见：听到李登辉的狂言，"中共一恼火就会加以反击，文攻武吓就来了。这一反击没有打到李登辉，却打到台湾老百姓，让台湾人觉得中共不尊重他们，反而在打压他们。好了，这下挑拨离间奏了效，台湾人对中共生起了反感，也连带的对支持中共态度的大陆人生起了反感"，"中共如果聪明的话，就应该要想尽办法避免跟台湾人民起正面的冲突，不要增加兄弟间的嫌隙，称了挑拨者的心"。

这类问题影响很大，为此，不少人提出意见和建议。统派人士陈癸淼指出：中共"威加于台湾，恩不及台民"。亲民党副主席张昭雄指出：两岸交往的原则应当是：强扶弱，富济贫，要替对方着想。学者邵宗海也认为：台湾要有尊严，要求对等。谈判就要对等，你是什么，我也是什么。不能先接受"一个中国"。云林县虎尾镇一位农民说："大家都是中国人，大陆对台湾人要松一些，不要要求过高。"成功大学一位教授也认为："要争取台湾民心，应当照顾台民，对台施压，会刺激台民。台湾民众主要需求在经济，政治不重要。台湾经济困难，大陆伸出援手，才能得民心。"学者丁永康也说："台湾青年你对他好，他就舒服，你对他凶，他就反抗。"

从以上列举的事例可以看出，由于台湾民众生活在与我们完全不同的环境中，他们对两岸隔绝的历史记忆，与我们有显著的差别，一般民众对大陆存在不少误解。在许多原则问题、关键问题上的看法，诸如对国民党、共产党、"中华民国"、中华人民共和国、美国、日本等等看法，以及"国家认同"的看法，在政治立场上有极大差别，甚至完全对立。不了解这一点，要做到"充分理解台湾民众的心态"是完全不可能的。

台湾民众的复杂心态

有关当前台湾民众的基本心态，我在《1945 年以来的历史记忆与台湾民众的复杂心态》一文已经作过介绍，台湾学者也从不同的角度作出自己的概括，例如，谢政谕指出："在台湾冲积文化中积累了'移民意识''弃民意识''皇民化意识''难民意识''三民主义现代化意识'与'自决自主意识'的层层冲积之下，台湾人的认同意识是处于复杂、矛盾的纠葛情节之中。"[43] 徐宗懋则认为台湾存在"一个悲情文化的台湾族群，一个恐惧遭受出卖的台湾族群，一个以族群意识为主要政治格局的台湾族群，一个对现实中国恐惧不安的台湾族群，一个对自己生活条件得意自豪的台湾族群，一个明显的地理特征，这些特质集合起来最终出现就是那张伟大光辉的台湾地图"。[44] 这里着重谈谈台湾民众复杂心态在两岸关系方面的表现。

（一）悲情心态

这种心态体现在两岸关系方面，主要是担心"大陆大、台湾小"，大陆会"以大欺小"，小的会被大的"吞并"，台湾人失去"出头天"的地位。上述有关"一个中国""一国两制""爱国主义""不放弃武力""国家认同"，特别是"国际活动空间"等方面，都充分体现了这种心态。这既和台湾民众的历史记忆有关，更和他们对大陆缺乏实际的了解有关。

（二）"台湾人优秀"心态

与大陆对比，台湾民众存在"优越感"，主要体现在两个方面：一是认为台湾创造了"经济奇迹"，人均 GDP 远远高于大陆；二是认为台湾已经实现了"民主化"，比大陆进步。因此不但应当与大陆"平起平坐"，而且台湾应当"高人一等"。因此产生了复杂的心态，一方面担心大陆"打压"，另一方面却想处处"超过"大陆，甚至"压倒"大陆。

（三）分歧的"认同意识"

有人指出，随着"本土化"的推行，台湾意识逐渐抬头，而中国意识日渐淡化。这个"认同意识"问题与主张统一、独立或维持现状有关，本文把它放在"统'独'心态"中一并讨论。

（四）复杂的统"独"心态

台湾民众因对台湾近几十年政治的历史记忆和对两岸关系的历史记忆，产生了种种政治心态，这些政治心态决定了对统"独"的态度，就是说，统"独"心态的形成是以复杂的政治心态为基础的。以下准备比较详细地考察这一问题。

1. 统"独"心态的三个类型

在统"独"问题上，台湾民众的心态可以分为统派、"独派"和维持现状派三大类。总体上看，"超过半数民众支持维持现状、二成左右支持统一、二成左右支持独立的结构，将近 20 年均无太大变化"。[45]实际上存在起伏和变化。

统派认为台湾属于中国，台湾人是中国人，理应统一。统派的组织以中国统一联盟为代表，"盟员以本省人居多，有一部分是 50 年代白色恐怖和'二二八事件'的政治受害人，他们是'绿岛大学'的'老同学'，向往社会主义，认同红色中国"。"还有一部分是 70 年代保钓人士、夏潮联合会和中华杂志社系统"，"另一部分是老兵系统，因返乡探亲后，认同统盟主张三通"。[46]"统盟"成员不多，他们多数反对国民党，向来与国民党、新党都保持一定的距离。统派积极推动"反独促统"，做了不少工作，但面对台湾的现实普遍存在"无力感"。此外，有少数"统派"，至今坚持"三民主义统一中国"，而把大陆称为"匪区"。

"独派"主张"台湾主权独立"，不属于中华人民共和国，要建立主权独立的"台湾共和国"，由台湾全体住民以公民投票方式选择决定。"台湾是台湾，中国是中国。"有人认为"中国与台湾是父子关系，儿子离开父亲去独立门户，更能与父亲保持和谐关系（如美国从英国独立；苏联解体后，非斯拉夫民族独立建国）"。[47] "独派"中的"基本教义派"以"建国党"为代表，以李登辉为"精神领袖"的"台联党"也基本上一样，其中有些人极端仇视大陆。民进党有"台独党纲"，应归在"独派"，不过其中成员的观点有一定的差异，既有"基本教义派"，也有"务实派"，而且还在变化之中。

最大多数民众要求"安定"，要求维持现状，即维持现状一段时间，然后随着形势的变化，再决定是统还是"独"。不仅民众如此，政党也是这样。有人认为无论哪个政党"都向'维持现状'靠拢"。在统"独"问题上"现阶段大家的路线其实并无太大差异"。[48]

2. "不敢独" "不愿统"及其原因

民进党人沈富雄作了相当精辟的概括，他认为台湾有两种人，一种是"不愿统，不敢独"，一种是"不愿独，不敢统"。前者以陈水扁为代表，"不愿统"，"怕尊严受损，认同归零"；"不敢独"是"慑于淫威"，"怕惹兵戎之灾，杀身之祸"。实际上国民党的"国统纲领"也是"不敢独，不愿统"的代表作，以"一国两区"为架构，自贬为"政治实体"，这是"不敢独"；"国统纲领"的原则与进程，则处处充满统一的路障，有人戏称为"国家不统一纲领"，这是"不愿统"。后者则以国民党、亲民党中的某些人（如马英九、宋楚瑜）为代表，他们"不愿独，不敢统"。沈富雄指出，从中共看来，后者比前者"可爱"，其实"台湾台面上有头有脸的政治人物都是'不统不独'的"。[49]

维持现状派之所以占多数，大体上有以下原因：他们担心如果统一，就会把自己的命运交给他人，交给大陆，交给中共。如果独立，不知是好是坏，不愿意把命运交给"台独"，有的担心"台独"会受到大陆的军事打击。有人担心统一会使台湾的经济被大陆拖累，民主政治会受到影响。对大陆缺乏信赖，认为对统一后的安全没有保障。

不知道统一会不会带来美好的未来。这些疑虑都是由于两岸社会制度不同而引发的。

不过，根据民意调查，有不少民众对大陆并不排斥，有八成民众愿意借由更多的交流，化解两岸之间的对立；有七成以上民众，认同两岸人民是"同一个民族"，应该互相帮助，让"国家"更为强大。一位曾在民进党中央机关工作过的青年学者指出："正是由于中国大陆经济的迅速增长与傲人表现，使台湾内部的统一支持者获得了心理上的支持，造成台湾民众对大陆观感的相应改变，才使台湾民意产生了变化。"[50]

应当说，台湾民众的统"独"心态有其深远的历史背景，这些心态需要与上述历史背景下形成的复杂心态联系起来考察。邱永汉认为："造成两岸认识落差的关键，其实还存在文化因素上的根本差异，这种根本差异是在历史的演变过程中所形成的。""唯有了解台湾，了解台湾人的想法，才能在两岸关系上提出合乎理性的做法。"[51]

我们强调统一，台湾强调"主体性"，其实都有其历史根源。虞义辉指出："台湾的同胞无法体会在大陆的中国人百年来对中华民族遭受列强瓜分欺压、民族自尊荡然无存的悲愤心情，而极欲在 21 世纪来临时重新恢复民族的尊严，重新在国际上受到重视的强烈民族使命感；同样的，在大陆的同胞也无法体会台湾人民百年来是如何在夹缝中求生存，如何委曲求全、国家认同的错乱中寻找自己的未来。"[52]张亚中也说："对台湾而言，复杂的认同历史促使台湾在思考两岸关系时，对能否拥有自己的主体性就成为一个极为在意的问题。对大陆而言，焦虑的历史使命使得大陆在检视两岸关系时，如何确保台湾不走上独立也成为了一个不可退让的底线。"[53]

3. 不同阶层对统"独"的不同心态

在台湾，几乎所有的人都是从个人利益来考虑统"独"问题的。

在这个问题上，他们首先要问：对"我"是否有利？各个阶层都是如此。

劳工阶层认为，统一以后，老板会到大陆投资，因为大陆工资、土地等等都比台湾便宜。这样，台湾的劳工就会面临失业的困境。如果老板不去大陆，也会压低工资，劳工不答应，他们就会以"迁厂大陆"作为威胁，迫使劳工就范。此外，劳工认为现在他们生活在最下层，他们向往社会主义制度，希望统一能够改变自己的命运，可是按照"一国两制"的规定，却要保持台湾现有的社会制度，一切照旧，他们的处境也就没有希望得到改变了。

农民阶层一般并不关心统"独"，他们最关心自己的生活，有人担心统一以后，大陆廉价的农产品会大量冲击台湾的市场，台湾农民将会吃亏乃至破产。

劳工和农民认为大陆一贯重视台商，重视投资者，而对台湾的工农群众从来不给予重视。学者吴玉山说："目前在两岸经贸交流中能够获益的主要还是资金和人员能够相对自由流动的企业界人士，对于台湾当地的劳工、农民以及其它没有能力到大陆发展的人来说，他们的利益其实是受到了损害。"所以，在"三通"以及统一问题上，劳工和农民心存顾虑，并没有表现出积极的态度。

台商的情况相当复杂，有一部分台商看好统一的前景。哥伦比亚大学何建国博士指出："台商认为民进党和国民党都救不了他们，他们的利益在大陆。"但另一部分台商则"在商言商"，要看怎样对他有利，才决定走向。有些台商回去投票选了陈水扁，不一定表示他们支持"台独"，而更多的是因为他们对国民党的统治不满。当然也有坚定支持"台独"的台商，如奇美公司的许文龙等人。

有一位大陆的留美学生认为："台湾大中资产阶级，其实是台湾资产阶级中最国际化、最买办化的部分，他们对中国的内心态度，完全和国际上最反华的美日统治者站在一起。台湾的中产阶级处在自由主义和西方民主的意识形态统治下，他们把中国政府和解严前的国民党的腐败独裁统治完全等同起来，因而不认同任何形式的统一。"有些台湾大企业家坚决主张"三通"，反对"戒急用忍"，但不等于他们主张统一，把企业家看成是统一的主力，那是一种误解。

中小企业者一贯单打独斗，"宁为鸡头，不为牛后"，在经济上，不做大企业的附庸，在政治上，他们也不愿做大国的附庸。有人认为"台独"主张"普遍不能讨好要求社会稳定发展的中产阶层"。[54]

台湾的知识分子是多元的。作为台籍知识分子的主流，他们基本上属于"不敢独，不愿统"的一派。他们强烈要求摆脱受"外人"统治的处境，要求当家做主，不希望再有"外人"来管台湾，所以"不愿统"。他们认为两岸和平共处对台湾有利，两岸战争对台湾不利，因此"不敢独"。他们对大陆也缺乏信赖感，认为目前统一的社会基础还很薄弱，需要很长时间才能像欧盟那样"松松或紧紧地结合在一起"。[55]当然多数知识分子也会考虑个人利益，一般认为统一对他们的实际利益不会有太大触动，可以照旧工作和生活。同时，认为统一对他们的政治经济地位也不会有所改善。

年轻人也是多元的，而且是务实的，他们更关心的是自己的前途和利益。当他们看到大陆的发展前景时，看法就会改变。近年来前来大陆参观的学生曾经问他们的老师："这么好的国家，我们为什么不和它好？"东华大学学生会副会长叶政和说，现在台湾的经济不景气，失业问题严重，只要有助于台湾发展，他并不反对任何政治模式。萧新煌指出：台湾的年轻人对两岸的看法，认为"老人无聊死了，不是怕，就是很冲"，显然年轻人要以"不怕"和"冷静"理性地对待两岸问题。这说明我们对台湾青年一代不能抱有偏见，也不能只讲大道理，而不讲两岸的共同利益和青年人的发展前途。

4. 关于"先独后统"

这是一种相当普遍的看法,实际上含有"先两个中国,后一个中国"的意思。例如,不少人主张:先承认两岸是"一个分治的中国""两个对等政治实体",先承认"中华民国"的存在,先承认两岸都是主权国家,大陆要先帮助台湾进入联合国。两德模式、两韩模式、欧盟模式、"一中两国"、"整个中国"以及国民党主张的"邦联"、宋楚瑜主张的"两岸两席"等等,都是要"先独后统"或者说是"先两后一"。此外,有的统派人士主张,应当承认现在就是"一国两制",和平统一是"就地合法化",基本上也归属于这个范畴,因为其前提是承认"中华民国"的合法性。

应当说,上述主张是有区别的,有的是以"统一"为可能的发展前景(尽管都是遥远的前景),有的是只想先承认各自独立,而不提统一的前景。

民进党内部也有不同的提法,例如"统一是可能的选项之一"与"统一不是唯一的选项",从逻辑上说,应当承认是属于"不排斥统一"的一种表述,当然他们有策略上的考虑,不能信以为真。

总之,在统"独"心态方面,目前占主导地位的是维持现状派。这是在长期、复杂的历史背景下形成的,不是短期内所能改变的。但是,它又是可变的。随着形势的发展,台湾民众的统"独"心态也在变化中。变化的原因也与背景的变化有关,祖国大陆的飞速发展,两岸民意交流的加强,对台工作的全面开展,都有助于增进了解,增进共识,增进互信,通过全党全国共同做台湾人民的工作,使台湾民众的心态不断地向有利于统一的方向发展,是完全可能做到的。

本文主要介绍和描述台湾民众的具体心态,如何分析对待,留待另一课题的研究。

(2004 年)

注释：

[1] 徐宗懋：《台湾人论》，第 52 页，时报文化公司，1993 年。

[2] 夏珍：《自由自在宋楚瑜》，第 198、445 页，时报文化，1999 年。

[3] 日本文摘：《日本人看台湾政治发展》，第 131 页，故乡出版公司，1988 年。

[4] 王晓波：《台湾意识的历史考察》，第 14、315 页，海峡学术出版社，2000 年。

[5] 谢长廷：《新文化教室》，第 39 页，月旦出版社，1995 年。

[6] 同注 [4]。

[7] 石之瑜：《当代台湾的中国意识》，第 233 页，正中书局，1993 年。

[8] 林满红：《晚近史学与两岸思维》，第 37、43 页，麦田出版社，2002 年。

[9] 《远见杂志》，2002 年 9 月。

[10] 苦苓：《台独一百问》，第 64 页，自立晚报文化出版部，1992 年。

[11] 姜新立：《由"两岸中国"到"一个中国"》（发言稿），2002 年 3 月 25 日。

[12] 许信良：《挑战李登辉》，第 187 页，新新闻出版，1995 年。

[13] 吴国祯：《在历史面前》，第 250、192 页，海峡学术出版社，2002 年。

[14] 张赞合：《论一个中国原则下的两岸国防分工》，《21 世纪两岸关系展望论文集》，第 9—6 页，1998 年。

[15] 李登辉：《台湾的主张》，第 158 页，远流出版公司，1999 年。

[16] 张亚中：《全球化与两岸统合》，第 273 页，联经出版，2003 年。

[17] 刘义周：《台湾民众对"一国两制"的态度》（发言稿），2002 年 3 月 25 日。

[18] 陈建仲："一国两制与两岸关系研讨会"发言稿，2002 年 3 月 25 日。

[19] 包淳亮：《台湾的统独倾向和两岸关系》，《新加坡联合早报》，2001 年 7 月 10 日。

[20] 吴锦发：《做一个新台湾人》，第 192 页，前卫出版社，1989 年。

[21] 吴国祯：《在历史面前》，第 185 页，海峡学术出版社，2002 年。

[22]《台湾民情》，第 178 期。

[23]《台湾民情》，第 167 期，刘明铨致叶纪东信。

[24] 张茂桂等：《族群关系与国家认同》，第 265 页，业强出版社，2001 年。

[25] 洪泉湖：《百年来两岸民族主义的发展与反省》，金耀基序，东大图书公司，2000 年。

[26] 卢建荣：《分裂的国家认同》，第 99 页，麦田出版社，2000 年。

[27] 同上，74 页。

[28] 吴国祯：《在历史面前》，第 248 页，海峡学术出版社，2002 年。

[29] 同上，244 页。

[30] 张麟征：《歧路上的台湾》，第 358 页，海峡学术出版社，2000 年。

[31] 张麟征：《从实然到应然：看"一国两制"的前景》（发言稿），2002 年 3 月 25 日。

[32] 张亚中：《全球化与两岸统合》，22 页，联经出版，2003 年。

[33] 陈癸淼：《论台湾》，127 页，海峡学术出版社，2002 年。

[34] 徐斯俭：《台湾民意对两岸政治性谈判政策议题的立场与其选择因素的初探》，《理论与政策》，1998 年 12 月。

[35]《海峡评论》，第 57 期。

[36] 曾燕卿：《台湾统独路线总观察》，《财讯》，1997 年 8 月。

[37] 张麟征：《硬拗》，第 171 页，海峡出版社，2001 年。

[38] 虞义辉：《台湾意识的多面向》，第 413 页，黎明文化，2001 年。

[39] 郭正亮：《从分合到联立：迈向统独的新思维》，《21 世纪两岸关系研讨会论文集》，第 22—9 页，1998 年。

[40] 张赞合：《论"一个中国"原则下的两岸国防分工》，《21 世纪两岸关系展望论文集》，第 9—2 页，1998 年。

[41] 虞义辉：《台湾意识的多面向》，第 375、378、418 页。

[42]《国政评论》，2002 年 8 月。

[43] 谢政谕：《两岸民族认同问题与前景》。

[44] 徐宗懋：《务实的台湾人》，第 83 页，天下文化出版，1997 年。

[45] 戎抚天:《台湾民众如何看待中国大陆与美国角色（发言稿）》,2002 年 3
月 25 日。

[46] 林莹秋:《统盟、建国党是台湾的"战略党派"》,《财讯》,1999 年 10 月。

[47] 卢建荣:《分裂的国家认同》,第 94 页,麦田出版社,2000 年。

[48] 曾燕卿:《台湾统独路线总观察》,《财讯》,1997 年 8 月。

[49] 沈富雄个人网站。

[50] 包淳亮:《台湾的统独倾向和两岸关系》,《新加坡联合早报》,2001 年 7
月 10 日。

[51] 邱永汉:《现在正是大陆认识台湾的最好机会》,《财讯》,2000 年 6 月。

[52] 虞义辉:《台湾意识的多面向》,自序,黎明文化,2001 年。

[53] 张亚中:《全球化与两岸统合》,第 21 页,联经出版,2003 年。

[54] 杨宪村:《民进党执政》,第 201 页,商周文化出版,1995 年。

[55] 李远哲在跨党派小组上的发言,2000 年 9 月 2 日。

台湾光复：大转变的年代

60年前，随着抗日战争的胜利和第二次世界大战的结束，根据"开罗宣言"和"波茨坦公告"，日本把被他们侵占的中国领土台湾和澎湖列岛归还中国。1945年10月25日，在台北市公会堂举行台湾省受降典礼，中国政府代表陈仪宣布台湾日军投降，"台湾及澎湖列岛，已正式重入中国版图"。从此，台湾同胞摆脱了50年的日本殖民统治，台湾重新回到祖国的怀抱，这是国际公认的事实，把这个重大事件称之为"台湾光复"是理所当然的。

几十年来国民党当局都以10月25日为"台湾光复节"，可是，到了李登辉当"总统"、陈水扁当台北市长的时候，便以"终战"取代了"光复"，至今台湾当局仍然坚持"终战"的用语，原因何在呢？

所谓"终战"，发明权不在李、扁，而在日本。1945年8月15日日本天皇发表所谓《终战诏书》，即"大东亚战争终结之诏书"，表明他们的"三不"，即不承认侵略，不承认失败，不承担战争责任。李登辉、陈水扁以及一些"台独"分子也说"终战"，他们显然是站在日本人的立场，有人甚至还甘当"日本帝国的子民"。因此，台湾有人说他们"不用战胜国的语言，而用战败国的语言"，其目的是要"切断台湾与中国大陆的历史关系"，"将台湾抽离于中国的概念之外"。其实，它的要害在于：不承认当年台湾已经归还中国，企图鼓吹"台湾地位未定论"，为分裂主义的目的效劳。但是，他们篡改历史、歪曲历史的图谋是不能得逞的。

期待

　　显然，从日本的殖民地，转变为中国的领土，对台湾来说，正是处在一个大转变的年代。从"日本帝国的臣民"转变为中华民国的国民，从"二等国民""亚细亚孤儿"转变为战胜国的国民和台湾的主人，从处处受日本人欺侮转变为"不再畏惧日本人"，从"不准说中国话"转变为"夺还我们的语言"……这一切大转变，冲击着每一个台湾人。

　　起初，除了极少数甘当"皇民"者外，绝大多数台湾民众都兴高采烈地迎接光复的到来。他们身穿新衣，涌上街头，张灯结彩，燃放鞭炮，庆贺台湾回到祖国怀抱，庆贺自己的新生。不少人取出暗地里收藏的祖先牌位，焚香馨告：日本投降，祖国胜利，台湾光复。人们张贴对联："国跨边土恩深义重，庆祝中华地久天长"，"欢天喜地返祖归宗，迎新革故好趁大同"。10月10日，台湾人民50年来第一次庆祝国庆，张贴对联："欣逢双十，薄海共庆；恢复故土，万民腾欢。"在庆祝光复的大会上，台湾同胞表达出由衷的喜悦："我们不可忘记，我们是遗传着大陆民族的血统，我们的国家是世界五大强国中的大中华民国。"一位诗人写道："沉沦五十载，光复心窃喜，到处迎国军，热闹亦云是。"一位记者这样描述大家的心情："初解放的心，觉得自由无限，祖国一切应该都是美丽的。"人们对祖国和政府寄予无限的期待。

失望

但是，大家知道，当年代表祖国接收台湾的是已经十分腐败的国民党当局。他们的所作所为，当然无法满足台湾人民的要求。以下是台湾学者对当年历史的描述：

"原来台湾人当时认为在日人统治之下，台湾人只是二等国民，如今光复，回归了祖国，本应该当家做主，可是眼前的情况不但没有改变，有的地方甚至比日本时代还不如，例如国民政府在台湾最高的行政人员行政长官，他不但有行政权、司法权，还有军事权，甚至在台湾所有中央机构也全归他管理，这比日据时代的总督权力有过而无不及。""不经多久，接踵而来的许多事实，终于证明了这些'祖国''同胞'等鱼目混珠的假口号，只不过是蒋家国府为了施加殖民统治所设下的陷阱而已。'祖国'带来的礼物：经济恐慌、物价暴涨、饥饿、失业、社会不安。"

台湾一向出产粮食，可是"光复"不久，国民党官员"利用职权走私大米出境，大发其财"，中央政府又从台湾调出大批军粮。"米荒问题无法来解决，乃引发社会的动荡不安，而年青人尤其失业严重，被日本征召到南洋为日军服役的回台军夫都找不到工作，失业率一直升高，社会的不安，当时已有不少人预感到'山风欲来风满楼'了。"

社会上流传这样的民谣："台湾光复真吃亏，饿死同胞一大堆，物价一日一日贵，阿山（按：指外省人）一日一日肥。"当时台湾有所谓"狗去肥猪来"的说法，一位诗人写道："劫后逐群狗，光复进一豕，虽云恶作戏，细推亦有理。"

在光复一年半之后，便发生了"二二八事件"，现任国民党主席马英九承认这是当年国民党政府"官逼民反"。在这个"大转变"的年代，台湾人民经历了由希望转变为失望的过程，不少人感到"我们想象中的祖国，与实际的实在不同"，他们并没有享受到抗战胜利和台湾光复的成果。

需要理解

正因为这样，台湾民众对于光复的感受经历了一个重大的转变，从此以后，他们对"台湾光复"的纪念并没有表现出如同光复初期那样的激情，这是在特定的历史背景下形成的"历史记忆"和亲身感受，责任不在台湾同胞身上。这一点，希望能够得到大陆同胞的理解。

但是，现在的台湾当局则是有意抹杀台湾光复的重大历史意义，为此，他们极力要把"光复"二字从台湾历史上抹掉，而用"终战"来取代。一些"台独"分子还有意制造"抗日战争并没有胜利""是美国打败了日本""台湾光复是中国人的观点，与台湾人无关"等等谬论。所以，在纪念台湾光复60周年的时候，我们一方面需要对台湾同胞由于特殊的经历产生的某些观点给予理解，另一方面，必须揭露和批判"台独"分子围绕着"台湾光复"的种种谬论及其分裂主义的险恶用心，希望更多的台湾同胞能够认识历史事件的真相和本质，从而深刻认识台湾光复、摆脱日本殖民统治、回归祖国怀抱，对于台湾乃至整个中国的重大历史意义。

（2005 年）

有关"台湾光复"的争议

今年是抗日战争胜利 60 周年，也是台湾光复 60 周年，在我们纪念这一伟大胜利的时候，台湾当局以及一部分民众的看法与我们存在很大的差异。如果对此置之不理，我讲我的，你讲你的，那么差异始终存在，心中总有隔阂，永远难以达成共识。为此，除了辨明是非以外，似乎互相理解、互相谅解更为重要。

一、是"光复"还是"终战"

第二次世界大战后，根据"开罗宣言"和"波茨坦公告"，日本把被他们侵占的中国领土台湾和澎湖列岛归还中国，从此，台湾重新回到祖国的怀抱，这当然应当称为"台湾光复"。我们纪念抗战胜利，国民党也认为是抗战胜利，并且几十年来都以 10 月 25 日为"台湾光复节"。可是到了李登辉当"总统"、陈水扁当台北市长的时候，便以"终战"取代了"光复"，至今台湾当局仍然坚持"终战"的用语。

所谓"终战"，发明权不在李、扁，而在日本。1945 年 8 月 15 日日本天皇发表所谓《终战诏书》，即"大东亚战争终结之诏书"，表明他们不承认侵略，不承认失败，不承担战争责任。李登辉、陈水扁也用"终战"，显然是站在日本人的立场，而不是站在中国人的立场。

台湾有人说他们"不用战胜国的语言，而用战败国的语言"，其目的是要"切断台湾与中国大陆的历史关系"，"将台湾抽离于中国的概念之外"，为分裂主义的目的效力。

国民党人则坚持使用"光复"的用语，强调国民党对台湾光复的功劳。马英九指出，对日抗战胜利对中华民族和台湾都是重要的转折点，不光是中国全民的，更是台湾值得纪念的历史，大家不能忘记台湾光复是国民党领导八年全面抗战的辉煌战果。

有的国民党员十分强烈地批判"终战"的说法，认为那是"日本皇民""汉奸走狗"的行为，"民进党称日本战败为终战，完全抹杀对日抗战期间全国军民的牺牲，奋力争得之战果让台湾回归祖国，宁愿以日本殖民地受殖民为光荣，数典忘祖莫此为甚"。相反，支持民进党的一些人则反对使用"光复"的用语，他们认为"光复台湾"是中国的史观，不是台湾的史观。二者的观点是针锋相对的。

应当指出，台湾一部分民众，包括一些学者也认为使用"终战"并没有什么不可以。理由何在呢？

第一，有人认为"终战"是"中性"的用语，表明战争结束了，大家可以使用。

第二，有人认为台湾人民实际上并没有"光复"的感受。有些学者对"光复"时期的情况作出如下的描述：

"原来台湾人当时认为在日人统治之下，台湾人只是二等国民，如今光复，回归了祖国，本应该当家做主，可是眼前的情况不但没有改变，有的地方甚至比日本时代还不如，例如国民政府在台湾最高的行政人员行政长官，他不但有行政权，司法权还有军事权，甚至在台湾所有中央机构也全归他管理，这比日据时代的总督权力有过而无不及。"

"不经多久，接踵而来的许多事实，终于证明了这些'祖国''同胞'等鱼目混珠的假口号，只不过是蒋家国府为了施加殖民统治所设下的陷阱而已。'祖国'带来的礼物：经济恐慌、物价暴涨、饥饿、失业、社会不安。"

台湾一向出产粮食，可是"光复"不久，"米荒问题无法来解决，乃引发社会的动荡不安，而年青人尤其失业严重，被日本征召到南洋为日军服役的回台军夫都找不到工作，失业率一直升高，社会的不安，当时已有不少人预感到'山风欲来风满楼'了。"

当时流传这样的民谣："台湾光复真吃亏，饿死同胞一大堆，物价一日一日贵，阿山（按：指外省人）一日一日肥。"在光复一年半之后，便发生了被马英九称之为"官逼民反"的"二二八事件"，给当代台湾政治生活留下了深刻的阴影。在这种情况下，不少台湾人民感到"我们想象中的祖国，与实际的实在不同"，他们并没有享受到抗战胜利的成果。

第三，在抗日战争时期，台湾民众有不同的处境，因而有不同的感受。抗日战争时期，台湾民众还处在日本殖民统治下，他们对于抗日战争胜败的感受，和大陆同胞有很大差别。有人指出："他们到底觉得自己是输了，还是赢了呢？很可能两者都不是。这个暧昧的情境与日后台湾本地人在认同上的暧昧或许有关。'光复'究实而言，是道地的汉人观点。"

台湾媒体上有一篇文章指出：当年台湾民众的处境，使他们"找不到定位去表态"。"如果，我们认为，当年我们是被侵略国，那么，对于这段历史，我们当然应该大声的说：'这是抗战胜利'。如果，我们认为，当年我们还是日本的殖民地，是属于日本的一部分，那么，我们可以选择低调，小声的说：'这是终战纪念'。"

这是历史的悲剧，留下了这样不同的"历史记忆"，责任不在一般民众身上，当年台湾民众的处境应当得到大陆同胞的理解。

二、台湾光复与抗战胜利有没有关系

胡锦涛总书记指出："在世界反法西斯战争中，中国人民抗日战争开始最早、持续时间最长。中国战场牵制和打击了日本军国主义的主要兵力，歼灭日军150多万，对日本侵略者的彻底覆灭起到了决定性作用。"

国民党的传统的说法也强调二者的关系，例如，何应钦在《八年抗战与台湾光复》一书中写道："过去几十年间，我们台湾同胞，前仆后继，反抗日人统治，是为了光复台湾归宗祖国；而我们全国军民，八年抗战，牺牲奋斗，也是为了光复台湾。这次对日抗战，我们中国牺牲无数军民的生命财产所得成果，到现在只剩下台湾。"现在，国民党主席马英九也指出，"抗日战争的胜利和台湾的光复，是大陆牺牲3500万同胞，台湾牺牲65万同胞换来的"。

可是，日本人向来不承认战争的失败，他们说："我们败于美国的核弹。"台湾有人完全接受日本的观点，他们认为打败日本的"是美国而不是中国"，并且叫嚷"完全是因为美国打败日本，中国人一点功劳都没有"。

至今还有人在《自由时报》上发表文章写道："中国之所以胜利，不是因为打败了入侵的日本而终结二战，相反的，是美国对日投下两枚原子弹，迫使日本投降。""抗战"并没有"胜利"可言。所以，是"二战终结"，不是"抗战胜利"。

有人竟然还引用"数据"说：二战时日本军队死亡150万，其中120万是在太平洋战场上被美军歼灭的，在中国战场上日军只死亡3万多人。

这完全不是事实。在第二次世界大战中，中国抗击时间最长，牵制和消灭日军最多。从 1937 年至 1945 年，盟国毙伤日军 195 万余人，其中中国战场毙伤 133 万余人，占日军伤亡人数的 70%。日本投降时在华兵力约 128 万人，仅这一数字，就超过太平洋东南亚各战场日军的总和。

中国对于第二次世界大战胜利所作出的贡献是不容忽视的。当年美国总统罗斯福就指出："假如没有中国，假如中国被打垮了，你想有多少个师团的日本兵，可以调到其他方面来作战，他们可以马上打下澳洲，打下印度。"他还说，美国"忘不了中国人民在 7 年多的长时间里怎样顶住了日本人的野蛮进攻和在亚洲大陆广大地区牵制住大量的敌军"。英国首相丘吉尔也说："如果日本进军西印度洋，必然会导致我方在中东的全部阵地崩溃。能防止上述局势出现的只有中国。"

有人强调美国的两颗原子弹和苏联红军出兵东北对于日本投降起了决定性作用，而忽视了中国军民所作出的巨大牺牲。美国历史学家孔飞力指出："中国在二战中英勇无畏、果断坚决地抗击着日本法西斯主义的进攻。要是没有中国这个伟大的同盟国加入我们的阵营，抗击日本法西斯的战争将变得漫长得多，损失也将惨重得多。"英国《卫报》在一篇文章中指出，"如果不是中国付出 2000 多万人牺牲的代价，在亚洲战场拖住了日本军队，日本军队就会在中国战场迅速取得胜利后进攻苏联后方，并控制太平洋地区。没有亚洲盟国的抵抗，西方盟国将会付出更大的牺牲"。

当然，"屈原"（屈服于美国的原子弹）和"苏武"（苏联参战）对于日本的投降起了促进作用，同时也为日本投降找到了"下台阶"，当时日本的海军大臣米内光政说：这两件东西是"天赐礼物"，让日本可以顺理成章地结束战争。

在抗日战争中，中国人民付出了惨重的代价，有人把这一胜利说成是"惨胜",但是中国毕竟终于取得了胜利。"惨重的损失""巨大的牺牲"与"伟大的胜利"并不相悖,不能因为付出了惨重的代价而否定了胜利的事实。只有在抗战胜利的前提下,日本才不得不把被他们侵占了50年的台湾归还中国。胡总书记指出:"抗日战争的胜利,结束了日本在台湾50年的殖民统治,使台湾回到祖国怀抱。""抗战胜利"与"台湾光复"的关系是十分明显的、不容否定的。

三、台湾光复与台湾民众有没有关系

有人认为说"抗战胜利"和"台湾光复"就会把功劳归于国民党,归于大陆,而与台湾民众则没有关系,这是一个很大的误会。

是的,在抗日战争时期,台湾民众的处境不同,有的参加抗日,有的加入日本的军队,有的是在日本统治下的一般平民,有的则是日本人的"协力者"。怎样看待他们在抗日战争和台湾光复过程中的地位和作用,似乎需要进行一番考察和分析。

第一,参加抗日的人士,包括前来参加大陆抗战的台胞,他们为抗战作出了重大贡献,这是毫无疑义的。但是,实际上台湾参加抗日的不仅是这一部分人,50年来台湾的抗日,有数十万人牺牲,他们也为抗战的胜利和台湾的光复作出了贡献。马英九指出:"在缅怀台湾先烈先贤光荣事迹的这一刻,我们对于台湾光复以前所有反抗殖民统治的民族英雄,必须予以肯定,并矢志继承。"但是,和大陆地区一样,直接参加抗战的人士毕竟是少数。

第二,台湾广大民众,与大陆广大民众一样,没有直接参加抗日,同样作出了牺牲。但台湾民众在日本殖民统治之下,遭受"亚细亚孤儿"的命运,他们更应当得到人们"同情的理解"。他们的处境与大陆沦陷区（包括厦门）的民众有些相似：无法参加抗日活动，但也不愿当顺民，只好忍气吞声地等待日本的失败，两岸同胞都为祖国的不幸而作出了牺牲。不过，与大陆沦陷区相比，台湾同胞受苦难的时间更长。台湾民众在战争时期也蒙受了灾难，例如，从1944年10月12日到1945年5月15日，台湾受到盟机1万多架次的轰炸；高雄、台南被炸33次，死伤20多万（死亡1万多平民），被毁房屋120万栋。与大陆同胞不同的是，台湾民众却是牺牲在盟军的轰炸之下，这是战争带来的不幸和无奈。

第三，那些在日本统治下出来担任一些下层职务的人，他们一方面为日本人工作，一方面为台湾人说话，暗中却祈求日本早日战败，台湾回归祖国，这些人不能似乎一律简单地归入敌人的阵营，应当进行具体分析。

第四，加入日本军队的台湾少数民族和其他"台籍老兵"，"在战争中面对死亡和困境，是人生最奇特的经验，而他们在太平洋战争中被当时的日本政府用来打中国人，战后又被国民党政府征调到中国打中共"。实际上他们也是日本军国主义发动战争的受害者。

第五，少数日本殖民统治的"协力者"和亲日派，他们站在日本的立场上，为虎作伥，理应受到道义的谴责。

总之，除了极少数亲日派以外，绝大多数台湾同胞和大陆同胞一样，都为抗日战争的胜利和台湾的光复作出了贡献或牺牲。在纪念抗日战争胜利60周年的时候，我们对于部分台湾同胞由于处境的不同而产生的复杂心态，应当从特定的历史背景下进行考察。两岸同胞需要"同情的理解"，设身处地地了解对方，互相包容，一同向前看，逐渐凝聚共识，共谋祖国统一，振兴中华。

（2005年）

台湾民众政治心理分析

（两岸关系部分）

前言

　　台湾民众对两岸关系采取怎样的态度？对中国大陆的看法究竟怎样？有人认为是"两岸一家亲"，有人则认为是敌对关系，正如瞎子摸象，莫衷一是。为了深入探讨这个问题，有必要从政治心理角度进行全面的考察。

　　所谓"政治心理"，就是"社会成员在政治社会化过程中，对社会政治关系以及由此而形成的政治行为、政治体系和政治现象、政治生活等的各个方面的一种自发的心理反应，表现为人们对政治生活某一特定方面的认知、情感、态度、情绪、兴趣、愿望和信念等等，构成人们政治性格的基本特征"。[1]

　　这说明政治心理与政治思想不同，政治思想是政治文化的深层，是理性的部分，而政治心理则是政治文化的表层，是感性的部分。政治心理是自发产生的，是一种缺乏理性指导的心理现象，是未上升到"自觉"程度的政治意识。换句话说，政治心理是零散的，感性的，没有完整的体系，但又是最复杂的隐态文化，它是相对稳定的、不易变动的。因此，政治心理一旦形成，就难以改变。

应当指出，不同的政治制度必然形成不同的心理特征。政治制度决定了政治心理的倾向和特征，制约着这种倾向和特征的转化和演变。政治制度的变化必然带来政治心理的变化。此外，思想文化环境对政治心理有潜移默化的作用。

大陆同胞与台湾同胞生活在不同的政治制度和思想文化环境下，形成了不同政治心理。在这个方面，两岸之间的差异是很大的，不了解这个道理，以为"大家都是中国人"，想法必然差不多，抱着这种错误的观点就无法了解台湾民众的真实心理和心态，难以做好对台工作。

因此，要做到"寄希望于台湾人民"，就必须了解台湾民众心态，特别是有关两岸关系方面的心态。心态是动态的，不断变化的，而心理则是相当稳定的，静态的。只有深入研究台湾民众存在哪些"难以改变"的政治心理，知道有哪些政治心理因素影响到台湾民众对两岸关系的态度、对大陆的态度，了解什么是他们可以接受的，什么是他们不能接受的，并且从理论高度作出总结概括，才能有的放矢地针对台湾民众的政治心理开展工作。否则我们在做台湾民众工作时，就有可能不自觉地说出使他们十分反感的话，做出使他们十分反感的事。不仅事倍功半，还可能前功尽弃，甚至适得其反。

本文根据政治心理的内涵，从政治认知、政治情感、政治动机、政治态度四个方面，结合台湾民众的具体心理状态进行分析。

一、政治认知

所谓"政治认知"是指人们对政治生活各个方面、对各种政治现象的认识和理解，在政治认知过程中，形成政治认同意识，确定"自我"与"非我"的界限是形成政治归属感的前提。

两岸人民生活在不同的政治制度下，二者的政治认知必然不同。台湾民众的政治认知基本上是认同现有政治制度，也就是他们所说的"民主政治"或"政党政治"制度。凡是与他们相同制度的就视为"自我"，而把不同的政治制度视为"非我"。他们把实行西方"民主政治"制度的国家和地区视为"自我"或"我群"，而把与西方民主不同的制度称为"非民主制度"，一律视为"非我"或"他群"。这是他们对待两岸关系的政治心理的基础。

在两岸关系上，台湾民众的政治认知集中体现在"国家认同"问题上。台湾民众的"国家认同"主要有两种：一是认同"中华民国"，一是认同不存在的"台湾共和国"，可以说，包括"统派"在内，基本上没有人认同中华人民共和国。

（一）认同"中华民国"，他们所持的理由

第一，"中华民国"从来是一个主权独立的国家。"中华民国成立95年以来，从未属于另一个国家，台湾人今天根本就用不着独立，因为中华民国95年来一直都是独立的国家。"

第二，"中华民国"是台湾许多人"与生俱来的国家认同感"之所在，他们所填写的国籍就是"中华民国"，身份证、护照、驾照等等上面都写着"中华民国"。

第三，"中华民国"的存在，有效地遏制了"台独"阴谋的得逞。如果国民党在台湾不用"中华民国"的国号，台湾早就独立了。

尽管他们的看法与现实不符，国际社会不承认"中华民国"是一个国家，但他们认同"中华民国"则是根深蒂固的，根本原因在于"台湾问题之由来"，即"以蒋介石为首的国民党势力从大陆全面溃

退，撤到台湾，在美国反华势力的支持下，继续维持着一个所谓'代表全中国'的反共政治架构。自此，台湾再次陷入与祖国大陆的分离状态之中"。[2]

认同"中华民国"的，在台湾占多数，包括国民党、亲民党、新党以及所有"泛蓝"阵营的民众，还有一部分"泛绿"的民众。他们之所以认同"中华民国"，是因为他们无法认同中华人民共和国。有人对此作了这样的说明：他们认为"中国人"可以有三种解释：

一群拥有共同文化、历史、血缘等要素的人；一群拥有"中华民国"国籍的人；一群拥有中华人民共和国国籍的人。他们不拥有中华人民共和国国籍，只能认同"中华民国"。"你能说台湾人不愿意当现阶段的'中国'（指中华人民共和国）人，却不能说所有的台湾人都不认为自己是'中国人'。"他们说，绝大部分的台湾人在他们人生的不同阶段都曾经认为自己是"中国人"。

形成"中华民国"认同的原因是：台湾同胞长期生活在与我们不同的政治环境中，有不同的政治归属感，他们几十年来，认同的对象就是"中华民国"，一贯以"中华民国"作为"国家"的符号，并且以"中华民国国民"自豪。我们认同中华人民共和国是爱国的表现，他们认同"中华民国"也是他们爱国的表现。只要他们认同"中华民国"，就不会割断与中国相连的脐带。

认同"中华民国"与我们认同中国有根本的不同，但是，在台湾，认同"中华民国"似乎比认同"台湾共和国"要好一些。因此，对于认同"中华民国"者，不应当做"台独"或"独台"看待，否则就会"打击一大片"。

（二）认同"台湾共和国"，他们所持的理由

第一，"中华民国"已经不存在，国际社会不承认"中华民国"，国际公认的一个中国是中华人民共和国。他们指出："中华人民共和国之历史更载明中华民国在1949年已经灭亡。李登辉也说在台湾中华民国是不存在的，道理在此。"这个观点的要害是：他们既要摆脱"中华民国"，也要摆脱"中国"。

第二，"台湾是一个主权独立的国家，从来没有隶属于中华人民共和国"，"台湾从来不是中华人民共和国的一部分"，"中华人民共和国代表大陆，不包括台湾"。在台湾的"中华民国"与1949年以前的"中华民国"已经不同，1996年"总统直选"后，台湾"即已成为一个有主权的新独立国家"，它已不是国民党失权前的所谓"中华民国"。"经由民主方式出现的中华民国"实质上是台湾，而非中国。因此，台湾不能由"中华民国"来代表，应当"正名"为"台湾共和国"。

第三，用"中华民国"名义已经没有可能恢复联合国的席位。只有用"台湾共和国"才有可能取得国际社会的同情，达到加入联合国的目的。他们强调"确立台湾认同，才能确实建构一个正常的国家"。

第四，台湾应当与中国和平共处。"台湾人不需要去侵略中华人民共和国的土地，统治中华人民共和国的人民，所以台湾人需要废弃中华民国的宪法、国号和国旗。这样，台湾人和中华人民共和国的人民才可以互不侵犯，和平共处，互相尊重，共存共荣。"

这种"国家认同"显然是错误的，但却是当前台湾政局与两岸关系状态下的必然产物，而且在台湾当局的鼓吹下，持这种"国家认同"观点的人为数也不会很少，但并非全部是顽固的"台独"分子。

因此，有必要分别针对"台独"分子的谬论和一般民众存在的模糊观念，给予有说服力的批驳与澄清。

（三）对于中华人民共和国，台湾民众是难以认同的。
有两种不同的立场

其一，承认中华人民共和国是一个主权独立的国家，但强调"中华民国"也是主权独立的国家。这部分人过去认为"一个中国"是"中华民国"，现在认识到世界上公认的"一个中国"是中华人民共和国，而不是"中华民国"，因此，他们认为台湾人（或"中华民国公民"）无权自称为中国人，他们不是中华人民共和国公民，无权认同中华人民共和国。

其二，认为中华人民共和国是一个主权独立的国家，是中国唯一合法的代表，但不包括台湾。台湾也是一个"主权独立的国家"。二者互不隶属。台湾人不能认同中华人民共和国，也不能自称为中国人。

此外，马英九公开表示，《中华人民共和国宪法》规定：中华人民共和国是以工人阶级为领导的、工农联盟为基础的人民民主专政的社会主义国家，而"中华民国宪法"则规定"中华民国"为民有、民治、民享的民主共和国。二者有根本的不同。

总之，在"国家认同"问题上，台湾民众只能认同"中华民国"或"台湾共和国"，这是他们早已形成的政治认知，也是他们"难以改变"的政治心理。"国家认同"的实质是主权问题，在这个原则问题上是没有任何让步可言的。但是，这又是台湾民众十分在意的问题。"泛蓝"民众认为大陆不承认"中华民国"的存在，使他们难以面对"泛绿"和"台独"的攻击；"泛绿"民众则认为大陆伤害了台湾的"主权"，不能平等对待，因而无法降低对我们的敌意。

马英九在美国演讲时向我们提出：北京是要"中华民国"，还是要"台湾共和国"，必须作出选择。这说明如何面对台湾民众的"国家认同"，是处理两岸关系的关键所在，也是做好台湾民众工作的一个重点和难点。

二、政治情感

所谓"政治情感"，指的是人们对政治生活中各个方面产生的内心体验和感受，从而产生好恶、爱憎、美丑、亲疏、信疑之感。

台湾民众经历了从国民党"一党专制"到所谓"民主政治"的转变，他们对国民党政权过去的统治感到不满，而对于现行的政治制度表示满意，因此，他们基本上以现有的政治制度作为区分亲疏、好恶的标准。用这个标准来衡量大陆的制度，就会产生如下的政治情感：

（一）恐共、仇共

国民党长期进行反共教育，台湾民众从小接受毁灭人性的教育："仇匪，恨匪，挑起仇恨心灵，满街张贴反攻大陆、消灭朱毛匪帮的标语"。台湾同胞指出国民党当局长年累月散布如下思想："共产党是由流氓土匪组成的，没有道德良知，没有家庭人伦，无恶不作，罪大恶极；解放军要血洗台湾；必须反攻大陆，消灭共匪，解救大陆同胞。因此，在台湾，反共思想根深蒂固。"

在"泛蓝"阵营中，较多地存在反共意识。国民党是一贯坚持反共的，连战担任国民党主席时指出："大家都知道，中国国民党一贯的立场是反共而不是反中国。"现任国民党主席马英九也公开表示他坚持"反共不反中"的立场。国民党一贯以此教育党员，并且极力向广大民众灌输这种意识。新党在"基本理念"中明确提出："在反中共、反台独的前提下，批判中共的马列主义，李登辉的独台政策与民进党的台独主张"，"反对中国大陆长期以来的共产专制"，"未来的中国终将超脱共产主义的泥沼"。

至于"泛绿"阵营，同样存在反共意识。有人认为这是"国民党50多年的宣传和统治、台独40多年的宣传、民进党20多年的宣传和6年统治，直接或间接的结果"。有人指出："在台湾，反共的代价就是'台独'的坐大，若'台独'有感恩之心的话，能不感激蒋介石的反共教育和那些反共中坚分子的言传身教吗？"

其所以产生反共意识，除了国民党长期的反共教育以外，中国大陆的因素也起了重要作用。有些人是因为亲人在大陆受到历史政治运动的冲击，例如，土改时被没收土地或房产，或被划为地富；镇反时受到镇压或管制；"文革"时受到抄家或因"海外关系"受到牵连等等。这些人由于"亲身经历"，对大陆怀有敌意甚至仇恨，有人指出，"如果有亲人在那时牺牲的，后代当然不会接受仇人的领导"，这种心理也不是轻易可以改变的。另一些人则由于对大陆不了解，不熟悉，而产生恐惧感，特别对各种政治运动无法理解，"文化大革命"的负面影响相当深远。一些高级知识分子都担心"统一以后会不会在台湾搞文化大革命"。因此，我们对台湾各个政党和一般民众反共思想的严重性必须给予重视，不应估计不足。

（二）认同"民主政治"，反对"一党专制"

台湾原来是由国民党"一党专制"，不允许"反对党"的存在。

他们把这种政治体制，称为"威权主义体制"或"党国体制"。1986年民进党成立，标志着台湾从"威权主义"走向"民主政治"。经过20年实践，多数人认同这种体制，对于各种选举、多党制、立法院的运作等等普遍感到满意。他们认为西方的政治制度（即政党政治，民主政治）是最好的政治制度，而"共产制度"则是他们所无法接受的，并且以此作为区分美丑、好恶的标志。

在这样的政治情感下，他们对于大陆的政治制度感到格格不入：认为我们仍然停留在台湾20多年前的"一党专制"状态，没有"在野党"，没有"反对党"，没有实行民主政治；认为台湾已经做到"总统直选"，而大陆连乡长还不能直接选举；认为台湾可以做到"政党轮替"，而大陆的宪法却规定只能由共产党来领导，等等。他们不愿意考虑两岸各自有自己的发展道路，而坚持要以他们的标准来衡量我们，因而大陆的政治制度成为他们攻击的对象。

国民党强调两岸是"制度之争"；有人主张以"一国良制"取代"一国两制"；有些台湾民众认为，大陆民众在民主素养方面，比台湾落后30年。大陆需要补上民主课、文明课，才能与台湾民众"对接"；有人提出："如果台湾同胞可以来角逐厦门市长、武汉市长、西安市长，谁会去搞台独？"还有人主张"要用民主反攻大陆，实行轮流执政"，"迫使共产党与我们分享权利，实行美国式民主"。此类看法都是上述政治情感的体现。

国民党主席马英九提出"自由，民主，均富，人权"的标准，认为大陆在政治、经济、社会方面存在很大差距，要做到政治民主、经济自由、社会公平。他还说："不撤导弹，不能谈判"，"六四不平反，两岸难统一"等等，这说明他们建立在西方政治制度基础上的政治情感是根深蒂固的，与我们是格格不入的，这种状态是不容易改变的。

陈水扁也强调两岸的"最大矛盾"在于"民主制度和生活方式的

选择"。他攻击大陆没有民主，没有民主选举，军队没有国家化，没有言论自由和宗教自由，他叫嚷"台湾民主足以作为中国民主开展的灯塔"。

马英九、陈水扁都是台湾具有代表性的人物，他们的政治情感反映了部分台湾民众的心理。

台湾民众除了关心民主制度的差异以外，还担心失去已经拥有的各种自由。他们认为在台湾可以过着自由、安逸的生活，他们对此相当满意。他们听到、看到大陆上一些做法，与他们的自由、安逸有较大的差异，例如，对新闻、网络的管理等等，在情感上都难以接受。

台湾的民主固然存在不少问题，但他们对于大陆同胞否定台湾民主的现状则十分不满。他们承认台湾民主仍不成熟，存在问题，但那是发展中的问题，将会得到改善。他们说，你们看到立法委员在会上吵架，可是他们却是为选民争取权益，大陆如果轻视台湾的民主，就会加深台湾民众"对大陆履行一国两制诚意的疑虑"。

总之，台湾民众在政治情感上与我们的分歧，主要体现在对政治制度的认同的原则区别上。有人指出："台湾比大陆拥有更多的民主与自由，这是大多数台湾人不愿意与大陆统一的症结。"台湾民众绝对认同西方的政党政治体制，而反对所谓"共产体制"。亲疏、好恶的标准十分明显。要他们放弃他们的政治制度，要他们认同我们的政治制度，都是不可能的。正因为如此，邓小平才提出"一国两制"的主张，让两岸各自保留现有的政治制度。

因此，在政治制度上，我们应当尊重台湾民众的选择。他们对"政党政治"表示满意，我们乐观其成。同时，希望他们也能尊重大陆同胞的选择，不要强求两岸在政治制度上的一致。要说明我们采取现有的政治制度的理由，以及在实际运作中所体现的民主精神。要宣传胡总书记提出的"没有民主就没有现代化"的论断，并且在政治体制改革上不断做出新的成绩。

三、政治动机

所谓"政治动机"，是指激励人们从事政治活动达到一定政治目的的内在动力，包括需求和目标两个方面。

在两岸关系上，台湾民众的政治动机主要表现在：要求平等的地位，要求保持已经取得的民主权利，要求保持安逸的生活，并且集中体现在大多数民众希望维持现状这个基本要求上。

（一）要求平等

台湾民众要求与大陆同胞具有平等的地位。他们最担心被看成"二等公民"，他们认为不承认台湾（或"中华民国"）是一个"国家"，就是看不起台湾人，他们的"尊严"就受到损害。在这种场合，他们往往认为大陆同胞怀着"天朝心态""居高临下""以大压小"，因而表示强烈的反感。

由于要求平等，他们在"国家认同"上表现出"十分坚持"的态度。每当他们听到我们不承认"中华民国"的存在，就认为这是不平等的态度，让他们失去一个"国民"的身份，感到没有了尊严；每当听到"炎黄子孙""台湾回归""民族大义""都是中国人"以及"数典忘祖"之类的说法，他们就认为这是大陆以"老子""母亲"自居，采取不平等的态度，要把台湾"香港化""地方化"，要台湾"投降"；每当在两岸交往时，我方提出要回避"国立"的字眼，要拿掉"国旗"之类的做法，他们都认为是"打压"台湾的表现，就会表示强烈的反感。最近在曼谷举办的国际少年运动会上，大陆运动员抢了台湾运动员披在身上的"国旗"，马英九当即表示"震撼、遗憾和反感"，这就是他们的政治动机的集中体现。

（二）要求享有民主权利

我们提出"和平统一，一国两制"，"台湾的党、政、军等系统，都由台湾自己来管"。但是，台湾民众担心统一以后，台湾会"由中共来管"。他们不希望出现这种局面，认为"处处受人管不好受，不如自己管自己的自在"。

他们担心两岸统一，台湾会"失去好不容易争得的民主自由"，他们"不想失去与政府平起平坐的基本权利"。他们认为大陆同胞的民主素养还需要很长时期才能提高，两岸在制度上的差异很难协调。因而他们在民主权利方面无法得到保障。这种政治心理影响很广。甚至有人故意加以歪曲、夸大，鼓吹统一必然导致"专制独裁""经济独占的超殖民地统治""独尊一家的思想僵化""违反自由竞争的社会发展停滞""民主政治无法实现""否定个性的人权蹂躏""贫穷落后""文明衰亡"等等，而一般民众却无法识别这种言论的谬误。

（三）要求保持现有的安逸生活

在台湾民众心目中，台湾最值得骄傲的是政治民主与经济发展。尽管近年来台湾经济发展受挫，但多数人认为台湾GDP达到一万多美元，远远高于大陆，因而感到自豪。有人说："台湾虽小，然而只要努力，就能成为我们生活中自然快乐的桃花源，成为世界村各国人人羡慕的明珠与典范。"

许多人对于目前的安逸生活感到满意，甚至感到自己太过安逸，生怕受到破坏。有人担心"统一之后，台湾的相对富有将被大陆的相对贫穷平均掉"，据说，有这种想法的人相当普遍。即使看到香港、澳门人民的生活并没有受到影响，但还认为缺乏法律的保障而担心将来"政策会变"。

（四）要求维持现状

以上政治动机归结为多数人普遍要求"维持现状"的政治心理，显然，所谓"维持现状"，就是要维持目前"不统不独"的现状，既不要统一，也不要"独立"。

直到如今，在民意调查中，台湾民众支持"维持现状"的仍然占大多数。有人认为其所以要求维持现状，是因为害怕战争。因为"台独意味着战争"，他们才不敢提出"台独"。如果他们能够自己选择，主张独立的可能很多。

有人认为"时间不在台湾一方"。现在一切都在变化之中，要长期维持现状是不可能的。台湾民众逐渐对此有所认识。例如，有人说："如今中国展现强劲的经济成长动能，在大中华经济圈已具备越来越强的主导力量，并使得台湾和香港过去的优势地位逐渐弱化，在这样的背景下，台湾越来越难和中国相抗衡。"有人说："台湾要与大陆为敌是愚昧而不可行的。"

有人认为主张"维持现状"实际上是一种"安乐死"，中国实力日益强大，布置在台湾周边的飞弹，已经在改变台湾的现状，台湾媒体和统派正在影响台湾民意，"台湾人民自然会失去知觉而走向统一"。

（五）要求扩大"国际空间"

他们认为台湾受到中国大陆的"打压"，无法立足于国际，没有"国际活动空间"。仅有的二十几个"建交国"，还不断地被大陆"挖"走。他们看到一些几万人口的小国可以成为联合国的会员国，而台湾却不能，因而感到"屈辱"，认为是大陆方面有意"打压"。他们强烈要求在国际上取得"平起平坐"的地位。马英九在这个问题上说了"重话"，他强调大陆要在"国际空间"方面给予台湾应有的地位，让他们参与国际活动，否则"后果自负"，不但"台独"分子，连他们这些人也要站出来反对。

总之，台湾民众的政治动机主要是要求保持现有的政治地位、政治制度、生活方式，并扩大"国际空间"。对于政治制度、经济制度、社会制度、生活方式等等，我们都已经承诺不会改变，但"政治地位"和"国际空间"则涉及主权问题，这是两岸关系的要害，需要通过两岸谈判才能得到解决。

四、政治态度

所谓"政治态度"，指的是由政治认知、政治情感、政治动机组成的对政治的综合性的心理反应倾向，表现为肯定或否定，赞成或反对。政治态度的倾向性决定了政治行为的选择指向。

从以上三个方面分析，可以看出台湾民众基本的政治态度：认同"台湾（或'中华民国'）是一个国家"；赞成西方的"民主政治"；要求两岸平等、对等；要求维持现状，要求扩大"国际空间"。反对把台湾视为"地方政府"；对中国大陆现行的制度格格不入；反对"以大欺小"，把台湾"地方化"；反对大陆限制台湾的国际活动、"打压"台湾；不赞成早日实现两岸的统一。

除以上所述外，台湾民众有关两岸关系的政治态度还表现在以下两个要害问题上：

（一）和平与战争

从台湾民众来看，他们绝大多数是要求和平的，不希望看到两岸之间发生战争。他们最关心的是自己的切身利益，不希望当前安逸的生活遭到破坏。"求和平"成为主流民意之一。

他们反对战争，对于任何可能导致战争的言行，都会表示反感和反对。军事演习，官员和学者有关动武的言论，都会引起台湾民众强烈的反应。他们指出："飞弹是对台湾民众的威胁和恐吓"，"大陆以武力压迫，令人心冷"，"不排除武力手段，无助于实现统一"，"只要飞弹存在，一个中国就是梦想"，"大陆说'宁可台湾不长草，誓死也要台湾岛'，这是只要土地，不要人民"，"从未把台湾人当人看"，他们对《反分裂国家法》中的"非和平方式"也表示强烈的反感。

另一方面，他们始终担心大陆"武力犯台"，因而对大陆怀有敌意。包括"统派"在内的民众都表示：如果有一天，大陆动武，台湾人只好起来"抵抗侵略""保家卫国"。

胡总书记指出："和平是一切的基础，和平是繁荣的基础，是发展的基础，也是生存的基础。"和平发展是两岸关系的主题。在公布《反分裂国家法》以后，我方有关运用武力的言论也相应减少了。这对于争取台湾主流民意具有重大意义。随着两岸交流的发展，台湾民众要求两岸和平、和解、合作、双赢的呼声越来越高，许多人认识到，"台湾需要一个和平、稳定、友好的两岸关系，帮助台湾获得经济的发展，以保持现有的生活水准"，这是台湾民众在政治态度上的一个转变，有助于减低和削弱两岸的敌意。

（二）台湾前途问题

台湾民众绝大多数认同"台湾前途要由台湾 2300 万人民来决定"。尽管这种说法是"违宪"的，即与"中华民国宪法"关于领土、主权的规定相违背的。但是，不论是民进党、国民党乃至亲民党都要肯定这一点，并且一再加以强调，否则就无法得到民众支持，就会丧失许多选票。

当台湾民众听到"台湾前途要由 13 亿大陆人民和 2300 万台湾人民共同来决定"时，就认为这是"以大压小"，是"口头吞并"。他们说，"只要有 13 亿大陆人民参加，台湾 2300 万人民的意愿就会被完全否定"。他们质问："为什么台湾前途不能由住在台湾的人来决定，而要由不住在台湾的大陆人来决定？"

总之，"台湾前途要由 2300 万台湾人民来决定"，这是台湾民众的共识，是他们难以改变的政治心理，也是两岸政治分歧中的一大难题。

结语

本文对台湾民众的政治心理进行初步的分析，目的是说明台湾民众在政治心理方面与我们存在很大差异。不同的政治制度必然形成不同的心理特征。台湾民众对两岸关系、对大陆存在众多的疑虑、担心，甚至敌意，就是由于他们生活在另一种政治制度下，对我们的制度感到格格不入，既无法理解，更无法接受。此外，国民党长期的反共教育，使他们对于"共产体制"怀有敌视和恐惧。这种心理根深蒂固，决定了他们的政治价值观，深刻地影响到他们的政治态度和政治行为。

从目前看来，台湾民众的政治心理是难以改变的，但形势在变，人们的心理也会改变。特别是中国大陆经济的发展与社会的进步，对台湾民众的政治心理必然发挥作用。

在台湾，老一代的影响将逐渐削弱，青年一代将对未来两岸关系的发展发挥关键性的作用。台湾年青的一代，没有受到国民党长期反共教育的影响，也没有经历过国共斗争，他们与共产党没有"你死我活"的对立情绪。不是"天生"反共、仇共的。改革开放以后，他们有机会前来大陆，亲身体验大陆的社会政治生活，或是听到、看到许多有关大陆的信息，特别是近 20 年来大陆经济的快速增长，中国大陆和平发展的伟大成就对他们具有"震撼"的意义。当然，大陆各方面的实际，包括制定、政策、管理以及道德素养等等，对他们来说，既有正面的印象，又有负面的印象。但是，与老一代相比，年青一代的认识应当是务实得多了。

有一位台湾学者指出：年青一代"没有上一代的悲情心理"，"未受过蓝绿的绑架"，"没有本省外省之分"，"不受统独挟持"，"最有想象力和创造力，最有可能性、挑战性和突破性"。一位民进党人也承认"新的世代，对两岸的面向，尤其是对中国的崛起，以及对于未来的国际事务，特别是亚太事务，会有比较深的体会"，"新的世代对于未来处理两岸关系会有更理性、更务实的思考"。民进党年青一代认为："民进党第二代领导人要让中国在台湾消失，这是不切实际的。在台湾推动本土化，要把中国从台湾拔掉是毫无意义的。我们会用比较健康的态度来看待两岸关系。"

有人指出：台湾年青一代会更多地从实际利益来思考两岸关系问题，走什么样的路对台湾有利，对自己的发展有利，应当是他们考虑的重点。有人预计，大陆随着经济的快速发展，对台湾民众的吸引力将不断加大，两岸关系的发展前景应当是乐观的。

总之，台湾民众，特别是年青一代的政治心理正在新的条件下逐步建构，逐步形成。在这个方面，大陆的因素是具有重大影响力的。因此，对台湾年青一代政治心理的研究，应当可以作为今后研究工作的一个重点。

（2006 年）

注释：

[1]　王浦劬主编：《政治学基础》第 308 页，北京大学出版社，1995 年。

[2]　国台办：《中国台湾问题》第 43 页，九洲图书出版社，1998 年。

台湾主体意识及其发展趋势

前言

"台湾主体意识"不是一个新东西，早在20世纪90年代，彭明敏、谢长廷、李登辉等人就讲过类似的话，但当时它与"台湾意识""本土意识""台湾命运共同体""台湾优先""新台湾人""国民主义""国族观"乃至"台独意识"等等混淆在一起，众说纷纭，没有明确的界定。

陈水扁上台以后，随着中国大陆的发展，国际地位的提高，台湾方面对于"被边缘化"的担心日益加重。面对我方以"一个中国"作为两岸相处的基本原则，台湾当局在国际上处于十分被动的局面。他们担心迟早会被大陆"吞并"。

在岛内，民众对于所谓"国家认同"发生分歧，是认同"中华民国"，还是要认同"台湾共和国"，认同自己是"台湾人"，还是"中国人"，产生明显的界限。他们曾经用"本省、外省""爱台、卖台"作为标志，结果造成"省籍矛盾""族群分裂"。

以上情况的存在，显然不利于台湾社会的稳定与民进党统治的巩固，也不利于台湾当局与我方的抗争。于是，他们企图以"台湾主体意识"取代原有的说法，以便争取更多民众的认同，并且进一步与中国大陆"切割"开来。

面对"台湾主体意识"日益成为台湾的主流意识，不仅泛绿，连泛蓝民众也能接受，国民党、马英九甚至紧跟陈水扁，唱出同一的调子。因此，"台湾主体意识"已经成为台湾对抗大陆的重要政治因素之一，不能不引起我们的重视。

究竟什么是"台湾主体意识"？它的实质是什么？民进党与国民党的认识是否一致？它对台湾民众已经或将要发生哪些作用？对于两岸关系的发展将会有哪些影响？我们应当怎样对待？

以下就这些问题进行一些分析，并提供个人的意见，作为决策的参考。

一、什么是"台湾主体意识"

（一）"独派"的主张

陈水扁的说法包含以下意思：

第一，它是包括全体台湾民众在内的共同意识。这就把原来被排除在外的外省人也"包容"进去了，它改变了过去强调"本土"的说法，企图争取外省人的认同与接受。

他说："以台湾为中心的主体意识，摆脱了历史的窠臼与政治的教条，发源于两千三百万人民对自我的认同、土地的情感、以及命运与共的体认。不管过去从什么地方来，没有人再把这里当作异乡、把自己当作过客，因为我们的代代子孙都将在此安身立命，台湾就是故乡，每一个人都是主人。"

第二，关键在于"国家认同"。要承认台湾是一个"国家"，大家都要认同这个"国家"。他甚至把"台湾主体意识"等同于"台湾国家认同"。

他说："在台湾主体意识的发扬以及人民渴望当家作主的民主浪潮之下，国家认同已然成为不分族群、无可回避的严肃课题。如果连我们都无法确认自己的身份、不能够凝聚国人对于国家认同的共识，台湾人民将永远缺乏应有的自信，也无法团结对外、立足于世界的舞台。""如果没有国家认同，就无法保卫国家安全，也无从捍卫国家利益。这就是为什么我们必须坚持台湾主体意识，并且诚挚呼吁朝野政党能够超越统独与族群，共同凝聚台湾人民对于国家认同的基本共识。"

第三，要与中华人民共和国"切割"开来。"一边一国"，互不隶属。

他表示要"保台湾"，"台湾的主权不容被拿走，不会让台湾变成中国大陆的地方政府或特区"，"政府坚守国家主权，不容任何国家吞并台湾，变成第二个香港"，"一定要跳脱'一个中国'与'台海两岸'这种狭隘的思考框架"。

他说："台湾是我们的国家，土地面积三万六千平方公里。台湾的国家主权属于两千三百万人民，并不隶属于中华人民共和国。台湾的前途只有两千三百万台湾人民才有权决定"，"最重要的是我们必须坚持台湾的主体性，台湾绝对不是人家的一部分，台湾也绝对不是中国的附庸，我们必须要坚持台湾经济的主体性，不可以过度对中国依赖"，"既然台湾是我们自己的国家，我们就不能把别的国家当作自己的祖国，我们更不能将外国当作本国、将敌国当作祖国，我们必须坚持台湾的主体性"，"坚持拒绝'一个中国'与'九二共识'"。

从经济角度来看，他说："我们坚持台湾的经济主体性、坚持台湾的经济并非中国经济的附庸，所以个人提出我们对两岸经贸政策，必须做好'积极管理、有效开放'，我们不能将台湾的经济命脉及所有的筹码，全部锁在中国。"

总之，陈水扁所主张的"台湾主体意识"是要把台湾作为一个"主权国家"的观点变成台湾全体民众的意识。从政治实质上看，他的"台湾主体意识"就是他所提出的"中华民国三段论"："中华民国是一个主权独立的国家；主权属于2300万台湾人民；台湾前途要由2300万台湾人民决定。"就是要使台湾成为一个"正常的国家""完整的国家"，把台湾从中国分裂出去。

因此，陈水扁的"台湾主体意识"与"台独意识"是一致的。

李登辉也讲"台湾主体意识"，用以取代他过去强调"本土政权"对抗"外来政权"的提法，同样是鼓吹"国家认同"，要使台湾成为一个主权国家。他教育青年学子要建立台湾主体意识，培养热爱台湾的情操，"不要受中共不择手段的破坏"与"不认同台湾人士的破坏"。此外，人们指出，李登辉的"台湾主体意识"还有一个特点，即带有"恋日情结"。

他说："长期以来，在国民党党化教育下，台湾人民被灌输大中国意识，台湾历史文化被打压，台湾人民无从真正认识自己的历史文化，也因而无法确立对台湾的国家认同"，"希望台湾人民能真正认识台湾，并对自己的历史文化产生感情，提升台湾的主体意识，确立对台湾国家的认同，让台湾能成为台湾人民引以为傲的国家"。

谢长廷早就强调"台湾主体性"，在"行政院长"任内，曾经推动一些规模较小的"正名"活动。不过，他说过："台湾主体性与主权的维持，与两岸关系是不是开放，并没有必然关系，不是开放就是放弃主体性，也不是坚持台湾主体性，就一定要紧缩。"在两岸关系方面的主张与陈水扁略有不同。

民进党前秘书长吴乃仁认为"台湾主体意识"已成为社会主流，关键是"国家认同"问题。

民进党籍前"立委"王拓认为，李登辉对"以台湾优先为主题的思想"有助于形成新的台湾意识，与大陆的"大中国民族主义与文化霸权"相区隔。表示要以建构"台湾主体性"，引导台湾永续发展，作为自己的努力方向。

此外，一些"独派"人士还认为"台湾主体意识"主要是针对中国大陆的。台联党前主席苏进强指出，现在"台湾主体意识"抬头，希望中共不要错估形势。

苏正平说："台湾的主体意识对于未来是统是独有相当大的开放性，不过，目前的台湾要求有独立自主的抉择，要求被尊重。在这种情况下，中国愈加凌辱，这种自主意识就愈强烈。"

施正峰说："所谓的台湾主体意识，其实是'台湾意识'的强化，也就是以台湾为'主体'，不再是让人宰割的'客体'，强调的是台湾人要主宰自己的命运；狭义来看，就是台湾人不愿意任凭中国宰制，广义来说就是不容台湾成为他人左右的战略卒子，不管是过去的日本、现在的中国、还是未来的美国。"

赖怡忠说："台湾主体意识已经确立，绝大多数的台湾人民都认为自己是'台湾人'，且绝大多数台湾民众都认为台湾在国际上受到不公平对待，中美上海公报内容事实上已不适合现在的两岸现况，联合国应该改变'一中政策'，台湾在国际间应该享有独立主权地位。"

杜正胜说："台湾主体意识已成为台湾的主流思潮，民调数据清楚的显示，不分政党倾向，也不分自己或父亲、祖父的省籍，大多数人都放弃'大中国'（不论中华民国或中华人民共和国）的思考架构，而直接选择'台湾'"。

（二）国民党的看法

马英九的"台湾主体意识"有如下含义：

第一，国民党思想路线与组织路线的调整：他强调国民党重视"台湾主体意识"，以"台湾优先"为原则，无论在思想路线抑或组织路线，都实行"蓝中带绿"的布局。

第二，体现"以台湾为主，对台湾有利"的原则，以争取本土力量的支持。

第三，呼吁大陆给予台湾一定的"国际空间"。马英九访问美国，在旧金山和留学生座谈中表示："现在最迫切的是台湾的国际空间，台湾的主体性必须要受到尊重，化解台湾的这股闷气。"

由此可见，马英九强调国民党应当重视"台湾主体意识"是因为担心失去台湾广大本土民众的支持。他不讲"台湾主体意识"就得不到选票。

不过，他在政治上仍然认同"中华民国"。他的主张与陈水扁的"中华民国三段论"，有相同的一面，也有差异。他主张"中华民国是一个主权独立的国家"，"台湾前途要由 2300 万台湾人民决定"，这"两段"与陈水扁一样；只是他还不敢公开说"中华民国主权属于2300 万台湾人民"，这一段与陈水扁有区别。此外，他讲"台湾主体意识"也有与大陆对抗的意思，只是还不敢公开"分裂"。

王金平把"台湾主体意识"看成是民进党与国民党抗争的工具。他说："民进党执政以来积极营造所谓台湾主体意识，但台湾是一个多元族群的社会，政治人物却不将追求族群融合成为一种普世价值，反而成为选举手段，导致族群问题越来越严重。"他认为今后民进党还会利用"台湾主体意识"达到胜选的目的，因此他提醒国民党要注意。但他也讲台湾"国家主体性能",在所谓"国家认同"方面,站在国民党的立场上。

亲民党的宋楚瑜也讲"台湾主体论",他说:"任何有关台湾前途的决定,必须尊重台湾人民最后的决定","两岸是互不隶属的相对主权,中华民国并非中华人民共和国的地方政府"。

总之,以马英九为代表的泛蓝"台湾主体意识",实质上是"中华民国三段论"的翻版。是"两个中国","两个对等政治实体"。

二、台湾民众对"台湾主体意识"的态度

(一) 泛蓝民众

目前,在"台湾主体意识"问题上,泛蓝民众可以接受马英九的看法。他们认同"中华民国",理由是:

"中华民国"从来是一个主权独立的国家,成立至今已96年,从未属于另一个国家。他们从来都认为自己的"国籍"就是"中华民国",护照、驾照、身份证都写着"中华民国",他们以作为"中华民国国民"而自豪,认为这是他们"爱国"的表现。他们说:如果没有"中华民国",台湾就独立了。

深蓝民众有一种典型的说法:"'台湾主体意识'并非去中国化,而是去赤化(被共匪矮化),大家都是炎黄子孙,但不属同一政体,一为民主,一为共产,民主是不可能接受专制的统一的。"

（二）泛绿民众

占台湾人口不及一半的泛绿民众则可以接受陈水扁的看法。他们认同"台湾共和国"，理由是：

"中华民国"早已不存在，国际不承认"中华民国"，公认的一个中国是中华人民共和国。因此他们不能认同并不存在的"中华民国"。"台湾是一个主权独立的国家"，从来没有隶属于中华人民共和国，台湾从来不是中华人民共和国的一部分，中华人民共和国代表大陆，而不能代表台湾。只有确立"台湾主体意识"，认同台湾，才能建立一个"正常的国家"。如果声称"中华民国"就是想统治大陆地区，而台湾人并不想统治大陆，所以要废除"中华民国宪法"，台湾才能与中华人民共和国和平共处。

深绿民众也有典型的表述："台湾主体意识就是台湾国，就是台湾独立。"

尽管泛蓝、泛绿对于中华人民共和国都无法认同，但他们的看法有所不同。

泛蓝承认中华人民共和国是主权国家，但强调"中华民国也是主权国家"。由于国际公认一个中国是中华人民共和国，因此，"中华民国公民"的地位很尴尬，他们不好说自己是"中国人"，因为他们不是中华人民共和国的公民。

泛绿承认中华人民共和国是主权国家，是中国唯一合法代表，但不包括台湾。认为"台湾也是主权独立国家"。二者互不隶属。台湾人不能认同中华人民共和国，也不能自称为"中国人"。

由于"台湾主体意识"实质是"国家认同"问题，在这个原则问题上，台湾民众都不会有所让步。马英九在美国演讲时向我们提出挑战：北京要"中华民国"，还是要"台湾共和国"，必须作出选择。这说明如何处理台湾民众的"国家认同"问题，是处理两岸关系的关键所在。

现在"台湾主体意识"在台湾有很高的认同率。有人指出："这反映了台湾民众对自己拥有一个正当身份的渴求，至少在统一前，台湾的政治地位是什么，台湾民众的身份权利是什么，他们始终要讨一个说法，防止糊里糊涂地被'统一'了，他们将这种不明不白的'统一'视为'吞并'。"大学教授沈君山也强调指出："无论未来路向如何演进，台湾的立场有两点绝不能让：一是台湾目前有治理自己的自主权，这就是现状；二是对现状的改变，台湾人民有否决权。"

总之，台湾民众有的认同"中华民国"，有的认同"台湾共和国"。他们的交集在于："中华民国（或台湾）是一个主权国家，台湾前途要由 2300 万台湾人民决定。"这已经成为台湾民众的主流意识。

（三）按年龄段与省籍划分，目前台湾民众
对"台湾主体意识"有如下不同的态度

1.1953 年以前出生的本省人

这部分人"台湾主体意识"比较严重，对国民党长期垄断政治权力感到不满，把国民党看成是"外来政权"。对大陆怀有猜疑态度，对大陆的敌意也最强。他们强调自己是台湾人，要与国民党及大陆划清界限。强调"台湾主体意识"，就是要摒弃中国留在台湾的特征。外国学者认为这些人的"台湾民族主义"情结相当强烈。萧万长则认为 70 岁以上受日本教育的人在政治上已经没有影响力。

2. 1953—1968 年出生的本省人

这部分人态度比较务实，没有强烈的意识形态，对"台独"的支持也比较薄弱。与国民党及大陆没有强烈的针锋相对。郭正亮说："老一代人提倡'台独'是因为过去的历史、悲剧和民族主义，而新一代提倡台独则是因为未来、希望和民主。"他们并不主张"排他的""法理台独"。

萧万长没有把本省与外省分割开来，他认为55—70岁受国民党教育的这一代，属于国民党文官体系的人，都比较理性，知道台湾需要什么；而另一部分则具有"反抗心态"，反对国民党，这些人现在"在朝"当家，压国民党。至于40—55岁的人，一般没有太多的政治意识，他们希望出人头地，多赚钱，比较现实、务实。

3. 1953—1968 年出生的外省人

他们比较认同台湾。现任桃园县长朱立伦说："我父亲是我家唯一的大陆人，我母亲是本省人，我太太是本省人，而有人却把我说成是外省人，其实我是彻头彻尾的台湾人。"他认为"台湾前途要由子孙后代自由地决定"，把台湾与中国大陆隔绝只会导致毁灭。

4. 1968 年以后出生的本省人

他们对政治不关心，关心的是自己的利益。他们反对仇视大陆，认为大陆因素是他们无法回避的。他们希望来大陆发展，来大陆上学，但担心台湾人无法与大陆人竞争，认为台湾必须面对大陆的挑战。

5. 1968 年以后出生的外省人

他们多数认同国民党、亲民党的路线，同时认同台湾，对大陆有反感，不想与大陆统一，但并非厌恶大陆的一切。他们要利用大陆的机遇，认为没有必要与大陆发生冲突。政治大学一位青年教师对我说：主张"台独"的最多不过30%，如果两岸因为这少数人而打起来，对 70% 的人来说是不公平的。

萧万长认为 20—40 岁的人，已经不管"党不党"，只想过好日子。

国民党智库的一篇文章写道："不同世代间对两岸关系亦有差异，对于 50 岁以下不分省籍的台湾民众而言，认同归属都在台湾，不存在统一与否的问题，对大陆的观点现实性多于民族情感。"

总之，台湾民众认同台湾，不会认同大陆，多数人都认同"台湾主体意识"。但对大陆的态度有所不同，有的要与大陆划清界限，有的对大陆并无仇恨，有的希望利用大陆的机会以利于自己的发展。

（四）各政党的态度

民进党极力强调"台湾主体意识"，用以打击国民党，并与大陆划清界限。在选举中，他们会打"本土牌"，把国民党打成"外来政党""中国附庸"，以争取更多的选票。

国民党也紧跟着表示重视"台湾主体意识"，担心落在民进党后面，担心无法得到本土民众的支持，而沦为"外省党"。在当前选举进程中，国民党提出修改党章，强调"以台湾为主，对人民有利""捍卫台湾，认同台湾"，就是体现"台湾主体意识"的具体行动之一，也是他们为了选举的胜利不得不采取的一种应急措施。

萧万长说："国民党如果没有本土化论述，2008 年就会失败。"他认为把"中国国民党"改名为"台湾国民党"也没有什么不可以。名称不重要，重要的是"心"，如果反对"台独"、坚持维持现状、和平发展，就是好的。

但也有相反的意见，政治大学一位研究员说：在党章中加入台湾，就会把"中国国民党"改变为"台湾国民党"，作为老国民党员，他无法接受。这说明作为外省人对"台湾主体意识"仍然是有顾虑的，国民党内部存在分歧是不可避免的。

国民党内对国民党高层认同"台湾主体意识"有不同的声音。政治大学一位教授说，国民党、马英九不应屈从于"台湾主体意识"，不应强调台湾优先，而放弃统一和逐鹿中原。有些国民党员对民进党人为强调"台湾主体意识"而"去除中华文化"，否定"国父""黄花岗精神""关圣""妈祖"等做法表示不满，认为这会失去自己的根本，造成台湾青年一代自我认同的混淆。有人写道：我们不否认，台湾与大陆分隔多年，在台湾自然而然会衍生出"立足台湾""爱乡爱土""台湾人民当家作主"的"台湾意识"，但台湾意识仍是立足于中华文化、中华民族的基础之上，台湾意识绝对不等同于不认同自己血缘、文化的"台独意识"。与此同时，他们对当局利用"台湾主体意识"，对大陆采取"政治对抗""军事竞赛""经贸锁国""文化断绝"的路线，表示强烈不满。

总之，民进党提出"台湾主体意识"是他们的一种战略构想，一则可以突显国民党不代表"台湾主体意识"，不是台湾自己人。二则有意把台湾与中国大陆分隔开来，表明"台湾主体意识"与"大中国意识"不同，台湾应当有自己的一切主张。并以此影响广大台湾民众，作为巩固民进党统治的思想基础。

国民党对"台湾主体意识"不敢表示反对，只得附和，企图以此表示自己也是"本土政党"，企图在与民进党争夺本土选票中摆脱被动的局面。

至于广大民众，则基本上认同"台湾主体意识"的说法，但他们对这个概念的含义并不明确，因而容易受到政客的操弄。

在政治上，所有政党和大多数民众都认同"台湾（或中华民国）是主权独立的国家"，"台湾前途要由 2300 万台湾人民决定"。也可以说，这样的"台湾主体意识"已经成为台湾民意的主流。

三、"台湾主体意识"的发展趋势

（一）"台湾主体意识"符合台湾民众要求，
仍有进一步强化的趋势

"台湾主体意识"的强化，主要是与民进党当局的"台独"走向相关的，但国民党因素与大陆因素也发生了重要作用。民进党为了与国民党争夺执政权，需要标榜自己的本土政党身份，以取得对国民党的优势地位。民进党为了让台湾成为"正常的国家"，需要摆脱"一个中国"的"紧箍咒"。台湾民众也希望取得"正当身份"与"国际人格"，否则他们感到十分屈辱。

民进党强调"台湾主体意识"，包含着一种危机感，即担心大陆孤立他们。民进党人士对我说：你们拉国民党，打民进党，孤立陈水扁，他当然要反抗，强调"台湾主体意识"就是一种反抗"被统一"的措施。这固然只是一种借口，陈水扁强调"台湾主体意识"目的是与祖国大陆分割开来，但也说明了，如果我们强力打击他们，他们将会更加反弹，"台湾主体意识"将更加强化。这是一种发展趋势。

在这种态势下，估计"台湾主体意识"必然会进一步发展起来，而中国大陆则成为他们"较劲"的对象。至于会发展到什么程度，则与大陆的对台政策相关。

（二）国民党会继续强调"台湾主体意识"，否则将会失去选票

民进党提出"台湾主体意识"目的之一，就是要与国民党相区隔，显示国民党不代表"台湾主体意识"。国民党人指出，民进党把马英九说成是"统派的倡议者"，不让他有"进入台湾本土板块的意想"，"把马英九排斥在台湾主体意识之外"。这对被称为"外省政党"的国民党和"外省籍"的马英九来说，是一个极大的伤害。因此，国民党、马英九不敢反对"台湾主体意识"，而是接过这个口号，企图与民进党比谁更"爱台湾"。最近国民党要修改党章，把"以台湾为主，对人民有利"作为党的信念，提出"捍卫台湾，认同台湾"，都有朝向强调"台湾主体意识"发展的趋势。

马英九即将发表新的著作——《新台湾本土论》，指出本土就是包容，不是去中国化，而是移民文化的总合；经由台湾2300人民选举产生的政权就是本土政权。这说明他已经不再回避"台湾主体意识"，而采取直接面对的态度，并作出自己的解释。国民党认为这是争取年轻世代的认同的一种举措。

国民党智库的一篇文章提出："各党都无法违逆台湾主体意识的兴起，台湾与中华民国已经是'连体婴'，国民党与泛绿基本教义派所差者仅为对'中华民国'的态度不一样，而这四个字恰为两岸关系的关键所在。"

另一篇文章则指出："国民党对于日益强化的台湾主体意识和开展两岸关系之间如何拿捏，成为2008年总统大选胜选的关键议题。"

以上情况表明，他们已经看到，"台湾主体意识"日益强化，使他们不得不予以重视。而国民党如何面对两岸关系，则是另外一大问题。如何处理好二者之间的关系，"拿捏"适当的分寸，对选举的胜

负与国民党的存亡关系十分重大。

在这种条件下，国民党可以有两种面对"台湾主体意识"的办法。

一种意见是强调"台湾主体意识"，以此来回应民进党的"本土牌"。于是，面对两岸关系问题时，就会显示自己坚定地站在台湾的立场上，向大陆争地位、争权益、争"名分"。特别在"台湾（中华民国）是主权独立的国家""扩大国际活动空间""撤走导弹"三个问题上，国民党会显示出更加坚定的"台湾立场"，俨然是"台湾利益的捍卫者"，而不敢在两岸关系问题上有更加大胆的论述。

另一种意见是"台湾主体性"与"两岸和平论"是现今大多数台湾民众的选项。国民党不应当在两岸关系上有所犹豫与停滞，两岸政策的收缩并不能取得泛绿的选票。相反的，应当大胆提出两岸发展的蓝海策略，为民众提供美好的愿景。

（三）国民党在接受"台湾主体意识"时，期待得到大陆的谅解

国民党人强调"台湾主体意识"已经是台湾社会发展的必然趋势。他们指出："台湾主体意识已经成为主流思潮之一"，"两岸分立分治超过半个世纪，台湾人民对大陆的记忆与认同趋于式微，对台湾的认同日增，本来就是很正常的事"，"如何在改善两岸关系之际，确保台湾之主体性，也是马主席所无法回避的问题"。

他们指出：几年来民进党强调"台湾主体意识"确实对台湾民众产生重要影响。他们把所有的邪恶都归之于所要打击的对象：中国、蒋介石、马英九，并且在选举中发生一定的效果。

国民党智库一位特约研究员指出："中共应该用同理心来看待马英九苦心，以体谅的心情来理解台湾主体意识的成长，除了台湾人民

爱护自己土地的必要之外，难道中共一再阻断、打压台湾国际空间的事实，台湾人民会感受不到中共的敌意吗？当然，近几年中共对台湾的一些优惠措施，台湾人民不会不知道，只是想到被打压的时候，怎会感激中共对我们的小惠呢？"一位国民党籍"立委"提出："当台湾主体意识愈来愈强烈时，而中共立场也不见转寰，两岸未来妥协的空间是不是会愈来愈小？"

萧万长说，大陆对"台湾主体意识"需要正确面对，不要认为凡是说"我是台湾人"的人都是"台独"，他们爱台湾、爱本土，纯粹是感情问题，不是政治问题。政客会把感情问题炒成政治问题，实际上在民众中并不是这样。

此外，国民党人还担心大陆以我为主，以大陆利益为优先，以"中国中心主义""大陆民族主义"，与台湾的"台湾民族主义"相对抗，使两岸关系受到严重的冲击。

（四）前景预估

"台湾主体意识"在一定时期会成为台湾主流民意，但对它的理解有所不同。民进党与国民党的看法就有差异，一般民众的看法则主要在感情方面，而在政治态度上则有不同。

2008 年如果国民党上台，"台湾主体意识"不会立即淡化，但"去中国化"、有意与大陆对抗的做法将会削弱。如果民进党上台，则有两种可能：一是延续陈水扁的做法，扩大与大陆的对抗；一是变得比较缓和，对抗性相对减弱。

现在台湾政界人士普遍认识到与大陆对抗对台湾没有任何好处，台湾要摆脱困境、谋求发展，只有与大陆对话、合作。

马英九指出：台湾现在很仰赖与大陆的贸易，如果没有大陆，台湾会出现大量的贸易逆差。台湾应该和大陆签订自由贸易、建立共同市场、互相直航，让台湾市场规模进一步扩大。

王金平说：打开两岸死结，（台湾）经济才有活路。

吕秀莲说：两岸要和平共存，不应有仇恨。两岸要合作、共存、共荣。谢长廷说：要化解现有困境寻求突破，台湾只能选择同大陆直接协商对话。

在这种情况下，要把"台湾主体意识"发展成为对抗大陆的工具，显然不容易为一般民众所接受。

从长远看，台湾民众认同台湾是必然趋势，但认同台湾并不必然导致与大陆对抗。特别在中国大陆和平发展的形势下，两岸走向缓和、稳定、合作、发展的前景是可以预期的。经过相当时间的和平发展，两岸之间的共同利益必然导致敌对意识的削弱，和解、合作的意愿增强。

许多研究显示，台湾的年青一代更加务实，更加关心自己的切身利益，而不受意识形态的束缚。因此，将来两岸之间的对抗有可能减弱，直至化解。"台湾主体意识"有可能不会成为与大陆对抗的一种政治意识。据萧万长估计，再过 20 年，台湾新世代上台，对抗意识的影响就会缩小，两岸关系前景就会呈现乐观的局面。他认为这 20 年是大陆和平发展的关键期，只要对台湾民众在政治上、感情上不出偏差，台湾不出问题，两岸关系的前景一定看好。

四、如果看待"台湾主体意识"

（一）"台湾主体意识"是必然要出现的，是不足为奇的

凡是一个国家或地区，很自然地会出现它自己特有的"主体意识"。

我们强调"中国特色"，提倡"中国传统"，都是"主体意识"的表现。

香港人由于长期处在英国殖民统治下，与内地有不同的经历，在制度上、生活上、思想上存在极大差异，因此也有其与内地不同的"主体意识"。例如，香港曾经是"反共"人士的聚居地，不愿受到内地的管治；香港人认为香港比内地富裕、民主、自由，他们不愿"内地化"，极力要摆脱内地的影响，直至要求"还政于民"，完全自治。

西藏、新疆等地，由于处境的特殊也会出现一定程度的"主体意识"。台湾由于历史、现实等原因，在很大程度上与中国大陆存在差异，因此，台湾出现"台湾主体意识"是不足为奇的。有人看到台湾很多人不承认自己是"中国人"，而只承认是"台湾人"，便感到问题严重。他们提出，"中国人不打中国人"，可是他们已经不承认是中国人了，只好使用武力解决问题。这是把复杂问题简化的做法。"台湾主体意识"必然存在，关键在于我们要如何正确地面对。

（二）"台湾主体意识"是历史形成的，有其深层的因素

远的不讲。1895 年以后，台湾割让给日本，在日本统治下 50 年，然后归还中国。很多人认为台湾归还中国，就与中国各地一样没有什么差别了。这是误解。日本时代的影响相当深远，特别对李登辉那一代人。至今台湾民众对于一部分大陆人民的反日情绪还感到无法理解。

然后，经历国民党统治近 50 年，与大陆分隔开来，两岸的差异扩大了。台湾民众的历史记忆与大陆同胞有很大差异。他们从历史的经验中产生了"悲情心态""出头天心态""优越感与自卑感"，与祖国的"亲近感与疏离感"，对美国、日本的复杂情感等等，因而产生了与大陆不同的"台湾主体意识"。

台湾的政治体制与中国大陆的政治体制不同，从而产生了差异甚至对抗。在国民党长期教育下，他们形成了"反共""仇共"的心理，至今马英九还公开表示他自己"反共不反中"。不仅国民党如此，亲民党也一样，新党更是原来最"反共"的一群（包括前几年受到大陆媒体青睐的冯沪祥）。泛绿民众与中国共产党没有历史恩怨，但受到国民党"反共"教育的影响，也产生"反共""恐共"的心理。此外，由于有些人的亲属在土改、镇反、"文革"中受到"清算""斗争"，更加深了"反共"心理。由于他们经历过从国民党"一党专制"到现在所谓"民主政治"的转变，他们便以政治制度的不同，确定自己的认同对象：认同"民主政治"，反对"中共"的"一党专制"。马英九用"西方政治标准"来要求我们，认为大陆在"自由、民主、均富、人权"方面与台湾存在很大差距。陈水扁也强调两岸最大矛盾在于"民主制度和生活方式的选择"。

在这种情况下，他们感到与大陆差异极大，不能再以"中国意识"作为自己的主体意识，而必须建立自己不同于中国的"台湾主体意识"。

总之，不同的政治制度必然形成不同的政治心理，形成不同的"主体意识"，这也是不足为奇的。

（三）近年来"台湾主体意识"的增强，与大陆有密切的关系

我们强调"一个中国"原则，这是国际公认的，台湾无法抗拒。但是，"一个中国"原则，从台湾当局和一般台湾民众看来，是一种套在他们头上的"紧箍咒"，只要承认"一个中国"，台湾就不是一个主权国家。作为"国家"来说，他们没有"国际人格"，作为个人来说，他们没有"正当身份"。连"国家"都不是，连"国民"都不是，因而感到十分屈辱。因此，争取成为一个"国家"，争取国际社会的承认，争取加入联合国，成为大多数台湾民众的共识。特别是看到一些比台湾小而且穷的政治实体——如瑙鲁——以国家身份参加了联合国，他们更感不平，而把"罪责"加在中国大陆身上。

我们提出"一国两制"受到台湾方面的"污名化"，认为这是要"吞并"台湾，把台湾看成"香港第二"，使其失去国家的地位，只能成为中国的一个特区，台湾的领导人只能是中国的一个"特首"。

他们极力要求"扩大国际活动空间"，主要是要想加入联合国，要与我们平起平坐。可是，我们坚持"一个中国"原则，不让他们参加联合国和世界卫生组织。台湾民众对此十分不满。他们不管这些组织的规章制度只允许"主权国家"参加，而把不能参加的原因，归于中国大陆的"打压"。现在台湾只有 25 个"建交国"，还不断被大陆"挖走"。对此，不但泛绿民众不满，泛蓝民众也一样。马英九公开表

示，大陆在"国际空间"方面要给予台湾应有的地位，"否则后果自负"，不但"台独"分子，连他们这些人也要"站起来反对"。

前几年大陆出现喊打的声音，有人提出"和平统一已经过时"，"现在只有采取武力统一的方式了"。这对台湾民众刺激很大。他们认为采用武力威胁，根本没有什么"同胞情谊"可言。他们提出：只要飞弹没有撤除，两岸就没有什么可谈。面对大陆的武力威胁，台湾民众只有起来"抵抗侵略""保家卫国"。

中国大陆日益强大，国际地位日益提高，台湾更感到危机深重。他们担心总有一天台湾会被大陆"吞并"。台湾民众来大陆参观以后，感受到台湾和大陆在政治制度、生活方式、意识形态上是不一样的，增强了他们"我是台湾人"的感觉。他们对大陆的一切感到"不习惯"，生怕将来会被共产党"管"，担心一旦被管，就会"永无脱身之日"。更怕共产党的强大，他们认为共产党是全世界最强大的政党，国民党做不好，他们有办法让国民党下台，民进党做不好，他们可以让民进党下台，可是他们绝对没有力量对抗共产党。"因为你太强大，我只好躲避。"

以上这些因素都使台湾民众增强了"台湾主体意识"，他们希望由台湾人管台湾事，希望大陆不干涉台湾，希望维持现状，两岸相安无事。

（四）"台湾主体意识"问题，本来就是和平统一进程所必须面对的一个难题

台湾民众要求当家做主，我们表示尊重。"一国两制"的设计，本来就是让台湾高度自治。"台湾主体意识"的增强，给两岸统一增

加了难度。但它本来就是和平统一进程中不可回避的问题，也是争取台湾民心所必须面对的一个难题，这是回避不了的，想用大批判的方法把它"批倒批臭"也是办不到的。因此，加强研究台湾民众的心态，有针对性地开展工作，是我们必须重视的一项工作。

（五）"台湾主体意识"有被导向"台独分裂意识"的危险

在"台独"分子执政时期，完全存在把"台湾主体意识"导向"台独分裂意识"的危险。利用"台湾主体意识"推动"修宪"和"公投制宪"就是一个重要手法。此外，推动"正名""去中国化"，推动"台湾主体性"教育，在中学课程纲要中，强调台湾主体性和特殊性，建构"台湾文化主体性""台湾文学主体性""台湾国家认同感"等等，都已经在进行。但能否得逞，还要看岛内政治局势的变化与发展，两岸及国际因素的变化与发展，并不决定于"台独"分子的主观意愿。

（六）"台湾主体意识"并不一定导致台湾与中国大陆分裂

许多人担心，台湾当局强调"台湾主体意识"必然造成年青一代与中国大陆感情隔阂，导致两岸分裂。他们认为台湾年青一代与老一代人不同，对大陆"没有感情"，将来他们上台，两岸关系只会更坏。我认为这是一种主观判断。

我在一份研究报告中提出如下看法：

1. 台湾年青一代，没有受到国民党长期反共教育的影响，对共产党没有"你死我活"的对立情绪，不是天生"反共、仇共"的。

2. 他们前来大陆，对 20 年来大陆的发展是有亲身体验的，其中既有正面印象，也有负面印象，但与老一代相比，他们比较务实。

3. 年青一代更关心自己的切身利益，如果将来与大陆合作或统一对台湾有利，对他们自己有利，他们不会坚持走分裂的道路。

4. 台湾年青一代的思想是在新的历史条件下建构和形成的，大陆因素对此具有重大的影响力。我们应当重视这项工作。

以下是台湾以及美国方面的资料，可以作为有力的佐证。

民进党第三代郑文灿说："新的世代，未来在处理两岸、族群、媒体、政商关系、弱势团体等等议题时，会有更理性、务实的思考。新的世代对两岸的面向，尤其是对中国的崛起，以及对未来的国际事务特别是亚太的，会有比较深的体会。对两岸与国际事务，有更多的了解和掌握。"

民进党第三代段宜康说："民进党第二代领导人就是要让中国在台湾消失，中国的影响在台湾消失。但对我们来说，这是不切实际的。在台湾推动本土化，要把中国从台湾拔掉是毫无意义的。我们会用比较健康的态度来看待两岸关系。""在中国经济快速成长过程中，台湾要积极参与，从中国经济快速成长中得到好处。"

此外，台湾学者还认为，"年青一代没有上一代的悲情心理"，"未受过蓝绿的绑架"，"没有本省外省之分"，"不受统独挟持"，"最有想象力和创造力，最有挑战性与突破性"，"会更多地从实际利益思考两岸关系问题，随着大陆经济快速发展，对台湾年青一代的吸引力将加大，两岸关系发展前景是乐观的"。

美国学者任雪丽（Shelley Rigger）最近提出如下的观点：她把台湾民众分成四代人，第一代（1930年以前出生），第二代（1931—1953），第三代（1953—1968），第四代（1968年以后）。她认为第二代人最认同台湾，也最支持"台独"。第三代人比较灵活、务实，意识形态色彩比较淡薄。第四代摒弃了仇视中国大陆的孤立主义，考虑的不是使命或理想，而是实际利益。在年青一代中台湾民族主义的情绪相当薄弱。

总之，台湾年青一代出于实际利益考虑，他们不会断然选择与大陆分裂的道路。我们要有信心。

这种看法在我们内部并非大家都认同，但却是比较接近实际的。

基于第三部分对"台湾主体意识"的认识，应当把它作为"寄希望于台湾人民""争取台湾民心""做好台湾人民工作"的一个组成部分来对待。不要把它看成洪水猛兽，穷追猛打，而应当把它看做长期性的任务，有针对性地、有计划地开展耐心细致的工作。

因此，"尊重他们，依赖他们，依靠他们"；用"引导"而不是"批判"；给予"同情的理解"，但又坚持立场；把广大民众的"台湾主体意识"与"台独意识"区分开来，分别对待：都是应当遵循的基本原则和态度。

以下针对有些同志提出的对策，发表一些个人的看法。

1. 有的同志主张应当把"台湾主体意识"包容到中华民族伟大复兴大业中去。这个意见看来似乎站得很高，看得很远。但我认为要求过高，"调子过高"，台湾民众难以接受。

他们强调"台湾主体意识"就是担心与我们靠得太近，也担心我们以"民族大义""大中国民族主义"来"包容"他们，使他们无法摆脱，直至被我们"吞并"。吴伯雄当选国民党主席时，胡总书记在贺电中提到"两岸关系和平稳定发展"，"共创中华民族美好未来"，吴的回电只讲前一点，而不敢提后一点。一则因为国民党并没有这么大的抱负，二则他们担心讲了后一点就意味着要和我们统一。这说明"把台湾主体意识包容到中华民族复兴大业"要求太高，至少目前他们还接受不了。他们只能从现实利益考虑，从具体事务做起。

2. 有人主张要加强对台湾统派的工作，对"促统言行"给予大力鼓励和支持。我认为统派工作要做，但"统一"的调子不要喊得太高。现在台湾大多数人主张维持现状，"统一"还没有提到日程上。我们现在强调"和平发展是两岸关系的主题"完全正确。因此要扩大团结面，不要仅限于统派，也不要仅限于泛蓝，要争取大多数，包括泛绿的民众。只要同意两岸和平发展的人士，都要争取。不要只争取一半的台湾民众，而丢掉了另一半。

3. 对于台湾当局从文化上、教育上加强灌输名为"台湾主体意识"实为"台独意识"的做法，有必要有针对性地组织力量进行专题的研究，写出高水平的文章，予以澄清，如果只是写一般化的"批判文章"，其效果就可能适得其反。

（2007 年 6 月 12 日）

台湾主流民意的"细化"

　　什么是台湾主流民意？过去曾经有这样的提法："求和平，求发展，反对'台独'，主张发展两岸关系是台湾的主流民意。"2002 年 1 月 24 日钱其琛副总理讲话指出："求和平，求安定，求发展，是台湾民意的主流。"这就更加确切、更加实事求是了。台湾同胞之所以有这样的民意，是和台湾的具体历史背景和现实条件分不开的。钱副总理说："我们充分理解他们在特殊的历史背景下形成的复杂心态，充分尊重他们的愿望和要求。"显然，深入了解台湾人民的心态，特别是主流民意，是做好台湾人民工作的重要前提。

　　由于我们没有生活在台湾的实际环境中，我们不可能产生和台湾同胞相同的心态，而有关台湾主流民意的表述也只能是抽象性的、原则性的，不可能指出具体的内容，所以，人们多是从个人的体会去理解他们的心态和主流民意，这就容易出现不同的看法，或以自己之"心"度台湾民众之"腹"，自以为相差不远，实际上却背离现实，出现很大的误差。如果从错误的理解出发，开展对台工作，可能事倍功半，甚至事与愿违，这个问题应当引起重视。

　　为了帮助我们的干部，特别是从事对台工作的干部，确切地了解台湾主流民意，我想根据平时的交往和资料积累，把"求和平，求安定，求发展"三者加以"细化"，使大家比较具体地了解台湾民众的真实思想，深入地了解"主流民意"的真实含义，了解它既有正面的意义，又有负面的意义，既有对我们有利的方面，也有对我们不利的方面，从而才能有针对性地开展工作。应当说明，这里只是罗列台湾方面提出的问题和看法，分析其心态，而应当如何处理还有待研究与解决。

求和平

求和平，就是要两岸和平，最好是永久和平。他们听到我们说"和平与发展是当今世界的两大潮流"，对此十分赞赏，认为两岸应当适应时代的潮流，和平相处，共同发展。求和平的另一面，就是反对战争。他们反对任何战争，认为台湾问题只能用和平方式解决，反对用武力解决。这就是"求和平"的基本含义。由此可见，"求和平"有其正面意义，即要求发展两岸关系，希望不要"台独"，因为"台独"有导致战争的危险。但同时也有负面含义，即对我方提出的"不承诺放弃使用武力"感到十分抵触。

他们的具体看法是：

（一）用武力威胁就谈不上同胞情谊

有人说："任何国家都进行军事演习，这是无可非议的。可是，大陆的演习却对准自己的台湾同胞。"有人说："台湾对大陆最反感的是你们用武力威胁。你们用导弹对准台湾，台湾人时刻受到战争的威胁，好像头顶上挂着一把剑，不知道什么时候会掉下来。你们说是针对'台独'分子的，可是导弹没有长眼睛，不知道谁是'统'谁是'独'，一打起来，大家都完蛋。"有人说："是你们不把台湾人当作自己人。你们没有把台湾人当作同胞看待,对同胞为什么要使用武力威胁?为什么要打导弹?只要导弹没有撤退,我们都不会相信什么'同胞情谊',就不会有'一家人'的感觉,再好听的话也听不进去,更不会要求和你们统一了。"施明德对我们说:"只要导弹还对准台湾,我就不会去大陆,1997 年后的香港,1999 年后的澳门,我都不去。"10 月 10 日,陈水扁说"反导弹,求和平"是台湾的民意,就是利用导弹的存在来挑拨台湾民众对我方的不满。

(二) 大陆用武力威胁迫使台湾求助于美国

有人说:"你们对台湾使用武力威胁,美国则军援台湾;你们要吞并台湾,美国与台湾和平相处;看到对岸布置导弹,我们怎么办?等着挨打?当然要买武器,当然只好抱美国的大腿,是你们把台湾推向美国的怀抱。"林浊水对我们说:"中共打飞弹,美国出动航空母舰。中共像北风,刮得让我们发抖,美国像阳光,给我们温暖。中共的统战难道不应当反思吗?"有人说:"台湾要花很多钱买武器,都是中共害的。你们如果不把飞弹对准台湾,我们就不必花那么多钱。"

(三) 武力威胁只能导致台湾民众对大陆的不满

有人说:"统一不能靠硬的、靠威胁,应当靠软的、靠争取民心。武力威胁使台湾民众离心离德,更不想统一。"有人写道:"用战争来恐吓台独势力(实际上的受众是老百姓)的行动本身,就将自己推向了 2300 万同胞的对立面。这绝对是不明智的。这等于是间接地给予台独分子以道义上的援助。"有人说:"台湾人不是'吓大'的(即不怕威胁)。台湾人吃软不吃硬。"有人说:"飞弹演习对台湾没有恐吓作用，大家认为大陆不会打。甚至认为大陆是纸老虎。""台独"可以利用来说明大陆视台湾民众为敌，煽动对大陆的不满。一个中学生写道："假使我们最不希望的事情发生了——战争爆发，那我们会义无反顾，奋战到底。"他表示："我的意思也代表了大部分年青人。"著名的统派人士王晓波教授表示，如果两岸打仗，他只能拿起枪来和我们作战，因为他要"保家卫国"。另一位统派人士陈癸淼写道：大陆"威加于台湾，而恩不及台民"，"大陆与其逼迫（台湾）政府就范，不如收揽民心"。

求安定

求安定，就是要求台湾社会安定，两岸关系平稳，不要两岸关系紧张所导致的不安全感和不安定感，不要出现重大的社会变革，甚至"改朝换代"、改变国体，更不要发生战争。这一方面有利于两岸关系的改善和发展，不要发生"台独"之类的大变革；另一方面则不利于统一，因为统一也是一种大变革，他们一时还接受不了。换言之，求安定，就是要维持现状，维持"不统不独"的局面。

他们的具体看法是：

（一）要维持现状，既不要独立，也不要统一，或不要马上统一

每次民意调查都说明要求维持现状的占大多数，他们所理解的现状是"不统不独"，即暂时保持中国未统一、台湾又未独立成另一个国家的现状。大家相安无事，和平共处，经过自然的发展，将来如果大家认为统一好，就统一，认为独立好，就独立。统"独"留待后人

去解决，现在不急。有人问：为什么要统一？难道只是因为台湾属于中国就一定要很快就统一吗？"统一只是为了满足中共一统天下的欲望，对台湾没有任何好处，中共无所失，而得到台湾，台湾无所得，却失去当家作主的权利，失去作为主权国家的地位。"有人劝大陆："少掉一个台湾，对你们无足轻重，中国还是世界大国，何必急于统一？"有人说，台湾生活过得好，政治民主，不想改变现状，要改变一定要比现在更好。所以，要等到大陆经济发展和台湾差不多的时候才统一，要等到大陆民主化以后才统一。现在各自努力发展，互相竞赛，将来再谈统一。

（二）维持现状就是要维持台湾（或"中华民国"）作为"主权独立国家"的地位

台湾多数人认为"中华民国是主权独立国家"，有人则说，"台湾是主权独立国家"。他们认为台湾与大陆应当是"对等"的，大陆不应当高踞于台湾之上。他们都不承认台湾是中华人民共和国的一部分。有人说："我用的是'中华民国'的护照，'中华民国'的身份证，'中华民国'的驾驶执照，'中华民国'的货币，你说我的国籍是什么？"他又说："如果我说国籍是'中华民国'，你会说我搞'两个中国'；如果我说国籍是台湾，你会说我搞'台独'。我应当如何是好？"陈水扁说"台湾是一个主权独立的国家，依目前宪法称为中华民国"，连在野党也不敢反对，他们只能批评陈水扁借"中华民国"之壳行"台独"之实，而几乎没有人敢说"中华民国"不是一个主权独立国家。他们不能接受"从1949年中华人民共和国成立以后，'中华民国'就不存在"的说法。他们认为如果1949年以后"中华民国"

已经不存在，那么几十年来统治台湾的就是"非中国政府"，这就等于否定了台湾是中国的领土。总之，在台湾的"政治定位"和"国家认同"方面，与我们存在极大的分歧。

（三）改变现状要经过台湾人民同意

台湾各个政党都认为"台湾的前途须经 2300 万台湾人民来决定"，在这一点上是没有分歧的。民进党的"台湾前途决议文"，修改了"台独党纲"的说法，"台独党纲"主张"台湾独立"，要建立"台湾共和国"，"决议文"则说台湾已经"独立"，它的名字叫"中华民国"。所以，如果要"台独"就不必公民投票了，而要统一则需要公民投票，并把它说成是人民的民主权利。这一招，有相当大的欺骗性。一般台湾民众并不知道"公民投票"的适用范围，但很多人却认为，"台湾的前途当然应当由住在台湾的 2300 万人来决定，而不应当由不住在台湾的 13 亿人去决定。"

求发展

求发展有两个方面，一是对内，即经济上的发展，一是对外，即国际上的发展。经济上的发展没有大陆不行，这一点他们是很清楚的。国际上的发展，他们认为最大的障碍是大陆，因为大陆"打压"它们，使台湾没有"国际发展空间"。

他们的具体看法是：

（一）大陆用政治干扰经济

为了求发展，他们愿意到大陆来做生意，要求开放大陆同胞前往台湾旅游，希望借助大陆的力量，给台湾经济注入新的动力，因而迫切要求"三通"，去除发展的障碍。在这个方面，台湾民众成为配合大陆对台湾当局施加压力的助力。但是，他们要求大陆无条件地"三通"，即不必强调一个中国原则。他们认为大陆要台湾承认两岸"三通"是一个国家内部事务，是用"三通"逼迫台湾当局，用政治干扰经济，所以大陆才是"三通"的主要障碍。他们认为大陆不愿意"三通"是不愿意让陈水扁"得分"，可是，不能"三通"却使台湾民众深受其害，以致台湾经济越来越差，认为这是大陆"见死不救""不关心台湾人民死活"的表现。有人责问：如果大陆真关心两岸人民福祉，何必这么"顾面子"？为什么不能灵活一点、"大量"一点呢？

（二）在国际上，大陆处处打压台湾

有人说：你们说"大陆和台湾同属一个中国"，说明大陆和台湾都是中国的一部分，为什么在国际上台湾的地位要比大陆低一等呢？为什么不能共享一个中国的尊严呢？台湾的"建交国"只剩下 20 几个"小朋友"了，你们还要"挤压"，太不讲情谊了。在国际场合，你们不给台湾一丝一毫的尊重，这是台湾民众最在意的，最反感的。你们不尊重，台湾只好自己尊重自己，自谋出路，不怕你打压。打压是伤感情的事，在联合国，在 APEC，你们表面上很成功，很神气，处处胜过台湾，台湾节节败退，实际上却丧失了民心，使台湾民众同你们越走越远。你们有没有想过：能不能少做或不做伤害台湾民众感情的傻事？

正确的认识需要理论指导

以上列举的事实可以说明，台湾的主流民意对我们来说，负面意义超过正面意义，即台湾主流民意从总体上说，并不对我们有利。可是，我们有些同志却经常用台湾主流民意作为批判台湾当局的武器，指责他们违背了主流民意，而且似乎认为台湾主流民意站在我们一边、对我们有利，或我们才是台湾主流民意的代表者、维护者。这是一个很大的误解，在理论上则是错误的。

试问，在台湾当局统治下的台湾主流民意怎么可能不与台湾当局一样或接近，反而会和我们接近呢？如果台湾主流民意已经和我们相同或相似，那么，两岸统一不是指日可待了吗？事实恰恰相反，台湾主流民意往往与我们的观点相反，而与台湾当局的观点相近或相同。

拿一个最严重的事例来说，陈水扁说："一边一国是台湾主流民意，已经得到三分之二民众支持。"我们的媒体在报道时，用的是：陈水扁"公然称"或"甚至说"，显然用的是贬义词，意思和"胡说"差不多。总之，认为它不可能是主流民意。那么，台湾主流民意是否反对"一边一国"的说法呢？没有任何资料可以说明这一点。我们如果设想，提出这样的问题进行民意测验："你是否反对'台湾是一个主权独立的国家'或'中华民国是一个主权独立的国家'？"我敢保证，反对者是微乎其微的。这说明台湾主流民意认为台湾这块土地，不管它叫什么，"应当是一个国家"，他们几乎"没有人认为不是国家的"。这说明台湾主流民意在"国家认同"上和我们有根本的区别。如果认为台湾主流民意在这个问题上的认识会和我们相同，那完全是主观臆断，一厢情愿。

为什么会出现这种情况呢？马克思主义理论早已回答了这个问题。

马克思和恩格斯在《德意志意识形态》一书中写道："统治阶级的思想在每一时代都是占统治地位的思想。这就是说，一个阶级是社会上占统治地位的物质力量，同时也是社会上占统治地位的精神力量。"又说："支配着物质生产资料的阶级，同时也支配精神生产的资料，因此，那些没有精神生产资料的人的思想，一般地是受统治阶级支配的。"历史已经证明，在一切社会经济形态中，占统治地位的政治思想和法律思想，只能是统治阶级的思想。在经济上和政治上居于统治地位的阶级，在思想上、精神上也必然居于统治地位。

这个原理对于研究当代台湾同样是适用的。当前在台湾占统治地位的思想，显然不可能和我们相同或相似，而和曾经统治台湾几十年的国民党当局的思想有关，但已有区别。民进党执政不久，它的思想要成为主流思想，还需要经历相当的过程，但经过李登辉加上陈水扁近15年的经营，他们作为台湾的统治者，对台湾主流民意的影响绝对不能低估。尽管它的思想现在还没有成为占统治地位的思想，但台湾广大"没有精神生产资料的人的思想"，却不能不受到其不同程度的影响和支配。当然，这并不是说台湾民意已经与民进党完全一致。

所以，如果不用"社会存在决定社会意识"和"社会意识具有相对独立性"的原理，就无法正确理解台湾主流民意的基本属性，也无法理解它的多样性和复杂性。

最后，我想把台湾主流民意的核心"简化"为一句话："中华民国是主权独立的国家。"不管哪个政党、不管哪一个人都不敢公开反对这句话，包括多数"统派"人士在内。

总之，台湾主流民意中有可以为我所用的部分（例如不敢"台独"、主张"三通"等等），但总体上则是有利于台湾当局的，不认识这一点，就可能导致工作的失误。我们说寄希望于台湾人民，"寄希望"本来就含有未来的意思，而不是现在，不等于可以寄希望于现在的台湾主流民意，而是要通过艰苦的工作，逐步创造有利的条件，使得未来台湾主流民意能够逐渐认同和接受我们的主要政治主张。现在，如果我们过多地利用当前的台湾主流民意来立论或进行论证，那么，可能被驳倒的不是对方，而是自己。

（2002 年 9 月 16 日初稿，2002 年 10 月 15 日修改）

台湾人士看台湾民主

对于台湾民主，人们有不同的看法。

有些人认为台湾实行的是民主制度。一般台湾民众最得意的是"民主选举"和"言论自由"，他们经常夸耀说："我们可以选总统，你们连乡长都不能选。我们可以骂总统，你们呢？"

大陆也有不少人羡慕台湾的民主，"什么话都可以说，什么人都可以骂"。在电视上看到台湾"总统选举"的场面，十分兴奋，看到红衫军"倒扁"的阵势、陈水扁被囚禁，更是赞赏不已。

马英九声称，台湾已经获得"亚洲和世界民主的灯塔"的赞誉。不少人接受了这一观点。

但是，也有些人认为台湾的民主乱糟糟，"立法院"打架，"总统"敛财，陈水扁贪污那么严重，却无法把他拉下台。什么两颗子弹、百万红衫军、马英九受审、陈水扁被抓，简直是一幕幕电视连续剧。政党恶斗，族群撕裂，乱象丛生，弊案连连，经济停滞，生活滑坡，正气不彰，邪气横行，社会动荡，民怨沸腾。这算什么民主？

他们引用新加坡政府资政李光耀的话说：台湾所展示的民主化，不是一个良好的范例。美国人过去赞扬台湾民主化取得进展，但他们现在看到它处于很尴尬的局面，这也证明美国人过去的观点是错误的。还有人引用美国前在台协会处长包道格的话说：台湾是"乱哄哄的民主"。

台湾民主究竟是怎么回事？是好是坏？是灯塔，还是乱象？"外行看热闹，内行看门道。"应当说，多数人是外行的，各有自己的好恶和评价标准，以致公说公有理，婆说婆有理，谁也说服不了谁。还是听听内行人怎么说吧。

所谓"内行"，我想要有两个条件，一是了解台湾的真相，二是了解民主的真谛。只了解台湾的情况，不了解民主的含义，就没有衡量的标准；只了解民主的理论，而不了解台湾的真实，就不知道民主制度在台湾究竟是怎么实践的，有没有变样甚至背离，也就无法得出正确的判断。

本文试图选取几个侧面，整理和介绍一些内行的看法，希望有助于在"看热闹"的基础上前进一步："看门道"。

应当指出"内行"们的看法也不是一致的，这涉及各自的政治立场，对民主的认知，对台湾现实的情感等等，因此，究竟孰是孰非，还要靠各人自己去判断。

程序民主

民主的重要特征就是按程序办事。程序化是民主的一个重要原则。程序化是民主的制度化、法律化。台湾在选举程序、立法程序、行政程序、司法程序、监督程序方面都已经有了制度化、法律化的建设。

选举程序已经落实。在选举时，做到"一人一票，票票等值"，少数服从多数，哪怕多了一票，就算赢，没有选上，只能服输，大家没有话说。"总统""立委"以及县市长多少年选一次已经确定。还制定了"选罢法"。所以，有人说，台湾已经做到"投票民主和选举政治"，做到"程序正义的选举"。选举形式已经确立，程序的公平性受到尊重。

立法程序、司法程序、行政程序、监督程序也都制度化了。在这个基础上，台湾做到言论自由、集会结社自由、宗教信仰自由。人们可以抨击当权者，可以曝光种种内幕，开展种种政治辩论。台湾已经改变官本位，人民不怕官员，而政府官员却担心民众的不满。特权受到限制，一般来说，民众不必效忠于任何政党，不必讨好任何人。

民主必须符合程序，必须是多数人意志的表达。不通过民主程序作出决定，而由某个人或某种势力决定，就不是民主。由于台湾有了程序民主，就有了民主的正当性。

但是，有了正当性，不一定会有合理性。是否有民主的合理性，还必须通过民主实践的过程来考察与检验。

民主选举

现在，有许多人将选举制度健全与否作为衡量政权合法性与民主程度的最重要标准。台湾已经有了选举制度，从选举法规、直接选举的范围、选举的方式、秘密投票的范围、候选人产生的方式、候选人的差额、选民登记率、实际参选率等方面的指标来看，似乎都已经上了轨道。不少海外人士都极力称赞台湾通过了民主发展过程中最艰难的"两次政党轮替考验"，确立了人民可以通过民主选举当家做主的体制。

可是，如果只看制度，而不了解选举的实际，就不会发现问题的所在。当然，在选举过程中，有正面的民主的表现，也有负面的不民主的表现，需要作全面的客观的考察。

有一位自称观察台湾民主选举 20 年的人，认为台湾民主选举的规模不逊色于世界上任何民主社会。台湾的变天、政党轮替没有流血，更令他赞叹不已。

而曾经担任台湾"中央选举委员会主任委员"达 10 年之久的黄石城却公开说出"台湾的民主是骗人的"。我对他说：你这个说法确实是石破天惊。

他指出：台湾现在的民主选举根本是不断的黑箱运作，是幌子，说穿了都是骗人的，这算哪门子的"深化民主"？台湾人民不断被蓝绿阵营绑架，蓝营过去执政搞蓝色专制，绿营上台后同样搞绿营专制，被绑架的永远是台湾人民。

他说："民主政治应当是议会政治"，可是议会中的"立委"、议员选举主要靠买票，这是"钱主"而不是民主。钱的来历有问题，主要来自黑金。黑道介入选举，起先是助选，后来自己人出来竞选，选上以后就"漂白"了，可以对自己的帮派带来好处。因此，历次选举选出了有不少具有黑金背景的人。不仅县市议会有，"立法院"也有，而且有时还占有相当大的比重。黑道还操纵选举，用小流氓对付对手，让对手无法选举。还有用"搓圆子汤"的办法，拿钱给对手，或讲条件，给予其他好处，迫使对手自动退出选举。

至于"贿选"问题，在台湾是众所周知的事。黄石城指出：台湾 1000 多万选民中，有 600—700 万人接受贿选。台湾民众把选举看做是"收冬期"，"立委"一票 1000 元，一户 6 人，如果当地有 20 人参选，每户可得 9 万元。没有拿到钱是不会去投票的。所以，没有财力的人，休想得到提名。据说有一位靠"形象"取胜的"立委"，在选举中也花了 2500 万元，传单、宣传、工作人员的"便当"（盒饭）等等都要花钱。有些候选人办了"流水席"，免费提供吃喝，要花多少钱更是无法估算了，难怪有人因为选举而破产。

黄石城说：主导台湾政治的是"桩脚政治"，只要桩脚多、钞票多，就能高票当选。有人说，2004年"立委"选举很"干净"，实际上"形象不佳而光靠贿选高票当选者大有人在"。花了钱选举，选上了就要设法"捞回来"。"立委"是领全薪的，并支应助理及其他费用，理应专任职务，可是据统计，竟有三分之一"立委"兼任176个营利事业职务，以"立委"身份职权谋取庞大的不当利益。正因为如此，在民调中有高达70%左右的民众认为，大多数"立委"只关心自己的利益。

这位内行人告诉大家：选举是否民主，不能只看制度，而要看选举的结果。只要把当选的人逐个加以研究，看看究竟什么人当选，就知道选举是否民主了。"台湾政治由那些贿选而当选的政客主导。""台湾民主选举是反淘汰。""贿选不除，就只能是假民主。"

这是一位对台湾选举最内行的人，对台湾"民主选举"作出的评价，值得大家深思。实际上，选举的可操纵性与选举结果的非理性，是竞争性选举普遍存在的局限性，事实已经证明台湾也无法例外。

言论自由

台湾的言论自由被看做是台湾民主的重要标志之一。电视名嘴，尖锐抨击时政，政论节目，挑动蓝绿对抗，什么话都敢说，什么人都敢骂。人人都有言论自由权。这是民主的表现吗？

一位内行人指出："每个人都认为只要是针对邪恶的威权，乱骂造谣都没关系。这是反抗威权时代所留下的文化，这种文化后来就渗透到政治和媒体里面。""在全世界看不到一个社会的言论、政治、报纸、电视，不客观的报道，不客观的评论，会像台湾那样胡作非为。"台湾社会具有一种"无法无天"的特性。"每个人都有意见，每个人都敢讲，意见不通、很不专业都敢讲，媒体也不负责任。'无法无天'表面上很自由、很多元，但自由、多元是假象，有力量的人才占到便宜。"

还有人指出，台湾执政当局可以通过各种办法控制媒体。在陈水扁当权的时候，新闻局以"强化政策宣导"为名，将近 600 万元的广播电台宣传预算拨给亲绿的电台。政党与政治人物可以用钱购买时段、版面，操纵媒体，为特定的政治目的效力。"媒体不但不监督执政者，反而为他们背书、辩护，被御用，被收买。"

2005 年马英九曾经批评民进党当局的新闻局处罚 TVBS 是"干涉言论自由"。现在蔡英文提出台湾要设"言论自由日"则是对现在执政当局的一种讽刺。最近围绕着"纪念郑南榕"与"郭冠英事件"而引发的争议，也是对台湾"言论自由"的一个检验。

一位过去参加过台湾民主运动的人士指出：现在的政治环境好像比以前宽松，实际上更加狭窄，媒体被垄断，新闻娱乐化，许多知识分子成为风派，忙于追求名利。过去知识分子敢于发出不平之鸣，还有一定的风格与风度，现在有良知的知识分子敢讲真话就会被抹黑。

责任政治

所谓"民主政治是责任政治"，执政者、政务官要负起行政责任、法律责任、道德责任与政治责任。

民进党执政时期最大的问题是"少数政府"。按照民主政治的原则应当是多数党组阁，可是 2000 年民进党依仗战胜国民党的气势，根本不把仍然占据"立法院"多数的国民党放在眼里，开始还让国民党人唐飞担任行政首长，不久就"搬掉石头"，由民进党人全面执政。

这种多数与少数地位的颠倒，可以说是台湾民主的一大特色。

陈水扁"有权无责"是台湾责任政治的另一个特色。执政当局无视责任政治的现象普遍存在。台湾文官制度不健全，无法界定政治责任与行政责任，造成政治纷乱与社会不安。政务官不讲真话，有一位官员因"真话不能说，谎话不敢说"而辞职。有人指出："税金是你收的，钱是你用的，资源是你在分配，责任当然要你负。"可是从民进党执政以来，只会怪罪于在野党，而把自己的责任推脱干净。

另一位批评者指出：统治者对责任政治根本从不介意，亲信出了再大的问题，也强力挽留，不是亲信却因小错而下台。"责任政治"成为"说说罢了"的语言游戏。

对于民进党"少数政府"在执政中出现的问题，人们也曾提出批评，但是，当人们批评民进党执政当局政绩不彰时，民进党却说"国民党有人才不给我们用"；当国民党在"立法院"进行监督权时，民进党却说"国民党输了不甘心"；当人们批评台湾经济恶化时，民进党却说"台商钱进大陆、债留台湾""国共合作打压台湾人"，而作为执政党则似乎什么责任都不必负。

当红衫军发动"倒扁"运动时，台湾有不少人认定陈水扁肯定会被拉下台。一位著名评论家指出：陈水扁如果被拉下台，就可以说明台湾的民主政治不是用选举方式选皇帝，对于无能而贪腐的统治者，人民可以通过各种合宪合法的方式要他下台。当时有一位台湾名嘴来到大陆，预言陈水扁将在八月中秋之前下台，我对他说：按照台湾的"法律"，你们无法拉他下台。事实果然如此，尽管面对巨大的压力，陈水扁还是不必担负任何法律责任、道德责任与政治责任，在他的任期未到之前，台湾人民对他无可奈何。

如果以"责任政治"来检验台湾的民主政治，你将会得出什么样的结论呢？

政党政治

所谓"民主政治是政党政治",政党通过选举获得执政权,也可以通过选举实现"政党轮替"。失败者成为在野党,对执政者实行监督。在这些程序层面,台湾基本上已经做到了。

但是,内行人指出,台湾在政党政治实践过程中存在不少问题。"执政党负有施政得失成败的责任,在野党负监督制衡的责任,这是民主政治的常轨。"可是,台湾执政党与在野党"角色错乱"。在陈水扁统治时期,民进党"执政党不像执政党",国民党"在野党不像在野党"。"国民党还是以执政者的姿态问政,无法扮演在野监督与制衡角色",在"立法院"占多数的情况下,主导权却操在民进党手中。"民进党无治国经验,又缺乏人才",所用的多是"酬庸""金主"及助选有功的人,轮流更换,毫无政绩可言。"朝野对立、政党恶斗、治理不善,乃至于社会分裂等等,让不少人对于台湾民主政治的未来,产生了部分的怀疑与失望。""政党之间缺乏良性竞争与互相信任的基础,更是造成政党政治恶质运作的结局。"

由于政党恶斗,执政党表现得越不好,在野党越高兴,政治人物与蓝绿名嘴互相攻击,制造对立,给民主政治带来极大的伤害,以致许多民众对公共事务"只有党派立场,而无是非辨别"。在"立法院"中,用"呛声文化"取代"异议政治",不需要有价值的论述,不进行有意义的辩论,而以"卖台""不爱台湾"的非理性手段"骂倒"对方,以致族群对立、政治分歧日益极端,形成分裂敌对的"五十对五十的社会",让社会经济付出了沉重的代价。

无论执政党还是在野党,都缺乏党内民主。国民党尚未改变为民主政党，民进党执政以后"民主面貌变得模糊不清"，经常是陈水扁一人专断，不受党内任何制约。

其所以造成这样的局面，有人说是由于"台湾是帮派式的政党"，只顾追求个人利益和帮派利益，只关心选票，而不为全民福祉着想。

决策民主

决策民主是民主政治不可或缺的一个部分。听取多方意见，尊重少数意见，公平处理各方的利益，才能作出正确的决策。对于重大决策的过程，民众有权了解、参与和监督。在民进党执政时期举办过两次"公投"，表面上体现了决策民主，实际上是由统治者发动的民粹政治，企图超越现有体制，即以体制外的手段，达到其政治目的。但两次"公投"都以失败告终。

在李登辉当权时期，没有决策民主。国民党的"中常会"从来就不是决策机构，甚至许多党政高层人士都不能参与决策，其中包括党的副主席、"副总统"、"行政院长"等人。李登辉的重大决策，诸如"直接民选""戒急用忍""冻省"等等，都是由他本人与他的智囊作出的。

陈水扁更是实行"以人领政""以政领党"的"寡头决策"。党主席及高层官员都被排除在外，"行政院长"只能成为"总统"的幕僚长。在谢长廷担任民进党主席时，我对他说：我发现你们的"九人小组"并不是决策机构，因为陈水扁的许多重要决策，你都没有参与。当年民进党内青壮派针对"扁强党强，扁弱党弱"的状况，曾经提出批评："强人的意志展现，使得党内逐渐丧失既有的价值批判力；强人的魅力领导，也逐渐磨灭了党内的政策创造力。"

马英九上台以后，执政团队中有人指出，决策仍然是在"小圈圈里运作"，"运用国民党智库进行体制外决策"，以致某些决策连国民党主席、荣誉主席以及"副总统"等人事先都无从得知。

台湾当局的决策经常缺乏民意基础，也未经充分论证，甚至连高层人士也无法参与，而且往往抛开体制内的决策系统，由"小圈子"决策，甚至不顾反对意见，一意孤行。用决策民主检验，台湾的民主政治也有很大差距。

总体评价

如果把"普选""一人一票""政党轮替"称为民主，那么，台湾基本上做到了。台湾人民也把"总统直选"看作是当家做主的体现，把不流血的"政权转移"看作是民主政治的胜利。有人甚至鼓吹台湾经历了"第二次政党轮替"，已经进入民主的巩固期。台湾民众与以往"一党专制"的威权体制相比，认为台湾民主已经获得巨大的成功。台湾已经走上民主政治的不归路，大多数人都认同现有的民主制度，认同民主的基本价值，认为民主已经"形塑"成为台湾人民的生活方式。

当然，人们也看到台湾民主的不足，看到民主给台湾社会带来的负面影响，体会到民主化多元化让台湾人民付出的代价。

因此，台湾民众一方面认为"民主还是一个最好的制度"，仍然坚持民主信念与民主价值，要沿着民主政治的道路走下去；另一方面则对近年来的民主实践表示不满，根据民调，这项满意度有所下滑。

究竟应当怎样评价台湾的民主呢？以下一些看法可供参考：

"从多党制、三权分立、直接选举、言论自由这些大框架来看，台湾民主已经建立。"

"台湾已经具有西方民主政治的符号与要素。"

"台湾开始具有民主的雏形。"

"其实只能说台湾处于民主发展的初期阶段。"

"台湾做到民主制度转型的第一步骤：抛弃威权体制，直选，政权和平转移；而第二步骤：民主深化与巩固尚未做到。"

"有宪法不等于有宪政，有民主制度不等于有民主的实现。""有一个很好的民主口号，但整个内容一塌糊涂。"

"台湾民主政治所造成的'仇恨政治'，最终会给社会带来很大的苦果。"

"除了程序正义的选举之外，对于实质正义所应该包含的政策质量、社会正义、操守道德、思辨民主等内涵，才是真正决定民主质量更重要的元素。这些实质要素的成熟与进步是没有止境的，需要长期的养分，来成为人们生活方式的一部分，这些是台湾政治下一阶段追求的目标。"

"推动民主过程中不可能每个项目都那么理想，包括选举风气不正、政商挂钩、法令监督不周、司法权威性不够等这些问题都需要检讨和完善。"

"台湾只讲立场不问是非的民主特色有待改善的地方还很多。"

"必须经过更长一点的时间，整个社会的稳定度更稳，政权轮替也没有什么问题，那路就大概走完了。西方已经走完，但它经过很长的时间。台湾还在摸索之中。"

"就民主的文化素养及其本质要求而言，台湾还差得很远，它的民主政治实践告诉世人，台湾现有的是水土不服的民主政治。"

"台湾政治对立严重，民主遭受逆流，根本在于缺乏真正民主。说自己民主，对方不民主。其实多是假民主。"

显然内行人的看法也不一致。

台湾民主已经走过一段艰辛的路程，有收获，也有遗憾。怎样作出正确的评价，关键在于要用什么标准来衡量。应当说，许多人是以西方的标准来衡量一切的，亨廷顿所界定的民主重点在于民主的程序（选举）而不是民主的实质（结果）。因此，局外人多是只看制度，并不关心民主的实践，不关心民主政治给台湾社会带来怎样的影响，造成怎样的后果，也不关心台湾人民的感受与付出的代价。

　　在所谓"第三波民主化浪潮"中，不少东亚国家和地区走上民主政治的道路，同时也出现不少问题。一位西方学者在《东亚民主政体的进步与局限》一文中指出：东亚地区民主有了进步，但也出现困境，有的甚至会"停滞在政治上的完全竞争根本无由实现的阶段"，因而他认为"东亚的民主巩固仍可能包含着独特或前所未有的特色"。

　　这就意味着不能简单地套用西方的民主模式，还要寻找民主化的本地特色或东方模式。因此，在研究台湾民主政治时，不仅要了解它的真实情况、发展水平，还要总结几十年来台湾民主实践的经验教训，探讨怎样才能发扬民主政治的优点，克服其缺点，创造出适用于当地的制度、法律与游戏规则，促进民主的深化与巩固，才能让民主政治真正造福于台湾人民。

　　在陈水扁当权时期，一位早年从事台湾民主运动、年逾古稀的民进党大佬对我说："现在台湾的民主让我失望，与我们当年的理想距离太远。"我说，我可以理解你的政治心理。理想总是完美的，而社会实践则是多样的，出现问题乃至曲折、反复也是正常的，不可能一走上民主政治就能一帆风顺。台湾摆脱威权统治才20年，而民主政治的巩固需要经过几代人的努力。提升公民意识，建设公民社会，还有很长的路要走。他说，对于我这种"同情的理解"，他感到欣慰。

（2009 年）

民意与群体认同

台湾社会的历史记忆与群体认同

一、历史记忆与群体认同

历史记忆对群体认同的影响，在今日台湾已经得到充分的验证。近十几年来，在李登辉、陈水扁执政下，台湾当局推行"去中国化"的"台湾民族主义"教育，制造新的历史记忆，在建构台湾所谓"国族认同"上发挥了相当大的作用，不能不引起人们的重视。

所谓历史记忆是集体记忆的一种，它是一个社会群体的集体记忆中以这个群体所认定的"历史"而在群体成员中普遍流传的对往事的记忆。[1]

所谓群体认同是指个人与群体的关系，也就是身份认同，回答"我是谁""我属于哪个群体"的问题。群体包括血缘关系的家庭、家族、宗族、民族、种族；地缘关系的村、乡、县、市以及亚洲、东方等；法律关系的如国家、国际组织等。个人通过群体认同，把自己定位在某一群体之中，并产生"归属感"，视这个群体为"自我"，而视群体之外为"他者"。

历史记忆与群体认同有密切关系，集体记忆是集体认同的前提，历史记忆也就成为群体认同的前提之一。

根据哈布瓦赫（Maurice Halbwachs）、格雷塞（Alfred Grosser）以及亨廷顿（Samuel Huntington）等人的相关研究，[2] 笔者认为有关历史记忆及其与群体认同之间的关系，有以下几个要点值得重视：

　　第一，历史记忆不等于历史事实。历史记忆是一种社会性的建构，是由社会群体共同建构出来的。《论集体记忆》一书的作者哈布瓦赫指出："集体记忆不是一个既定的概念，而是一种社会建构的过程"，"尽管我们确信自己的记忆是精确无误的，但社会却不时地要求人们不能只在思想中再现以前的事件，而要润饰它们、削减它们或完善它们，乃至赋予它们一种现实所不曾拥有的魅力"。[3]

　　第二，每一个社会群体都有其集体记忆，社会群体依靠这种集体记忆得到凝聚和延续。哈布瓦赫指出："只要在构成社会的个体与群体之间保持观点上充分的统一性，社会就可生存。"[4] 此外，"疆域"、"边界"对于身份认同也起了重要作用。《身份认同的困境》一书的作者格罗塞指出："疆域、边界的界定往往能够产生身份认同。获得共同治理、接受共同教育、参与或应对相同的权力中心，单单这一事实便超越了共同归属的表象，产生并强化着一种共同身份的情感。"[5]

　　第三，集体记忆的一个重要功能就是重构过去，满足当今的精神需要。在建构历史记忆时，群体往往有意强化某些记忆，或淡化某些记忆，以致"歪曲了过去"，这意味着在建构"历史的记忆"的同时，也制造了"历史的失忆"。哈布瓦赫指出，各个群体往往不断地"重构其过去"，"在重构过去的行动中，这些群体往往同时也将过去歪曲了"。他又说："社会往往要消除可能导致个体彼此分离、群体互相疏远的记忆。"这是社会需要重整记忆的原因。那些有负面影响的、令人难堪的、需要强迫自己遗忘的历史，都不应当成为这个群体的历史记忆。换句话说，群体建构历史记忆往往立足于当下，群体会"根据他们的信仰和愿望对这些事件进行重构"。[6]

第四，一个群体的历史记忆要通过"书写记录"、照片、纪念活动、法定节日等手段得到存续。格罗塞也说："集体记忆通过家庭、阶层、学校和媒体来传承。"但是，集体记忆也往往被媒体所歪曲，媒体"经常扭曲过去和现在的事实，其目的在于加强读者、听众和观众的归属感"。[7]

第五，身份认同是可以改变的。格罗塞指出："随着时光流逝，所有的身份都可以改变，特别是当身份是集体性的时候，特别是当身份是根据由类别和群体来界定的时候。"[8]

第六，认同（identity）的意思是"一个人或一个群体的自我认识，它是自我意识的产物——我或我们有什么特别的素质而使得我不同于你，或我们不同于他们"[9]，而国家认同是高层次的群体认同，它不同于一般的血缘、地缘关系的认同，而是人们对自己的国家成员的政治身份的承认与接受而产生的归属感。

以上几个要点对于研究台湾的历史记忆与群体认同具有重要的参考价值。

二、台湾社会的历史记忆

（一）已经存在的历史记忆

各个时代会有不同的历史记忆，但有些历史记忆是长期形成的，成为社会公认的历史记忆。在台湾，至少有以下一些基于历史事实的历史记忆一直延续至今，谁也无法否定：台湾人的祖先主要来自福建、广东；历史上开发台湾的主要力量是从福建、广东来的移民，即使在荷据时代，也不例外；荷兰殖民者曾经占领台湾 38 年，当时台湾成为转口贸易的中心；明郑在台湾统治 22 年，设立了府县行政机构，传播了中华文化；清政府统治台湾 212 年，起初设立台湾府，隶属于福建省，后来设立台湾省，与福建分治；日本在台湾实行殖民统治 50 年；1945 年日本投降，台湾归还中国。

1949 年以后，国民党政权在台湾进行的历史教育，以中国历史为中心，台湾史只是作为地方史，受到"忽视"和"鄙视"。有人指出："在戒严体制下，反共与中国教育笼罩一切，台湾史被视为旁流、支流，甚至认为台湾史的了解会激发本土认同，造成分离思想；或认为台湾史时间太短，比不上中国史的源远流长，不值得研究。因执政当局忽视、鄙视台湾史，使得教科书撰写时，台湾史被忽略，制订文化政策时，总是好高骛远，忽略台湾土地的声音。想象中国，忘却台湾，是昔日常态，因此台湾史研究者受到排斥也就习以为常。"[10] 当时所留下的历史记忆，主要是强调"台湾历史与中国历史的关联"，强调"中华民国"的正统地位，强调"中国史是正统，台湾史是边缘"，国民党统治时期所建构的就是这样一种历史记忆。[11]

（二）正在建构的历史记忆和正在制造的历史失忆

但是，自从 1971 年中华人民共和国政府成为全中国唯一合法的政府进入联合国，特别是 1979 年中美建交之后，国际公认的中国是中华人民共和国，而不是"中华民国"，于是台湾民众对国民党政权长期进行的所谓"正统"的历史教育产生怀疑，人们要求重新认识台湾与"中国"的关系、重新认识台湾的历史。现实环境的变化，似乎给重构历史记忆创造了机会。在这种情况下，有些人通过"解构"国民党政权所建构的历史记忆，"重构"新的历史记忆。台湾学者王明珂称:"台湾近年来对中国的逐渐失忆,以及重塑本土历史记忆的风气相当明显","历史失忆与重建历史记忆成为台湾人试图脱离中国、建立本土认同的工具"。[12] 为此,有人提出了许多与过去的历史教育完全不同的看法,制造了许多与以往完全不同的历史记忆,大体上可以概括为以下几个方面:

1. "台湾民族论"

他们提出早期居住在台湾的不是汉人,而是来自南岛的少数民族。早期来台的汉人,都是单身男子,他们娶少数民族女子为妻,所以"有唐山公,无唐山妈"。台湾人大多数都有原住民的血统,有人甚至说"85%的台湾人都带有台湾少数民族(或东南亚族群)的基因"[13],与中国人是不同的民族。

2. "海洋文化论"

他们指出,台湾属于"海洋文化",从荷兰统治时期就已经把台湾拖离中国历史轨道,脱离"大陆封建经济圈",提前300年加入海洋文化体系。台湾开辟为通商口岸后,体现海洋风格,再度被纳入世界贸易体系中。台湾是海洋文化,求变求新,大陆是大陆文化,封闭保守。二者是两种完全不同的文化。

3. "台湾民族主义"

先是有人提出,台湾人是大海之子,而不是"炎黄子孙"或"龙的传人"。"台湾民族主义"把国民党政权视为外来政权,是"非台湾人"势力的化身,并把外省人视为阻碍台湾社会本土化的"他者"。后来有人提出,台湾人是"知道的比别人多,活动力比别人强"的新兴民族,并把1945年以后进入台湾的"新住民"也包容在内。20世纪90年代之后,台湾民族主义把外省人纳入"命运共同体",给予"台湾人"的身份,而把中国大陆视为"他者"。

4. "台湾自古不是中国领土"

他们主张荷兰人入台是台湾历史的开端。荷兰占领台湾时，台湾不是中国领土，郑成功赶走荷兰，也是"占领"台湾而不是"收复"台湾。台湾汉人祖先来到台湾是为了"放弃中国"，移民与大陆断绝了关系。有人主张只要祭祀"开台祖"，而不必顾及"唐山祖"。

5. "台湾人一贯受外来统治"

从 17 世纪初前后起，汉人由西方、日本人由东北、荷兰人自南部、西班牙人自北部纷纷进入台湾，全是"入侵者"。从荷兰、明郑、清、日本到国民党都是外来政权。荷兰、日本是外来政权；"郑氏政权也是外来的，郑经自称东宁建国，这是台湾历史上首次出现汉人建立的独立政权，也是一个十足的外来政权"；清朝是外来的满族人当权，在台湾当官的都是大陆人；"国民党政权也是外来的"。台湾人祖祖辈辈都受到外来政权的统治。

6. "台湾依附于中国大陆的年代是对台湾最不利的时期"

日据初，台湾是荒芜之地，是世界上最落后最野蛮的地方。中国是出卖台湾的国家，台湾被祖国出卖。

7. "日本统治有功于台湾"

日本将台湾建设成一个东南亚数一数二的地区。日本在台湾实行地方选举，让台湾人初尝自治之味，台湾生活水准急速提高。日本并没有把台湾归还中国，台湾地位未定。台湾光复使台湾倒退 30—40 年。

8. "'中华民国'政府是外来政权"

"中华民国"是主权独立的国家。台湾是"主权独立的国家"，名字叫"中华民国"。"台湾中国，一边一国"。过去台湾人的"中国认同"是"国民党外来政权强加的，应当改变"。

9. **"中国或中华人民共和国是要'吞并'台湾的敌对国家"**

如此等等，无法一一列举。

这些观点似是而非，有意夸大、歪曲、掩盖、抹杀真实的历史。"他们把承认历史上的两岸关系的人，一律斥之为'大中华观念'，斥之为'民族主义'；在他们眼中，这些全是消极的东西，不仅要在现实生活中把它铲除，而且要把它从历史上连根拔掉。"[14]应当指出，最早提出上述论点的多是一些政客，他们并不懂得台湾历史，而是出于某种政治目的随意"重构过去，满足当今的精神需要"。但是，却有一些历史学者出自同样的政治目的，愿意为这些错误论点"背书"。有人公然提出："借由共同生活经验的集体历史记忆，转化为兼具有认知、情感、意志、行动的台湾意识，作为缔建名实相符台湾国家的支柱"，"重构台湾史观，并非是文字记录的静态改写，而是整个社会心灵的动态改造"。对于这些错误的观点，我们作过一些有针对性的讨论，给予澄清。[15]但这项工作十分艰巨，因此，现在我们把它列为重点课题，从历史学的角度继续进行深入的探讨。

三、历史记忆的建构

上述错误的历史记忆是怎样被建构起来的？

首先，在国民党统治下的历史教育，一方面要"肃清日本统治的遗毒"，建构对中国的国家认同，另一方面则要"阐发三民主义及戡乱建国之意义"，树立国民党的正统地位，灌输"反攻大陆""三民主义统一中国"的思想。台湾方面研究台湾史的学者回顾了台湾史研究的历程，有人指出，"仇日恨匪教育及宣传在老一辈台湾人中影响不大。但是对于受此教育熏陶的战后新一代福佬与客家人，仇日恨匪以及强调中国人认同的教育却产生很大的影响。在强化'中国人认同'的教育政策下，许多本省年轻人也曾认为，与来自中国核心的外省人相较，台湾人是在中国的边缘，台湾本土文化是粗俗的乡俗，台语是不登大雅的乡音"。[16]也有人指出，在国民党"外省人"的统治下，"台湾人丧失自己的历史记忆"。"台湾当然不能是台湾人的台湾，因此台湾人自然不能研究台湾史，因而有当时的学子只知道黄河、长江，从不知台湾有淡水河、浊水溪的怪现象。"很多学生不知道台湾著名的历史人物蒋渭水、杨逵、吴浊流，形成了"中国史是正统，台湾史是边缘""大陆中心—台湾边陲"的观点。[17]

那时民间即使有人研究台湾历史，也多是"由民俗研究台湾史"，或是收集与整理有关台湾史料，或是把台湾史作为中国的地方史进行研究。只有海外出版了史明的《台湾人四百年史》和王育德的《苦闷的台湾》，由于这两本书都是"台独"的观点，在台湾成为禁书。不仅如此，有关"二二八"以及"白色恐怖"的历史，"在官方被视为一种禁忌，连民间也不愿去讨论"。在这种情况下，"台湾史研究风气几乎被压制而不能自由发展"。"1950年代以来台湾历史研究，基本上等于中国史研究，而台湾史只是中国史的一段尾巴。"有人还指出："台湾人读不到有系统的台湾史，也不知道自己有文学、艺术，台湾人甚至被教育去鄙视自己的信仰文化。他们了解中国甚至比中国人还深入，但对台湾却无所知；台湾人丧失其历史记忆，也丧失自我认同。"[18]

应当说，国民党的历史教育取得一定的成效，它为台湾民众建构了"认同中国""国民党正统"等历史记忆，但却是以"反共"与忽视与掩盖台湾历史作为代价，因而也在重构历史记忆的过程中，"歪曲了过去""制造了历史的失忆"。

直到"解严"之后，台湾史的研究才开始兴盛起来。过去把"二二八"说成是暴乱、造反，如今人们十分关心"二二八""白色恐怖"等问题的真相。于是，被国民党当局掩盖起来的历史、被制造的历史失忆，从此走向了它的反面。

有关"二二八事件"的历史在建构新的历史记忆中是一个重要的典型事例。有人写道："我的成长过程中更接受了'白色恐怖'时期那种苍白的反共教育，对于一个外省第二代而言，发现以往的教育认知都是假的。"还有人说："数十年以来，国民政府为了掩饰二二八的罪行，以武力和白色恐怖，封存了台湾人的集体记忆，以大中国认同，取代台湾的认同，压抑台湾的主体意识发展。这是我这一世代的悲哀。令我忧心的是属于我自己的这一世代，现今台湾社会的中壮年，成长于封闭的愚民教育体系，受一言堂的大中国意识形态教育；过去没机会认识台湾，现今也不愿承认台湾的主体性。"[19]当人们发现国民党当局"掩饰真相、扭曲真相、篡改历史、伪造历史"之后，一些政治人物便利用"二二八"作为选举的工具，制造种种夸大的言论，重构历史记忆，把它说是"外省人杀本省人""大陆打压台湾""台湾独立运动的开端"；有的说："二二八大革命是台湾人反对外来中国人统治者的殖民地解放斗争"[20]；有的说：台湾人"因为对历史的认知错误，拥抱外来政权，导致二二八事件被屠杀的命运"[21]。有人甚至捏造"二二八事件"中有几万人被杀的说法，以此煽起省籍族群矛盾，使得国民党无力招架。可以说，国民党当局在建构历史记忆方面受到了一次"惩罚"。当然，"二二八事件"只是一个事例，实际上李登辉、陈水扁执政时期还极力推动"去中国化"，不断地建构错误的"历史记忆"。他们利用媒体以及文学艺术等手段，刻意塑造台湾民众的"历史记忆"，本文仅就涉及历史方面的内容加以评述。

首先是有关历史教科书的编写。王汎森指出："在政治变革中，历史教科书的编纂者通常作些什么？最重要的，便是在叙述的过程中选定叙述主词所代表的人群：'我们'所代表的是哪些人？'你们'是指哪些人？也就是'我群'与'你群'的划分。这项划分带动历史知识全体内容的改变与评价体系之变化。'我群'与'你群'之分，往往便是'烈士'与'叛贼'之分。譬如说，从清代到民国，各种忠臣祠祀的名单的变化，属于'我群'的，入祀昭忠祠；属于'你群'的，则成为敌人。"[22] 在 1997 年编写《认识台湾》教科书时就有人主张"以台湾人的观点写台湾史"，远离"中国的台湾"，中学历史课本把台湾史从中国史中分离出来，许多与大陆有关的历史都被"失忆"了。

《95 年高中历史暂行课纲》则把明朝以后的中国史列为世界史。2007 年有人检查了台湾中小学教科书，发现有几千个用词被修改了，主要是把原来"我国"全部改为"中国"，国画、国剧、古人等等则改为中国水墨画、中国京剧、中国古人，而把原来的"台湾"改为"我国"，把两岸改为"两国"。[23] 这样，通过"去中国化"，以台湾为"我群"，以大陆为"他群"，重构了台湾社会的历史记忆与群体认同。正如一位学者所说的："不同的历史教科书把人们划分成不同的历史世界，而历史知识之不同亦大幅影响了人们的政治认同与政治抉择。"[24]

台湾出版不少有关台湾历史的著作，其中有的就明白地表示是为了"强化台湾的认同，凝聚台湾命运共同体的意识"，建构"台湾国家认同"，"扬弃原有由大中国意识主宰的社会主流论述，建立以台湾为主体的价值观"。

此外，通过"二二八博物馆"、纪念日、举办专题研讨会以及一些"独派"的媒体的宣传，多方配合，建构上述新的历史记忆。现在台湾至少有七座"二二八纪念碑"，通过悲情的历史记忆建构与深化

"台湾主体认同"。[25]1995 年在纪念马关条约签订 100 周年时，台湾官方与民间分别举办了研讨会。张炎宪称，这二者充分显示了"台湾观点和中国观点的差异性"。台湾研究基金会举办的研讨会号称"开启百年反省之契机"，"《自由时报》选在马关条约签订日，邀请海内外学者，以台湾观点论述一百年历史的变迁，且配合媒体，刊登论文，广为传播。这是台湾新闻媒体公开表明台湾观点的创举"。[26]这里所谓"台湾观点"是什么呢？当年与会的还有从美国、日本来的政客与学者，其中有人竟说出"台湾不应属于中国"，有人提出"中国是出卖台湾的国家。中国在任何危急的时候，随时可能再出卖台湾"。[27]有人则明确指出："强调台湾主体是为了突显台湾与中国之别。"[28]这表明他们要建构的是与"中国观点"不同的"台湾观点"的历史记忆。与此同时，他们也制造了对日本殖民统治的历史失忆，不仅不讲日本的侵略，反而对日本殖民者歌功颂德。这表明他们在"重构过去的行动中，把过去的历史歪曲了"。这些历史记忆的建构者正是企图通过制造这样的"台湾观点"建构台湾的群体认同，以便与中国认同区别开来。他们的目的是通过建构新的国家认同的标准，来建构"新国家"。他们公然表示，台湾史研究就是要改变以往以"血缘、种族、文化"为国家认同的标准，而代之以"国民主权、社区意识、命运共同体的现代国家观念"作为国家认同的标准，并体现"建构新国家的时代意义"。[29]

四、新的历史记忆对建构群体认同的影响

在李登辉、陈水扁执政时期，他们制造新的历史记忆，目的就在于建构新的群体认同，即建构台湾的所谓"国族认同"。为此，他们

对国民党统治时期所制造的历史记忆，采取"反其道而行之"的办法，力图达到否定中国认同的目的。首先是强调本土化，极力"去中国化"，企图淡化与割断两岸的历史关系，似乎台湾历史与中国历史没有关系。其次，制造所谓台湾的"特色"，把台湾的历史说成是与中国完全不同，并以这些特色作为"我群"的标准，以便与大陆分别开来。再次，把中国大陆的一切说成是落后的，而台湾则是先进的，制造对中国大陆的鄙视、厌恶甚至仇恨，把"台湾与大陆""台湾与中国"对立起来，最终达到只认同台湾不认同中国的目的。

讲台湾历史，强调本土化，这本来是无可厚非的，但是为了强调本土化，而极力"去中国化"，制造对中国的失忆，就不是正确的态度。刘阿荣在评论这种做法时指出："一方面以全球化或国际化，作为去除传统国家认同与文化认同的外在压力（或称外力诱因），宣称'胸怀世界'的国际视野；另一方面又极力张扬'本土化'作为'在地化'的核心，试图以台湾本土认同作为'爱国'与'不爱国'的判准，更以本土文化认同取代传统文化（中华文化）认同，以建立台湾的主体性、优先性作为内存诱因。"[30]他认为这是"将中华文化的文化认同及中华民国的国家认同，转化成为台湾文化或隐含的'台湾国'的文化认同与国家认同"。[31]王健文也指出："台湾史的'恢复记忆'常尝试通过对中国史的'失忆'而进行。"[32]

"去中国化"必然导致只认同台湾不认同中国。包淳亮指出了这个变化，他说："台湾过去十多年的'国家意识'有了显明的变化，许多人的'国家认同'从'中国'转变成'台湾'；许多人的自我认同也从'中国人'转变成'台湾人'。"[33]张麟征指出这是人为制造出来的，她说："从李登辉到陈水扁，他们是刻意地在去中国化。经过20年的政策推广，所以制造了不只是一代，现在差不多三年就有一代了，不是20年才一代。所以，很多台湾人他们就会觉得，讲我是台湾人，他觉得理所当然。但是他忘掉了，其实每个人的身份都不只是一种身份。"[34] 但有人却对"与中国一刀两断"感到高兴，称"二二八"具有里程碑的意义，因为"几百年来台湾人对中国的情结终于一刀两断，台湾人终于意识到台湾民族和中国民族之不同"。[35]

正因为在近 20 年中制造了新历史记忆，使得青年一代缺乏正确的历史记忆，而只有被建构的历史记忆，因而在群体认同上从"中国认同"转变为"台湾认同"，有人把它视为"国族认同"上的转变。

当然，建构新的历史记忆只是重新建构台湾群体认同的途径之一，在台湾社会"解禁"、政治开放、本土化发展的形势下，从李登辉到陈水扁的执政当局还通过各种文化运动、社会运动、政治运动极力推动"去中国化"的群体认同或"国族认同"。十几年来，台湾的历史教育已经发生了严重的影响，有人指出："两岸异己关系的'台独'史观已经慢慢建立起来"，"在普遍 30 岁以下的学生或社会人士，他们常觉得中国与台湾是互不相属的"，"事实上，改变台湾青少年的历史认同与国族认同，从小学历史教育即已着手，现在已经达到目的了。通过历史教育，让青少年意识到台湾史是我们的历史，中国史是中国人的历史，进一步意识到我们是台湾人，台湾的历史才是我们的历史。在本质上，这已经不是教育改革，而是'国族认同'的改造了"。[36] 应当说，他们的历史教育与政治教育已经取得一定的成果，在分裂主义的道路上走出了严重的一步。

五、重构历史记忆与扩大群体认同

面对台湾历史记忆与群体认同的现状，一些有识之士普遍感到担忧。南方朔指出："台湾现在谈这个（认同）问题，基本上是把台湾认同与中国认同对立起来，如此是违背认同理论的，因为认同的目的是创造团结。"[37] 现在两岸大多数同胞都希望两岸关系能够和平稳定地发展，而台湾现有的历史记忆与群体认同却可能走到相反的方向，这对于两岸关系的发展无疑是不利的，有必要探寻正确的道路。笔者认为重构历史记忆与扩大群体认同应当是有利于两岸人民的一种选择。

（一）现有的历史记忆与群体认同是可以改变的

正如相关理论所指出的，群体往往立足于当下，根据现代的需要与愿望不断地重构历史记忆，而随着历史记忆的改变，群体认同也会改变。

从台湾来看，国民党统治时期根据他们统治的需要建构了历史记忆，但它却是以"正统""反共"，忽视与掩盖台湾历史的手法来建构的，一旦人们发现这些历史记忆是"骗人的"，就会走向它的反面。国民党对"二二八事件"的处理就是一个深刻的教训。正因为这样，台湾社会开始重构历史记忆，有其合理的因素，既要了解台湾历史与大陆历史的关系，了解其共同性，也要了解台湾历史的特殊性，让台湾人民正确地了解台湾的历史，这本来是一种拨乱反正。可惜近十几年来台湾当局走的是与以往国民党统治时期类似的道路，它是以"去中国化"、割断台湾历史与中国历史的关系、歪曲台湾的历史的手法，建构所谓新的历史记忆，从一个极端走向另一个极端。所以一旦人们发现这些历史记忆是歪曲、掩盖真实的历史，而且会导致族群对抗、两岸对立的时候，现有的历史记忆就一定会被改变。因为历史的延续性、历史进程的内在联系是不可割断的，用"去中国化"的办法建构台湾的历史记忆，就必然漏洞百出，无法自圆其说。实际上有些民进党籍的学者也认为"去中国化行之不易""中国与台湾的关系从未中断""中国文化影响难以分割"。[38]《乌合之众》一书的作者勒庞指出:"一切与民族的普遍信念和情感相悖的东西,都没有持久力,逆流不久便又回到了主河道。"[39]看来台湾也无法避免这一趋势。

(二)现有的记忆与群体认同是必然要改变的

集体记忆的一个重要功能就是重构过去,满足当今的精神需要。社会往往要消除可能导致个体彼此分离、群体互相疏远的记忆。台湾现有的历史记忆造成了族群的矛盾,这一点已经引起台湾社会的重视。大家都要求族群融合,那种排斥外省人,挑起族群对抗的历史记忆,已经有所改变,"无论先来后到都是台湾人"的互相包容的风气已经占了上风。但是,由于"去中国化"与对中国大陆的妖魔化,挑起两岸对立的历史记忆仍然存在,这显然不利于两岸人民,也不符合当今世界的潮流。在两岸关系和平发展的形势下,这些看法也必然遭到人们的反对。因此,改变导致两岸对抗的历史记忆,改变被掩盖、歪曲、抹杀与伪造了的历史记忆,恢复有利于两岸人民友好合作的历史记忆,促进两岸团结,必将成为两岸人民的共同意愿和要求。

(三)应当在更大的范围内建构历史记忆与群体认同

台湾现有的历史记忆是局限在台湾,而不与中国大陆相联系,重构历史记忆就应当在更大的"疆域""边界"范围内,即在两岸范围内共同建构。实际上群体认同是多元的,"由台湾的例子来看,台湾人的族群认同,事实上都包括各层次的族群认同体系。比如,一个人可能拥有客家人、台湾人(不同层次的)、中国人等认同,需强调某一种认同是视状况而定的"[40]。

在两岸关系和平发展的进程中，两岸之间的交往必将日益增多，两岸合作必将日益发展，两岸的共同利益必将日益突显，两岸在各个方面的共识与互信必将日益增进，两岸的共性，即两岸之间"同"的因素将会越来越多。认同理论认为，随着行为体之间交往的增多，它们之间会形成共有的行为模式和行为规范，而且会遵循社会规范选择与自己身份相符的方式行动，通过互动建构起"共有知识"，这就有助于促进观念认同和身份认同。因此，在两岸关系和平发展的条件下，扩大两岸的相互认同，不仅拥有坚实的基础，而且必然对双方有利。这样的发展趋势是不可避免的。

有些台湾学者已经看出了这样的前景，他们提出了"双重认同"的主张。台湾一位外省籍的学者指出："台湾民众的自我认同在民主化的过程中确实出现转变；排他性的中国人认同不再具有压倒性的优势，新的台湾人认同出现。然而，新的'台湾心'并不排斥'中国情'。大多数的台湾民众同时拥有'中国人'与'台湾人'的双重认同"，"大多数民众心底的真正认同，并不是台湾民族主义，也不是中国民族主义，而是同时拥有台湾认同与中国认同的'双重民族认同'"。[41] 当然这个论点还需要经过论证。其实陈其南早就已经提出："台湾社会基本上仍然是中国或汉人社会，台湾人不论如何强调其本土意识，在历史文化上仍无法否定此一事实。"[42] 此外，近来周奕成提出"台湾需要新的中华论"，以便明确台湾与"中华民国"的关系，"中华民国"与中国、中华的关系，以及台湾在未来中华的形成中该扮演什么角色。尽管他对"新中华论"的具体内容还没有作进一步的阐述，但可以看出，他已经看到两岸关系是不可分割的，需要有一种"有机的互动连带"。[43] 最近南方朔提出的看法则更加明确，他举出苏格兰的例子。他说，苏格兰人可以说，"我是英国人，我更是苏格兰人，我还是世界人"。于是他主张："台湾要有双认同，我是台湾人，我也是中国人。"[44]

我认为这种"双重认同"的观点是可取的，值得重视，希望随着两岸关系的和平发展，这种看法能够得到更多人的认同。我们期待两岸同胞能够自觉地共同重构新时期的历史记忆，合力建构两岸的群体认同与国家认同，让两岸关系和平发展的过程成为两岸共同重构历史记忆与国家认同的过程。

（2011 年）

注释：

[1] 参阅王明珂：《历史事实、历史记忆与历史心性》，《历史研究》，2001 年第 5 期。

[2] 主要著作有哈布瓦赫：《论集体记忆》，上海：世纪出版集团，2002 年；格雷塞：《身份认同的困境》，北京：社会科学文献出版社，2010 年；亨廷顿：《谁是美国人——美国国民特性面临的挑战》，北京：新华出版社，2010 年。

[3] 哈布瓦赫：《论集体记忆》，上海：世纪出版集团，2002 年，第 91 页。

[4] 同上，第 303 页。

[5] 格雷塞：《身份认同的困境》，北京：社会科学文献出版社，2010 年，第 12 页。

[6] 哈布瓦赫：《论集体记忆》，第 303 页、第 304 页、第 321 页。

[7] 格雷塞：《身份认同的困境》，第 34 页、第 7 页。

[8] 同上，第 10 页。

[9] 亨廷顿：《谁是美国人——美国国民特性面临的挑战》，第 17 页。

[10] 张炎宪：《台湾历史发展的特色》，http://www.twcenter.org.tw/a05/a05_01_05.htm。

[11] 张隆志:《当代台湾史学史论纲》,台湾《台湾史研究》,2009 年 12 月；
陈芳明:《台湾研究与后殖民史观》,台湾《历史月刊》,1996 年 10 月号。

[12] 王明珂:《台湾与中国的历史记忆与失忆》,台湾《历史月刊》,1996 年
10 月号。

[13] 李筱峰专栏:《呼应林著：我们流着不同的血液》,《自由时报》,2010 年
7 月 4 日。

[14] 陈孔立:《台湾历史与两岸关系》,台湾《历史月刊》,1996 年 10 月号。

[15] 参阅陈孔立:《日据时期台湾历史的几个问题》,《海峡评论》,第 89 期；
《台湾历史的失忆》,《海峡评论》,第 95、96、97 期；《台湾"去中国
化"的文化动向》,《台湾研究集刊》,2001 年第 3 期,《海峡评论》,第
128—130 期；陈孔立等:《〈认识台湾〉教科书评析》,北京：九洲图书
出版社,1999 年；《史明台湾史论的虚构》,台北：人间出版社,1994 年。

[16] 王明珂:《过去、集体记忆与族群认同：台湾的族群经验》,见"中研院"
近代史所主编:《认同与国家：近代中西历史的比较》,"中研院"近代史
所,1994 年。

[17] 陈芳明:《台湾研究与后殖民地史观》,台湾《历史月刊》,1996 年 10 月；
李筱峰:《检讨台湾的历史教育》,http://lundian.com/forum/view.shtml？
p=PS200601261602016482&l=fanti。

[18] 参阅许雪姬:《台湾史研究三部曲》,张炎宪:《台湾历史发展的特色》《台
湾通史的著作及其意义》,杜正胜:《台湾的教育改革与台湾的未来》等。

[19] 以上引文见叶春娇:《国族认同的转折》,台北：稻乡出版社,2010 年,
第 102、242 页。

[20] 史明:《台湾人四百年史》,史明授权在台发行,1980 年,第 795 页。

[21] 郑钦仁:《台湾国家论》,台北：前卫出版社,2009 年,第 162 页。

[22] 王汛森:《历史教科书与历史记忆》,《思想》杂志,2008 年第 5 期。

[23]《改掉 5000 用词,教科书全面去中国化》,《中国时报》,2007 年 7 月 21
日。

[24] 王汛森:《历史教科书与历史记忆》,《思想》杂志,2008 年第 5 期。

[25] 参阅张羽:《二十年来台湾民众集体记忆与文化认同研究》,《台湾研究》,2009 年第 4 期。

[26] 张炎宪等编:《台湾近百年史论文集》,吴三连台湾史料基金会,1996 年,序言。

[27]《自由时报》,1995 年 4 月 17 日。

[28] 张炎宪等编:《台湾近百年史论文集》,吴三连台湾史料基金会,1996 年,序言。

[29] 张炎宪等编:《台湾近百年史论文集》,吴三连台湾史料基金会,1996 年,第 296、449 页。

[30] 阿荣:《族群记忆与国家认同》,http://www.face21cn.com/gudai/mingsu/2009_10_19_2239.html。

[31] 刘阿荣:《全球在地化与文化认同——台湾文化认同的转化》,收录于《全球在地文化研究》,桃园:元智大学通识教学部出版,第 123—129 页。

[32] 王健文:《历史记忆叙事与国族认同》,http://www.ls.ndhu.edu.tw/efiles/060526.doc,2006 年 8 月 18 日。

[33] 包淳亮:《台湾的反对运动与"国家"认同转移》,《联合早报》,2001 年 10 月 5 日。

[34] 张麟征:《台湾人的认同问题主要是人为制造》,http://www.sina.com.cn 2009 年 3 月 31 日。

[35] 林宗光:《台湾人之认同问题与二二八》,陈芳明编:《二二八事件学术论文集》,台北:前卫出版社,1995 年。

[36]《台湾历史课纲涉大是大非》,http://www.chinareviewnews.com,2010 年 12 月 26 日。

[37]《历史课纲修订与台湾的国族认同问题》,香港《中国评论》,2010 年 12 月号。

[38] 转引自《你认同杜正胜的"同心圆史观"吗?》,http://blog.udn.com/teddy5422/3338578。

[39] 勒庞:《乌合之众》,北京:中央编译出版社,2005 年,第 123 页。

[40] 王明珂：《过去、集体记忆与族群认同：台湾的族群经验》，见"中研院"近代史所主编：《认同与国家：近代中西历史的比较》，"中研院"近代史所，1994 年。

[41] 沈筱绮：《故土与家园：探索"外省人"国家认同的两个内涵》，见张茂桂：《国家与认同：一些外省人的观点》，群学出版社，2010 年，第 126、128 页。

[42] 陈其南：《台湾史研究的政治意涵》，台湾《历史月刊》，1996 年 10 月号。

[43] 周奕成：《台湾需要新的中华论》，台湾《新新闻》，2010 年 10 月 6 日。

[44]《历史课纲修订与台湾的国族认同问题》，香港《中国评论》，2010 年 12 月号。

台湾民意的三个层次

　　台湾民意对于台湾政局与两岸关系的发展产生的作用日益显现，已经引起人们的广泛注意。究竟什么是台湾民意？本文准备从台湾民意、台湾主流民意与"台湾认同"三个层次加以探讨。

一、台湾民意

　　民意指的是社会公众对公共事务或特定现象的意见或态度。"意见"主要是针对当时的形势作出的反应，而"态度"则是总体的倾向。[1]台湾民意是指在当前台湾社会里大多数人对于当地的政治、经济、社会、民生以及两岸关系等方面的公共事务以及各种现象的意见与态度。

　　从台湾民调的资料来看，他们注意搜集的民意主要有以下几个方面：政治方面——有关选举的民意（包括对候选人的支持度、选民投票行为、投票率、对选举结果的预测、选举与政治民主化等等）、政党偏好、统"独"立场、"国家认同"或族群认同、政局安定、对行政部门的满意度、对县市的满意度；经济方面——景气是否回升、就业机会是否增加、贫富差距是否缩小、对签订 ECFA 的看法等；民生问题——对苏花公路改建的意见、对澎湖博弈的看法、对"消费券"

的看法等，还有生活品质、教育品质、环境品质、司法的公信力、社会公平等；在两岸关系方面则有两岸关系是否好转，发展得太快还是太慢，支持统一、"独立"、维持现状的比例有何变化，认同中国人、台湾人以及既是中国人又是台湾人的比例有何变化等等。此外，从特定的事件了解民意，例如，对开放大陆学历的看法，对开放"陆资"入台的看法，对美国牛肉进口的看法，对陈水扁被判刑的看法等等。

研究台湾民意至少要注意以下几点：

第一，台湾民意包括许多方面，按其重要性来说，是有区别的。笔者认为，人们关心的不是对个别的或一时性事件的民意，而是关系到台湾的前途、两岸关系前途的重大问题上的民意。换句话说，我们更加重视的不是一时的"意见"与"反应"，而是政治"态度"与总体"倾向"。

第二，台湾民意是会改变的。有时多数支持"泛蓝"，有时多数支持"泛绿"；在2008年"第二次政党轮替"之后，"两岸关系和平稳定发展"才有可能成为台湾民意；对于一些人物或事件的态度，可能由于某种原因而发生急剧的变化。这就是所谓"民意如流水"。

第三，台湾民意是多元的、不一致的，各人有各人的偏好。有的狂热，有的保守，有的并不关心，因此，出现相反的意见是难免的，甚至在一家人之间、在夫妻之间都有可能出现相反的意见。有一个典型事例：有人问一位台商要不要回去投票，他说不去。问他为什么，他说，我回去，我太太也要回去。既花钱，又花时间，结果等于零。问他是什么道理，他说：我是蓝的，她是绿的。

因此，究竟哪一种看法代表民意，就需要用科学的方法进行搜集与整理。台湾地方较小，通常用"民调"的方法，因此，在民调中占多数的意见，就被认定为"台湾民意"。至于少数人的意见也不能说不是民意，也不能忽视。当然，对于民调是否可信的问题，历来有不同的看法。不过，你可以对某一次或对某一个团体的民调有怀疑，但对于多次的民调与相对接近的数据，对于多年来连续民调的结果与趋势，则不能轻易地给予否定，关键要看能否给予正确的分析与解读。

二、台湾主流民意

过去有一种常见的说法："求和平，求安定，求发展是台湾的主流民意"。这个说法至少存在两个问题：第一，只讲共性，不讲个性。"求和平，求安定，求发展"是"放之四海而皆准"的说法，可以说是全世界的主流民意，没有一个地方不要和平、安定、发展，台湾也不例外。可见这个说法没有说出台湾的"个性"。第二，对"求和平，求安定，求发展"没有作出全面的解读。实际上它具有两重性：求和平必然反对战争，因而不要"台独"，也不要"飞弹"；求安定就要维持现状，维持"不统不独"，而"台独"与"统一"都是改变现状；求发展，经济上的发展，要求与大陆合作，而在"国际空间"上的发展则认为受到大陆的"打压"。至于有人认为中国大陆代表了台湾主流民意，那更是一厢情愿的错误的说法。[2]

那么，当前台湾的主流民意是什么呢？

我们在媒体上可以看到如下不同的说法，有的是指在某个具体问题上的主流民意，有的则是指在总体发展上的主流民意。

"救经济"是主流民意；"撤飞弹"是主流民意；"民主自由"是主流民意；"两岸和平"是主流民意；"政治安定，经济繁荣，两岸和谐"是主流民意；"台湾主体意识已经成为主流民意的新基调"；"维持现状"才是主流民意；"台湾认同"是主流民意，不论"外省籍"或"本省籍"，大家都是"台湾人"，获得许多人的附和；台湾主流民意已经

"从以前的'捍卫中华民国'转向到支持'本土化'的中华民国政治共同体"，等等。

对主流民意存在完全不同的看法：有人认为台湾主流民意正在"绿化"，"台湾朝野和民意日益排斥统一而倾向于'独立'，已是不争事实"；有的说，"一边一国"是主流民意。相反，有人指出："台湾的主流民意取向出现了对两岸关系有利的变化"，"台湾主流民意不认同'台湾独立'"。

我们来看看一些具有代表性的政治人物的看法。

马英九说：政策很清楚，就是在"宪法"架构之下，追求一个"不统不独不武"的两岸关系，这符合台湾主流民意。

马英九说：目前"两岸统一"条件还未成熟，维持现状是台湾当前的主流民意。

江丙坤说，两岸关系发展仍需经历相当漫长的一条路，而两岸和平是台湾安居乐业的起码条件，也是台湾的民意所向。

张荣恭则说："台湾的主流民意不会接受两岸关系倒退。"

陈水扁曾经说：台湾的主流民意是"守护台湾、对抗中国"。游锡堃则说："中华民国已经破局"，台湾要"独立建国"不是偏激，而是主流民意，哪一党不支持台湾"独立"及台湾"建国"，就选不上"总统"。他认为"台独"已成为台湾的主流民意。

台湾学者吴乃德在分析近期民调时指出，大约53%的民众同意"国民党太过倾向中国政府的立场"；同时，也有50%的民众认为，"民进党过于反对和中国大陆来往"。"在大陆经济诱惑下，台湾民众则普遍担心'统一'变得更容易。"他表示，"台湾主流民意似乎陷在两难困境中：一来拥有独立自主的政治社区意识。同时，却欢迎和中国大陆的经济往来。民众也担心，其结果会限制台湾未来的自由选择"。[3]

在大陆方面，国台办主任王毅指出：支持两岸关系和平发展已成为两岸主流民意。

罗列以上看法，有助于对台湾主流民意作进一步的分析，对当前台湾主流民意可以得出以下几点重要的认识：

第一，两岸关系和平稳定发展已经成为台湾主流民意。

从台湾民意来看，马英九上台以后的民调显示，有一半以上的民众认为两岸关系趋于缓和，认为台湾当局能够维持两岸和平稳定，肯定其在推动两岸关系和平发展上的贡献，有六成以上民众对两岸关系的未来发展持乐观态度。

国民党方面也支持两岸关系的和平发展。马英九多次表示：两岸间逐步走向和平与繁荣的成果来之不易，"我们作为炎黄子孙，必须想尽一切办法来谋求和平，没有和平就没有繁荣"。"两岸关系改善后，希望透过追求和平与繁荣，能用和解来消弭冲突，用协商来代替对抗。台湾人民都希望看到两岸和平，再怎么样也不希望看到战争。""两岸关系要以和平方式解决，台湾要以协商方式取代对抗，这几年有了较大的进展。""两岸可以用和平方式来解决双方争议。这是中华民族的幸运，若能够做到，绝对不会愧对我们的祖先，更不会愧对我们的后代。"

民进党主席蔡英文也多次表示：应以"和平方式"处理两岸之间的问题。民进党"必须和中国大陆维持稳定的关系，不能让它恶化到变成是一种对抗的关系"。"两岸有共同的责任和利益，就是追求和平稳定的关系，掌握繁荣发展的契机。"民进党"一定让两岸关系够稳定，够和平"。尽管只是口头上的表态，但至少可以说明，他们对于这一台湾主流民意没有采取反对的态度。最近民进党的发言人表示：愿意与中国大陆"追求共同利益，亦即和平稳定，繁荣发展"。还应当指出，在民进党执政时期，他们就表示希望两岸关系正常化，"现阶段重点为'和平发展、平等、互利、互信'，进行这项战略目标的指导原则是:'善意和解、积极合作、永久和平'"。[4] 因此，如果他们反对两岸关系和平发展，就是背叛了他们过去与现在对台湾民众所作的承诺。两岸关系已经走上和平发展的道路，不能倒退，倒退就违背了台湾主流民意，也违背了两岸主流民意。

第二，在两岸关系上"维持现状"是台湾主流民意。2011年发表的民调显示，希望维持现状的受访者高达八成。2011年1月《远见》杂志民调显示，主张维持现状达82%;"陆委会"委托政治大学选举研究中心的民调显示主张维持现状的民众达87%。

4月间，马英九指出:维持现状是台湾当前的主流民意。5月间，他又指出，过去20年调查，70%—80%的台湾人支持"维持现状"，不支持以"法理台独"的方式改变现况。民进党主席蔡英文也说，"台湾最大的共识就是维持现状"，尽管不同政党对维持现状的解读有所不同。台湾官员甚至说:"有超过90%的人希望台海维持现状，也就是不统不独不武，这就是台湾最大的共识。"[5]

由此可见，"维持现状"已经成为台湾主流民意，这是事实，谁也无法否认。

于是，可以进一步推论:凡是符合"维持现状"的政治主张，就会得到主流民意的支持。例如，尽管很多人对马英九的"不统不独不武"感到不满，但它就是维持现状，因而符合台湾主流民意。同样，维护两岸关系和平稳定发展，与中国大陆交往，也符合维持现状的主流民意。

其实，维持现状之所以成为主流民意，有的是出于无奈。有几位台湾青年表示，"对未来不确定的情况下，维持现状是比较容易受青睐的选项"，"现在没有办法去想象比较远的情况"，因为将来的前景还"没有进入到他们的生活"。[6]

此外，所谓"现状"，在台湾有种种解读。有的认为现状是"中华民国是主权'独立'的国家"，有的则说："台湾是主权独立的国家，现在的名字是'中华民国'。"民进党表示：大多数台湾人已经接受"中华民国"或"台湾是一个主权国家"，"领土在台澎金马"。于是，有人说，现状是"两岸互不隶属"，甚至有人说，"两国论""一边一国"也符合"现状"。在对"现状"作出这样的认识之后，台湾两个主要政党都说："台湾前途要由2300万台湾人民决定。"他们都把"台湾"与"中国"切割开来。由此可见，"维持现状"是一个十分模糊的概念，已经被作出错误的解读，但它却成为现在台湾的主流民意。

当然，两岸关系不会永久维持现状，它总要朝着更有利于两岸人民的方向发展，这是历史的必然，是不以人们的意志为转移的。

第三，在社会认同上，"台湾认同"已经成为主流民意。

台湾政治大学选举研究中心长期从事民意调查工作，他们积累了20年的民调资料，其中有关"台湾认同"方面有以下的数据可供研究参考：

身份认同（%） 年份	台湾人	中国人	既是台湾人又是中国人
1992	17.6	25.5	46.4
1996	24.1	17.6	49.3
2000	39.2	12.5	39.6
2008	48.4	4.1	43.1
2010	52.4	3.8	40.4
2011	54.2	4.1	39

资料来源：政治大学选举研究中心《重要政治态度分布趋势图》

以上资料表明，十几年来认同"台湾人"的比例一路攀升，而认同"中国人"的比例急剧下降，认同"既是台湾人又是中国人"则始终保持 40% 左右。相近的数据有 TVBS 民调中心 2011 年 2 月的民调资料，认同"台湾人"的占 50%，认同"既是台湾人又是中国人"的占 43%。[7] 人们很难理解马英九上台以后，"台湾认同"却上升为多数。对此，马英九表示"并不意外"。实际上，国民党早就把"以台湾为主，对人民有利"作为重要原则。国民党的发言人还公开提出："国民党一向主张不论是战后移民，或是战前移民、原住民，以及新住民，只要生活在台湾这块土地上的人民，都是命运共同体，本来就是一家人，也都是台湾人，没有我群、他群的分别。"这说明"台湾认同"得到国民党的支持和鼓励。再看民进党，他们高喊"爱台湾""守护台湾"，民进党主席蔡英文强调"我是台湾人"，她说，"任何住在台湾、认同台湾的都是台湾人，大声说出'我是台湾人'，代表认同台湾民主社会与价值"。由此可见，这两个主要政党都在推动"台湾认同"，这对于台湾的社会认同当然起了重要作用。

"台湾认同"与"台湾主体意识"的认同密切相关。经过李登辉、陈水扁执政的 20 年，"台湾主体意识"已经成为台湾主流民意。台湾学者周志杰指出："从李登辉的'独台'，到陈水扁'一边一国论'，甚至到马英九的三不：'不统、不独、不武'，一路下来都在不断强化'主体意识'的认同。"[8] 他认为："从近年来的民调可以看得出来，虽然两岸的经济关系越来越密切，但是台湾民众对于台湾主体性的身份认同却不断强化，认为自己是台湾人而非中国人的比率不断上升。台湾的这种现象是超越党派的。这种现象在未来五至十年内，仍会继续下去，不会因为两岸签署 ECFA 之后双方经济关系的更趋密切而改变。"[9] 民进党人林浊水也认为："两岸彼此往来越密切，台湾的主体性也会越来越清楚。"[10]

在台湾青年人中，"台湾认同"更为明显。据 TVBS 民调中心

2008 年 6 月的调查，在只有"台湾人"与"中国人"二个选项时，20—29 岁青年人认为自己是"台湾人"的占 76%（其他年龄段则为 50%—60%）；在增加"既是台湾人又是中国人"选项时，选择"台湾人"的占 50%，选择"都是"的占 42%。[11] 不少青年人坦言："在台湾内部，台湾主体性发展已确立，许多人都认同'台湾是个国家'，我们与大陆方面交流时，会认为他们就是大陆人。比较之下，更确信自己是台湾人，更觉得两者不一样"，"在台湾年轻世代的心中，'中华民国'已经等同于台湾，换句话说，'中华民国'已经失去'中国'的内涵，我认为今天台湾青年极欲摆脱'中华民国'的'中国'内涵"。"去过大陆的同学愈来愈多，但始终将对岸视为'外国'、甚至是'敌国'。受这些教材影响的学生，有些已经从大学毕业，成为中小学教师，把我们过去受影响的意识形态继续再影响下一代"。他们认为这是由于"李登辉本土化的成功"，它建构台湾是一个主体"我者"，大陆是"他者"，"这样的意识形态几乎就是蓝绿两党的政策逻辑"。[12] 学者王振寰指出：当台湾民众越认识自己，越清楚两岸的差异时，"自然主体意识和自我认同会更强"。[13]

以上是有关重大问题，即台湾前途与两岸关系发展前景方面的台湾主流民意，当然台湾主流民意在经济上、民生上以及其他方面都有所反应，对于此类问题本文暂不讨论。

三、"台湾认同"

"台湾认同"或"台湾人认同"是指多数人认定自己是台湾人，即以台湾人为"我群"与非台湾人区别开来，视台湾人以外的人为"他群"。"台湾认同"之所以能够成为台湾主流民意，绝非偶然，它显然是人为建构的。上文提到"李登辉本土化的成功",也有人认为是从李登辉到陈水扁20年刻意的"去中国化"所造成的,还有人把它延续到马英九上台之后。

在这里,笔者想比较全面地考察一下"台湾认同"形成的内外因素。

(一) 内部因素

"台湾认同"最主要的因素在于台湾社会内部,特别是与"执政党"有重要的关系。

早期国民党当局把自己说成是"正统",而把大陆视为"匪政权",推行反共教育,要台湾民众认同中国,即"中华民国"。1971年中华人民共和国恢复了在联合国的席位,台湾当局失去了"代表中国"的地位。1979年1月1日,中美建交。到了20世纪90年代,国际上绝大多数国家都承认"一个中国"是中华人民共和国,而不可能是"中华民国"。这时台湾民众作为"中国人"在国际上已经"失去他人的认可",于是有人开始把国民党当局视为"外来政权"。在李登辉时期提出所谓"新台湾人",就是要本省人与外省人共同认同"中华民国"的"主权独立国家"地位,认同"中华民国在台湾",不再视台湾为中国的一部分,因而不再认同中国。后来,李登辉终于提出了"两国论"。直至现在,国民党在这个问题上的立场是十分模糊的,以致有的台湾学者还需要专门探讨国民党领导人"不说自己是中国人的原因"。[14]

民进党早就主张:"中国只有一个,由中华人民共和国代表,台湾是一个已经独立的国家。"他们认同台湾,不认同中国。民进党执政时期,极力"去中国化",要"去除大中国意识",建构"台湾主体意识"。2002年陈水扁明确提出"一边一国","中国"与"中国人"已经被他们妖魔化了。实际上他们要认同的是"台湾国",只是无法成为现实。

国民党及民进党在执政时期,都在利用各种方式,特别是他们所操控的媒体,推行政治社会化,制造"历史记忆"与"历史失忆",力图改变台湾民众的群体认同。有关这一问题,笔者已经有专文加以讨论。[15]

总之,"台湾认同"的关键因素在于台湾执政当局,国民党与民进党在他们"执政"时期利用手中的政治权力,推行"两国论"和"一边一国",这是导致台湾社会认同转变的根本原因。

至于台湾民间的因素,当然也十分重要。除了受到政治因素的影响之外,还涉及经济、文化、社会乃至心理等诸多因素,这需要从"社会认同"的视角进行专门的探讨。

(二) 国际因素

除了上述联合国、中美建交等因素之外,由于国际公认中华人民共和国政府代表中国,而"中华民国"则不是主权国家,于是台湾在所谓"国际活动空间"方面的处境,也对"台湾认同"起了刺激作用。例如,1998年美国总统克林顿提出"三不":不支持"台独",不支持"两个中国""一中一台",不支持台湾加入任何必须由主权国家参加的国际组织。台湾要以"中华民国"名义参与国际活动受到很多限制,这也促使台湾民众试图以"台湾人"作为自己的认同,也不再认同中国人了。另一方面,国际上一些国家和人士经常鼓吹"台湾民主,中国专制",美国总统布什说过:"台湾是亚洲与世界民主的灯塔。"美国有人在台湾鼓吹"台湾民主是中国大陆的示范"。这就使得台湾民众以作为"民主国家"的"台湾人"自豪，到今天为止已经有100多个国家或地区给予台湾"免签证"的待遇，这也使得他们更不愿意成为"中国人"了。

（三）大陆因素

如果不说中国大陆的因素，那显然是不全面的。大陆因素经常成为"刺激"台湾人认同的诱因。

过去由于国民党长期进行"反共"教育，使得台湾民众对中国大陆没有好感，中华人民共和国恢复联合国席位，中美建交，在台湾看来都是"中共"勾结外来势力"打压"台湾的表现，这更使得台湾民众对大陆有反感。

现在，根据一份民调，对大陆反感的主要原因有以下几个方面：有77.2%认为是限制台湾参加国际组织，有68.4%认为是大陆不民主，欠缺言论自由，67.6%认为是瞄准台湾的飞弹，53.7%认为是《反分裂国家法》。

两岸交流以来，由于社会制度的不同，引起不少矛盾冲突。例如，1994年的千岛湖事件，李登辉大骂大陆方面是"土匪"；1995—1996年大陆对台湾附近海域发射导弹；2000年台湾"大选"前大陆方面对"台独"的警告，经台湾媒体的炒作，制造"大陆干预台湾选举"的舆论；此外，有些台商来大陆投资，受到贪官污吏敲诈勒索，加上近年来发生的SARS、黑心食品、沙尘暴、毛巾倾销、毒奶粉等等事件，都给台湾民众对"中国"的印象带来负面影响。在上述事件之后，认同"中国人"的比率明显下降。

根本原因在于两岸的社会制度不同，台湾民众很难认同大陆的制度。大陆部署导弹，本来是国防的需要，可是台湾民众却认为是"针对台湾"；台湾要求"国际空间"，但涉及一个中国原则，要由主权国家参加的国际组织台湾不能加入，他们就责怪大陆"打压"。有人指出："当中共在国际上自称为'中国'，则被排挤的'中华民国'政府只好自称为'台湾'了。"这种结构性矛盾的解决，是两岸之间一大难题。

近年来中国大陆的和平崛起，一方面让相当部分的台湾民众心存羡慕，也看好中国经济、政治的发展，但另一方面，有人认为这对台海两岸的政治与军事紧张情势，不但没有舒缓的作用，反而让台湾民众担心由于中国大陆的强大，导致两岸政治上日益紧张、经济依赖加深，产生"政治离心与经济向心"的矛盾，于是"台湾认同"日益巩固，对"中国"仍然心怀恐惧与不信任。此外，大陆采取"惠台政策"，各个省市争相赴台采购，一方面对台湾经济的提升有所帮助，另一方面，部分台湾民众认为大陆抱有"政治目的"，因而感受到"统战"的压力，担心大陆用各种方式"吞并台湾"。

显然，大陆因素对于强化"台湾认同"的影响不可忽视。

以上情况说明，要了解台湾民众的认同形成与发展，不能只看到台湾内部因素，还需要从大陆乃至国际方面考察，才能得到比较全面与深刻的认识。

现在的问题是：第一，有关"台湾认同"的民调是否可靠？第二，如何看待"台湾认同"？

（一）有关"台湾认同"的民调问题

有人认为"台湾认同"是人为建构的，而民调也是被人操控的，因此是不可信的。还有人对台湾的民调提出如下的疑问：生活在台湾的人，认同台湾的比例当然是很高的，这是不足为奇的，否则就不正常。在台湾，认同"中华民国"的人难道不认同中国吗？台湾民调有意把"中国"等同于中华人民共和国，以至担心选择认同"中国人"会变成中华人民共和国公民。有台湾学者指出，其所以如此，是由于"民进党执政8年，刻意将'中国'扭曲等同于'中华人民共和国'"。[16] 可见上述疑问是有道理的，如果台湾的民调能够事先提示或把问题说得明白，这项民调的比率肯定有所不同。

笔者的看法是，台湾有许多民调机构，一般都接受客户提出调查的内容，进行问卷调查，可是有些客户事先带有倾向性，希望得到有利于自己的民调结果，这样的调查其真实性是很成问题的。当然也有比较客观的民调，但由于调查对象不同，提出问题的方式不同，结论也有差异。因此，完全相信民调是不对的。但如果从长期来看，则可以从民调中看出其发展趋势。例如，从上述政治大学选举研究中心1992年以来认同"台湾人""中国人""既是台湾人又是中国人"的数据，可以看出其中的变化与趋势：认同"中国人"的从26%下降到10%以下；认同"台湾人"的从19%上升到40%以上，认同"既是台湾人又是中国人"的大体上保持在40%—50%之间。这说明对台湾的民调不可全信，但也不可完全忽视，通过正确解读，还可以从中得出有用的结论。

（二）如何看待"台湾认同"

显然，"台湾认同"一方面是对"我者"的归属感，另一方面则是对"他者"的区隔，而这"他者"就是"中国"，因为国际上认同的"中国"是中华人民共和国。于是出现两种对立的看法：有人指出"中国人不打中国人"，现在台湾人不承认中国人，似乎已经不属于"不打"的范围了；还有人认为认同台湾人是对中国的背叛，就是"台独"，应当给予严厉的批判；有人则认为认同台湾人只是与认同"中国大陆人"相区别，表明二者有不同的特点，并非与"中国人"处于敌对关系。台湾学者杨开煌提出：在民调中"台湾人"与"中国人"是敌对的关系吗？如果是这样就"很难理解两岸的交流何以能历久不衰，而且反对交流的政党会下台，足证在台湾'台湾人'和'中国人'的认同，不应该只是政治上敌对关系的理解"。此外，认同"台湾人"可以等同于认同"台独"吗？实际上在台湾认同统"独"的都是少数，这说明"在台湾的'台湾人'和'中国人'的认同，可以和政治上的'统''独'偏向有区隔"。[17]

有关"认同"（identity）问题实际上是"身份"问题，即一个个人或一个群体与其他个人或群体相区别的问题，即回答"我是谁"的问题。此外，还有"国家认同"问题，这些都是有争议的、需要专门讨论的问题，不在本文论述的范围之内。这里只讲"台湾人认同"问题。

第一，"台湾人认同"是正常的现象。所谓"台湾人认同"是表明"我与这个群体之间的（归属）关系"。影响认同的因素有：地理因素——大家都住在台湾地区；文化因素——包括语言、文字，大家都受到台湾现有的文化的影响；历史因素——大家都经历过台湾近几十年的历史，有共同的历史记忆；制度因素——大家都生活在台湾现有的政治、经济、社会制度之下，有共同的生活经验。这一切都影响到台湾民众对台湾有"归属感"，也把他们与不是生活在台湾地区的人区别开来。因此，生活在台湾地区的人认同台湾，自认为是"台湾人"，是很正常的。

第二，"台湾人认同"不完全等同于政治态度。自我认同是各人自己的选择，谁也无法干预。在台湾自认为"台湾人"或"中国人"或"既是台湾人又是中国人"是他们自己的选择，都有一定的依据，并不一定与他们的政治态度相关，否则就无法解释为何至今选择"维持现状"的人仍占多数。由于对"中国"的涵义有不同的理解，一部分人不敢或不愿说是"中国人"是可以理解的。当然也有一部分人是要以此表达与"中国人"的对抗。

第三，"认同台湾"与"认同中国"并不一定互相对立。在台湾，认同台湾，建立台湾命运共同体，是正常的。如果生活在台湾地区而不认同台湾，或不能建立起命运共同体，那么，他们有可能认同中国（包括大陆）并与大陆建立命运共同体吗？知名学者南方朔提出，"台湾要有双认同，我是台湾人，我也是中国人"，"这种双重认同不是对立式的认同"。[18] 这是否意味着可以先认同台湾，然后认同中国，这个问题值得研究。

总之，"台湾认同"已经形成，而且已经成为有关台湾前途与两岸关系发展的主流民意，成为两岸关系中的一个关键性问题。杨开煌还进一步提出，"认同问题是两岸的核心问题"[19]，笔者赞成这种看法。

本文的结论是：研究台湾民意的重点在于研究"台湾认同"。这一研究十分重要，它不仅涉及政治学，而且涉及社会心理学等其他学科，是一个需要两岸学界共同研究的两岸关系重大理论课题，而不是提出几个具体"办法"或"对策"就能解决的。

（2011 年）

注释：

[1] 参阅《民意的概念》，http://wenku.baidu.com/view/446cc50dba1aa8114431d9be.htmls；《舆论》，http://baike.baidu.com/view/83472.htm。

[2] 参阅陈孔立：《两岸僵局下的思考》，北京：九州出版社，2006 年，第172—176 页。

[3] 《蓝太倾中，绿太锁国》，《旺报》，http://gb.chinatimes.com/gate/gb/news.chinatimes.../112011042400358.html。

[4] 陈明通：《坚持"主权、民主、和平、对等"四原则的两岸关系》，"陆委会"编印，2008 年 5 月。

[5] 《赖幸媛：我不知道"台湾共识"在讲什么》，http://www.cdnews.com.tw，2011 年 9 月 30 日。

[6] 《台湾的青年政策与两岸青年交流》，香港《中国评论》，2011 年 8 月号，第 77 页。

[7] 《欧胡会后美中台关系民调》，TVBS 民调中心，2011 年 1 月，http://www.tvbs.com.tw/FILE_DB/DL_DB/rickliu/2011。

[8] 周志杰：《民进党接触大陆，国民党怎么办》，http://www.chinareviewnews.com，2010 年 12 月 11 日。

[9] 《两岸十年愿景》，香港《中国评论》，2010 年 12 月号，第 60 页。

[10] 同上。

[11] 《两会复谈前国族认同民调》，TVBS 民调中心，2008 年 6 月，http://www.tvbs.com.tw/FILE_DL_DB/even/200806/even-20080610175239.pdf。

[12] 《台湾青年如何看待两岸关系》，香港《中国评论》，2011 年 6 月号。

[13] 《2010 国情调查》，台湾《天下》杂志，第 437 期，2009 年 12 月。

[14] 石之瑜：《马英九不说自己是中国人的原因》，台湾《联合早报》，2011 年 7 月 22 日。

[15] 陈孔立：《台湾社会的历史记忆与群体认同》，《台湾研究集刊》，2011 年第 5 期。

[16] 刘奕伶：《国人国族认同趋势分析》，台湾《中央日报网路报》，2010 年 1 月 2 日。

[17] 杨开煌：《民调盲点与不当缺省》，台湾《旺报》，2011 年 3 月 18 日。

[18] 《历史课纲修订与台湾的国族认同问题》，香港《中国评论》，2010 年 12 月号。

[19] 《认同与两岸关系》，香港《中国评论》，2008 年 9 月号。

自尊需求与"台湾人认同"

　　有关"台湾人认同"问题，一般多从政治认同的角度来解释，因而有人认为"台湾人认同"与"中国人认同"是政治态度的区别，甚至是"国家认同"的区别，二者是互相对抗的、不可调和的。只有去除"台湾人认同"才能达到"中国人认同"，反之亦然。但是，一些学者已经指出，不能简单地把二者视为敌对关系，否则无法解释为什么两岸交流十分热络、历久不衰，也无法解释在台湾认同统"独"的都只占少数。这说明"台湾人认同"不能等同于政治态度，或不仅仅是政治态度，它还具有更加广泛的内涵。也就是说，不能只从政治认同角度来理解，还应当从更广阔的视角来观察，才能作出正确的解释。

　　所谓"政治认同"是指人们在社会生活中，产生的一种感情和意识上的归属感，从而确定自己的政治身份，例如作为一个政治组织（或政党）的成员，或一个政治过程的参与者、一个政治理念的追随者，来规范自己的政治行为。"国家认同"则是对自己归属于哪个国家的认知。这都是属于政治层面的认同。实际上，除了政治认同之外，还有文化认同、社会认同等等。"社会认同"是对群体行为作出一种新的解释，属于社会心理学的一个领域。它是指个体作为某一特定社会群体的成员，拥有本群体共同的信仰、感情、价值观和行动取向，个体以其群体资格来界定自身，这种自我认知会对其社会行为产生独特的心理影响。这说明"社会认同"的范围比"政治认同"要广泛得多，它不仅仅是政治认同，还包括乡土认同、文化认同、历史认同等方面。个体归属于某个社会群体，在很大程度上是一种心理状态，还需要从信仰、感情、价值观和行动取向等心理因素、从社会认同的视角进行更加深入细致的考察。

社会认同论包括社会认同的动机、基本过程、功能、影响等等诸多方面，本文仅就社会认同动机中的"提升自尊"这一角度，来探讨"台湾人认同"的相关问题。

"台湾人认同"是为了满足自尊的需求

个体的行为取决于动机，而动机则取决于需要。根据马斯洛的理论，需要分为五个层次：生理需要、安全需要、归属与爱的需要、尊重需要、自我实现需要，其中尊重需要与自我实现需要是高级需要。

社会认同理论认为，"个体有一种获得自尊的基本动机"，"人们有对自尊的需求"，社会认同则是"满足自尊的需要"。[1] 这一点，在台湾表现得十分明显，也显得特别需要，特别是在 1971 年台湾当局的代表被驱出联合国和 1979 年中美建交之后，台湾当局与许多人士感受到自己的尊严严重受损，因而迫切要求提升自尊。

蒋介石统治时期被称为"挣扎图存的时代"，早在 1972 年，当他看到尼克松"向大陆示好"时，就发表"尊敬自强、处变不惊"的谈话。也就在同一年，台湾的青少棒球队赢得世界冠军，全岛一直欢呼，大放鞭炮，当时的《中国时报》社论指出：在对外处境多灾多难的今天，我们中华儿女心里总有抬不起头来的悲哀，获得这个冠军"有如长期窒息中呼吸到一点点新鲜空气"。这表明在困境下台湾当局与台湾民众特别需要受到尊重与提升自尊。蒋经国在中美建交的困难处境时，提出要"加倍的提高警觉，坚忍团结，自强奋斗，以开创更光明的前途"。

李登辉上台时的演说，则标榜"中华民国在台湾""已受到国际社会的肯定与尊重"；后来为了显示"自尊"，竟然提出"两国论"；直至最近他还说："国家领导者与国家的最重要关系，就是坚持价值、维护国家尊严。"陈水扁则担心台湾不被尊重，他叫嚷台湾"不能被欺负、被矮化、被边缘化及地方化"，"台湾不是别人的一部分，不是别人的地方政府、别人的一省"，于是他喊出"一边一国"，用这种办法提升自尊。

马英九上台前后都一直强调台湾的"尊严"，他说："台湾要安全，要繁荣，更要尊严"，"台湾人的尊严，一定坚持"，"以行动维护台湾尊严"，"伤害台湾尊严"就会破坏两岸关系，"要让台湾成为国际社会中受人敬重的成员"。

不仅领导人如此，台湾民众也强调要求受到尊重。早期受到的教育使一般台湾民众以"伟大的中国人"为荣。一直到20世纪70年代初期，台湾的知识青年还立志"要向外国人介绍中国"，要由"中国人设计，中国人作曲，中国人编舞，给中国人跳"。[2] 后来，随着形势的变化，特别是"去中国化"的结果，许多人开始"跳脱大中国意识"，选择了"台湾人认同"，这同样是出自自尊的需求。

一些台湾本省籍人士曾经讲述这样的经历：由于早期所受的教育是"本省人没有文化，中国大陆比较有文化"，不准说本地话，不敢说是本省人，否则似乎低人一等，自己是在"不认同台湾的心情下成长的"。后来认识到这是本省人的群体文化价值不受外省人尊重的表现，于是他们有了一个"觉悟"的过程。有人写道："反思自己对这块土地的认识如此有限，甚至因学校厉行'禁说台语'的政策，连母语都没能好好地学，更别说对这块土地的文化和历史的了解。我觉得自己是被愚弄了，在进一步多了解台湾自己有她四百年独特的命运与历史时，我突然醒悟了！我不认这块土地为我的母亲、不认她为我子子孙孙赖以延续的土地，还要认同那一块呢？"[3] 李登辉说："过去，在外来政权的洗脑灌输下，许多台湾人民不由自主地自认是'中国人'。现在，越来越多的人觉悟到，那根本是不符历史与现实的虚构。"[4] 由此可见，这是随着台湾政治地位的变化与政治权力的更迭而出现的一种心理上的需要。

相反，一些外省籍人士则有另外一种经历：他们受到国民党的教育，有强烈的"中国意识"，并且"鄙视台湾人"，后来他们则有了一个"反省"的过程。有人写道："发现以往的教育认知都是假的，发现在自己双脚所踩着的土地上，曾经有这么多对台湾人民的不公不义与压迫时，身为外省第二代的我，几乎是抱着一种赎罪的心，重新去了解台湾。"[5] 这是随着台湾政治的变迁，外省籍人士产生政治上的"失落感"，从而思考群体"归属感"之后的一种心理需要。

当然，并非大家都经历了"觉悟"或"反省"这样的心理过程，但许多人追求"台湾人认同"至少出自以下两个方面共同的"需要"。

一是表达对生活在其上的这片土地的爱，表达自己对台湾有感情，"爱台湾，不会出卖台湾"。这是出于取得台湾这一社会群体的"群体资格"的需要。社会认同论认为："社会认同是行动者对自身特定属性如自身的群体资格积极的认知、评价、情感体验和价值承诺。"[6] 长期居住在台湾的民众，当然会有住民意识，认同在地，这实际上是居民身份或公民身份的认定。而且有人把"台湾人"界定为"居住在台湾，心系台湾、认同台湾、爱台湾的人"，因此，凡是不愿意被认定为"居住在台湾却不爱台湾"的人，就需要认同台湾。由此可见，一般居住在台湾的民众决定认同"台湾人"，是取得"群体资格"的需要、取得融入群体的身份的需要，否则就会被认为是自外于群体，就无法在台湾立足。

作为外省人的代表，蒋经国在1987年表达了对台湾的感情，希望取得"台湾人"的资格，他说："我在台湾住了四十年，也可以算是台湾人了。"而被视为"不是台湾人"的马英九，他之所以说出"我是台湾人"，显然是出自获取"群体资格"的迫切需要。因为有人说他不是台湾人，是"香港脚走香港路"。他表白自己虽然不是在台湾出生，"但是在台湾长大、一岁就来台湾，从小吃台湾米、喝台湾水长大，我将来一定也会死在台湾、葬在台湾，烧成灰都是台湾人，我一定用我的生命来捍卫台湾的安全，但我也要用我的智慧，来开创台湾的未来"。另一位第一代外省籍人士、亲身经历过"二二八事件"的外省籍官员汪彝定在回忆录中也表达他认同台湾的感情："台湾已是我的故乡，我每次出国回来，飞机到了台湾上空就止不住急于返乡的渴望。这片土地，这些人民是我深爱着的。但这里族群分裂，却将像我这样热爱这片土地、这些人民，而且对大陆根本早就无认同感情的'外省人'，置于一种特殊环境下，而这个环境，到我的孙儿女时或许才会消失。"[7] 当然，并非所有的外省人都愿意说出自己是台湾人。

外省二代在认同"台湾人"方面也出现不同的情况，当他们听到"吃台湾米、喝台湾水，却不会说台湾话"的时候，外省人在身份认同上面临了一个考验与选择。有人因产生"原罪感"而认同台湾；有人愿意学台湾话，融入台湾社会；有人则表示"不是我们不认同这个地方，而是他们排斥我们"；还有人则认为既然生活在台湾就应当认同台湾，可以认同"新台湾人"，也可以在"台湾认同"与"中国认同"之间寻找"平衡点"。[8] 外省人第二代之所以认同台湾，还有一个因素是他们在中国大陆失去了归属感。外省人回到大陆探亲的遭遇，给他们带来极大的震撼。有人写道："当大陆的亲人认为你是'台胞''台湾人'时，而在台湾却又认为你是'外省人'，那是对自己先前身份认定的一种震撼与怀疑"，"得以返乡探亲的那一刻，才发现在仅存的亲族眼中，原来自己是台胞、是台湾人，而回到活了四十年的岛上，又动辄被指为'你们外省人'，因此有为小孩说故事习惯的人，迟早会在伊索寓言故事里发现，自己正如那只徘徊于鸟类兽类之间，无可归属的蝙蝠"。[9] 于是，认同台湾，取得群体资格，成为他们无法回避的选择。

二是对台湾给予积极评价，表达个人以台湾为荣的心声，从而提高自我价值和自尊的追求。社会认同"带来了一种相对积极的自我评价，这种评价赋予个体一种心旷神怡之感，同时也提升了自我价值与自尊"[10]。特别是在"自尊"受到威胁的台湾，人们更加感到它的重要性。人们千方百计地寻找台湾的优势，用以显示台湾傲人的成就，从而提升自尊。前些年台湾以经济成就为荣，后来则以民主政治为荣。特别是在 2008 年美国总统布什给马英九当选的贺电中提出"台湾是亚洲和世界民主的灯塔"之后，台湾当局一再强调"值得台湾人引以为傲"。

此外，他们还把"民主自由"的基本精神、"丰富多元的生命力"、地方自治、普及教育、"经济繁荣与民主政治的奇迹"作为"华人社会绝无仅有的成就"，表达对台湾的积极评价。有一份民调表明，让台湾人感到光荣的成就依次是：科学和技术（80.7%）、运动上的表现（80.3%）、历史（76，5%）、文学和艺术上的成就（72.7%）、政治上的自由开放程度（72.6%）、经济成就（70.50）、社会福利制度（67，1%）、民主政治的运作（63.0%）。[11]

可能很多人不理解为什么"运动上的表现"会占据这么高的地位，但它却是台湾人"提升自尊"的重要精神依托。1970 年代台湾在国际上陷于孤立之后，台湾的棒球队却在多项国际比赛中获得冠军，这给困境下的台湾民心士气带来极大的激励，台湾人有了扬眉吐气的感觉，在心理上得到莫大的慰藉。当然也有人把它政治化，陈水扁竟然说棒球是"台湾人民的国魂"，这就成为"政治棒球"了。

总之，从社会认同论的视角，对于"台湾人认同"可以从"满足台湾民众自尊的需求"的这个角度作出另一个层次的解读。

"台湾人"的自尊是通过与"中国人"的社会比较而实现的

社会认同理论认为"群际区分提升自尊"，"个体有一种获得自尊的基本动机，这种动机的满足是通过在群际背景下、在那些内群有积极表现的维度上，将内外群之间的差异最大化而实现的"。[12] 这就是说，要通过与其他群体相比较从而看出本群体的优越性，并且力图突显这些优点，用以提升自尊。

由于李登辉、陈水扁时期极力建构台湾是主体我者，而中国大陆是他者，一位台湾青年指出："这样的意识形态几乎就是蓝绿两党的政策逻辑"。[13] 台湾民众坦承："我们台湾人往往目前看到的他者只有一个，就是中国大陆。"这是因为在台湾民众眼中"中国"已经等同于中华人民共和国。一位台湾学者写道："由于世界各地将中国等同于中华人民共和国，中国人等同于中华人民共和国公民，使得台湾人民为了自身的认同乃至于出国时的便利，必须放弃"中国"与"中国人"认同，这种现实的考量，也不为多数华人社区所认识。"[14] 因此，在台湾，用来进行群体区分的主要对象是中国大陆。台湾民众为了提升自尊便极力通过与中国大陆的比较，从中找出台湾比中国大陆优越之处。

长期以来，台湾的教育对中国大陆"只有几个负面的指标"，甚至把大陆视为"外国"或"敌国"，至今台湾的中学公民课本教导学生："中华人民共和国是专制独裁国家"，而"中华民国台湾则是民主共和国"。通过两岸的"社会比较"，一般民众认为两岸是"两个不一样政治体制的'国家'"；他们强调台湾的民主、自由、人权以及"世代正义""多元文化""多元价值"乃至开放党禁、报禁、选举等等，以此与大陆相区分。

　　不仅在政治层面上，在其他方面也力图显现台湾的优势。民进党执政时期，为了"凝聚全民共识，确立国家形象"，以被称为"台湾之光"的棒球明星王建民担任代言人，发动民众票选台湾的"五大意象"，结果是：布袋戏、玉山、台北 101 大楼、台湾美食和樱花勾吻鱼；民众自选推荐的意象则是 KTV、小绿人和慈济（功德会）。这些"意象"只是停留在具体的实物上，无法显示台湾社会的文明面貌。[15] 最近《联合报》在"为台湾按个赞"栏目中，则提出许多值得台湾骄傲的事项，包括：捷运系统、全民健保、创意设计、精致农业、用心服务、体贴身障、资源回收、环保成就、排队文化、志工奉献、便利超商以及"亲切有礼的公家服务""偶像歌手的创伤魅力""漂洋生根的服务行业""回味无穷的夜市美食"等等，这些内容显然概括得更加贴切，确实可以算是台湾社会的优秀精神财富，"台湾人"当然可以引以为荣。[16]

　　台湾方面经常以自己的优势与大陆相比，例如，绿能、环保、"精神文化"、"生活价值"等等，列举许多大陆的弱点，例如不排队、随地吐痰、不尊重他人、不尊重知识产权、请客铺张浪费、山寨商品、办假证件、官派作风、"关系文化"、只有"标准答案"的教育制度等等，以显示台湾领先于中国大陆。例如，他们说："台湾可以选'总统'，大陆什么时候可以选县长"，"台湾人均 GDP 已经达到一万多美元，比大陆高出太多了"，"台湾已经得到一百多个国家或地区的免签证，大陆却办不到"等等。台湾民众来大陆之后，体会到台湾现有的"自由、秩序、安定"都不是大陆所有的，因而提出："台湾人，珍惜我们所拥有的吧。""台湾人"就是这样通过与大陆的社会比较，"放大内群相对于外群的优越性和有利地位"，"最大化内群的积极特异性"，以此来而提升自尊的。

"台湾人"的自尊带有偏见与刻板印象

社会认同理论认为社会认同过程是群体间偏见发生的基础。个体在进行社会比较时，为了满足自尊的需求，往往把本群体和外群体的区别最大化，力图提升对本群体的积极评价，偏好本群体的特性，最终形成偏见。所谓"偏见"，就是"是一种极端的、僵化的刻板化，它通常伴随着外显的行为歧视"。[17] 所谓"刻板化"，指的是人们用一种简单、固定、笼统的看法，把复杂的环境描绘成一个简明的"图画"，而"图画"的内容就构成了刻板的印象。[18] 具体表现为对于内群体的偏好和对于外群体的偏见。

这就是说，社会认同难免产生极端化的倾向，于是偏见和刻板印象也是难免的，而且这种刻板印象往往是强调本群体的优势与外群体的劣势，"具体地说，如果群体之间有竞争关系，那么一个群体的优势就是另一个群体的劣势，因而，对外群的刻板印象通常是负面的和贬抑性的"。[19] 在"台湾人认同"方面，用以比较的内外群体主要是台湾与中国大陆，因此对于台湾产生偏好，对大陆产生偏见，从而形成对二者的刻板印象。

台湾方面对台湾与大陆都有很多偏见与刻板印象，特别表现在以下几个方面：

第一，强调台湾的民主，认为"台湾是民主的灯塔"，"经过两次政党轮替，台湾民主已经成熟"，"台湾人可以选总统、骂总统，台湾是最民主的"，而不允许他人对台湾的民主提出批评与质疑。相反，大陆则是"专制国家"，是"不会有民主的"，并且进而强调"中国威胁论"。李登辉不仅强调中国大陆对台湾的威胁，而且指出"兼具霸权主义与民族主义的大中华主义，对其他亚洲国家而言，仍然极具威胁性"。[20] 陈水扁也叫嚷：中国大陆通过《反分裂国家法》，"以法律形式公开宣示并授权解放军能够对台发动战争、进行侵略"。[21]

第二，强调台湾经济的繁荣与发展，人均 GDP 居于世界前列，比大陆进步很多，并且参与鼓吹"中国崩溃论"。李登辉曾经为美籍律师章家敦《中国即将崩溃》一书作序，说"中国加入 WTO，许多企业都看好中国市场，许多专家都预期中国即将成为世界最大的经济体。本书作者却独排众议，断言不出十年，中国体制必定全面崩溃"。陈水扁也对章家敦说："在大陆要透过民主程序选出自己的领导人，要等到中国崩溃才有可能。"

第三，强调"台湾或'中华民国'是一个主权国家，"它无法参与以主权国家资格参加的国际组织、不被国际社会承认是一个"主权国家"，都是由于中国大陆的"打压"。

第四，强调台湾食品品质优秀，而大陆却出现"毒奶粉""瘦肉精"等"黑心食品"，因而鼓吹："台湾制造，买的放心，吃的安心"，"台湾食品，品质保证，大陆食品，伤肝败肾"。

类似这样的偏见还有很多，但是这种刻板化、绝对化的印象，往往经不起时间与现实的检验。例如，有的台湾学者已经指出：台湾"民主本身成了破坏社会根本团结意识最恐怖的力量"，[22] "台湾还在民主道路上匍匐行走，在这段路走完之前，一切关于台湾民主'成熟'和'进步'的赞誉,其实都言之过早"。[23]随着两岸关系的改善,两岸和平发展局面的出现,相信"中国威胁论"的人已经逐渐减少。对于中国大陆近年来的经济发展,很多台湾民众能够给予正面的评价与面对,"中国崩溃论"已经销声匿迹。在"国际空间"方面,经过几年的实践,许多人已经能够务实冷静地对待,并且相信国际间的游戏规则不是中国大陆所能"操控"的。至于食品安全问题,显然不能过分绝对化,台湾的"塑化剂事件"发生以后,刻板化的印象就"全部破功"了。[24]

显然,所谓"偏见"与"刻板化印象"都是贬义词,它造成了错误的印象,产生了负面的作用。夸大"我群"的优点与"他群"的弱点都是不符合实际的,它必然造成"内群偏好"与"外群敌意",因而具有破坏性,不利于群际关系的发展。但是,在社会认同过程中,这些"偏见"与"刻板化印象"又是必然发生的,"偏见"与"刻板化印象"对于个体有"认知功能"与"价值功能",它对"我群"与"他群"有明晰的区分,对"我群"有相对积极的评价,从而满足了人们与社会的自尊需求。所以,人们会力图保留这些"偏见"与"刻板化印象",以维持内群的有利地位,并让个体从中受益。社会认同论认为:"既然刻板印象满足了人类和社会的基本功能,它就不能被消除。但是我们可以消除偏见的极端形式所具有的破坏性特征和其他令人反感的特征,其方式是降低群体之间在权力上的差异,减少贬抑刻板印象以及压制行为。"[25]由此可见,偏见与刻板印象是不容易消除的,而降低偏见与刻板化印象所造成的负面后果,则是改善群际关系必须面对的一个重要议题。

结语

从社会认同论途径研究"台湾人认同",可以得出以下几点看法:

第一,"台湾人认同"是为了满足台湾民众提升自尊的需求。特别是在 1971 年台湾当局的代表被驱出联合国和 1979 年中美建交之后,国际社会公认中华人民共和国政府是代表全中国的唯一合法政府,于是台湾当局与许多人士深感自己的尊严严重受损,迫切要求提升自尊。他们认为"中国人"的身份已经为大陆民众所"独占",因此,台湾居民,不论是本省人还是外省人都只能认同台湾,在"台湾人"的群体中找到自己的归属感,并且极力给予台湾积极的评价,从而提升自我价值,满足自尊的需求。

第二,"台湾人"的自尊是通过与"大陆人"("中国人")的社会比较而实现的。以"台湾人"作为"我群",与之相比较的"他群"就是"大陆人"(有的则称为"中国人")。为了提升自尊,台湾方面就要极力寻找出台湾比中国大陆优越之处,突显"我群"的优势,夸大"他群"的劣势。

第三,这样的社会比较,在"台湾人认同"中必然出现"内群偏好"与"外群敌意",出现了一些偏见与刻板化印象,那是社会认同过程必然出现的现象,是不足为奇的,而且这类现象是不容易消除的。

第四,以社会认同论的视角探讨"台湾人认同",可以肯定,在认同过程中提升自尊,对于凝聚社会共识、建构社会认同有其积极意义,但是,社会认同过程又必然会出现"偏见"与"刻板化印象",由此必然会带有某些负面的影响,这一点是不能忽视的。

应当指出，这并不是台湾特有的现象。"提升自尊"与"刻板化印象"就像一对孪生兄弟。中国大陆在形成"我群"认同的过程中，也必然会出现同样的"孪生"现象，也会带有负面的影响。现在，这种情况已经存在，并且已经对两岸关系的和平发展造成一些障碍和不利的影响。这是两岸迟早要面对的一个难题。因此，开展对两岸各自存在的"偏见"与"刻板印象"的研究、共同寻求解决问题的途径，是关系到两岸建构两岸关系和平发展的一个重要课题，理应引起两岸高层与学界的重视。

（2011 年 10 月 4 日）

注释:

[1] 张莹瑞、佐斌:《社会认同理论及其发展》,《心理科学进展》,2006 年 3 期。

[2] 《一同走过从前：携手台湾四十年》,第 52 页,天下杂志,1988 年。

[3] 叶春娇:《国族认同的转折》,第 219 页,稻乡出版社,台北,2010 年。

[4] 李登辉:《超越自我,认同台湾》,2010 年 8 月 24 日,http://www.advo.tw/school/news/2010 暑期青狮营世代对话致词稿。

[5] 同上,第 102 页。

[6] 方文:《学科制度和社会认同》,第 159 页,中国人民大学出版社,2008 年。

[7] 汪彝定:《走过关键年代》,第 73 页,商周文化出版社,1991 年。

[8] 参阅张茂桂主编:《国家与认同：一些外省人的观点》,第 60—68 页,群学出版公司,2010 年。

[9] 同上,第 51 页。

[10] 迈克尔·A·豪格等著,高明华译:《社会认同过程》,第 30 页,中国人民大学出版社,2011 年。

[11] 游盈隆主编：《近 20 年两岸关系和发展与变迁》，第 60 页，海基会出版，2008 年。

[12] 同注 [10]。

[13]《台湾青年如何看待两岸关系》，《中国评论》2011 年 9 月号，第 79 页。

[14] 包淳亮：《台湾的反对运动与"国家"认同转移》，《联合早报》2001 年 5 月 10 日。

[15] 参阅《秀台湾，惜台湾：寻找台湾意象全纪录》，台湾新闻局发行，2006 年。

[16] "为台湾按个赞"栏目，《联合报》2011 年 9 月 5—17 日。

[17] 同注 [10]，第 92 页。

[18] 参阅注 [10]，第 83 页。

[19] 同注 [10]，第 55 页。

[20] 李登辉：《台湾的主张》，第 241 页，远流出版公司，1999 年。

[21] 陈水扁《给台湾一个机会》，《陈水扁九十七年言论选集》，第 46 页，"行政院"新闻局辑印，2008 年。

[22] 杨照：《十年后的台湾》，第 125—126 页。

[23] 南方朔：《民主路上台湾还在匍匐前行》，《联合早报》2008 年 6 月 1 日。

[24]《台湾食品形象破功》，《联合报》2011 年 5 月 30 日。

[25] 同注 [10]，第 113 页。

"台湾人"群体对中国大陆的刻板印象

近年来许多台湾民众形成了"台湾人"的身份认同，他们以"台湾人"为"我群"，而以"大陆人"或"中国人"为"他群"。在这一过程中，对"我群"和"他群"都形成了"刻板印象"。根据社会认同论的理论，"对内群的刻板印象是积极的，而对外群的刻板印象是消极的"，因此，他们对中国大陆的刻板印象多是负面的、消极的、贬抑的，总之，在总体上是不好的。这些刻板印象还是属于"认知偏向"，进而必然带有"偏见"，那就是"反应偏向"，产生了"态度"和"感情"的问题，再进一步发展便会造成"歧视"，那便是"行为偏向"，后果就严重了。两岸之间产生刻板印象对两岸关系的和平发展显然是不利的，对两岸民众的相互交往与和平相处同样是不利的。这是两岸关系和平发展进程中必须十分关注的一个问题。有关"台湾人"群体对中国大陆的刻板印象的形成与表现，笔者在《自尊需求与"台湾人认同"》一文已经进行了探讨，本文在前文的基础上，着重讨论"刻板印象"在政治上的表现及其危害，并且指出"群际接触"对降低刻板印象的作用及其局限。

一、刻板印象的具体表现

所谓"刻板印象",韦伯(A.L.Weber)给予这样的定义:"对某一类别的人们的类化,以使这类人有别于其他群体的人们。刻板印象简化了社会思考,因为它总结了与某一群人的经验与交往。"[1]可见,刻板印象是指对某一类人的简化的看法,以此与其他人相区别,也可以说是一种"定型化"的看法,即对某些人或某些事持有相对固定的看法,不易改变。这种刻板印象在一个群体中往往有其"共享性",即比较普遍地存在于该群体之中。

刻板印象有其正面的作用,即把握某一类人的共同之处,按照已经形成的固定看法给予认定,可以简化认知过程。但也有负面的作用,即只对某一类人作出过度概括,得出普遍性的结论,而忽视个体差异,导致认知上的错误,影响作出正确的判断。

应当指出,台湾民众的看法是多元的,各人有各人的看法,并不完全一致,但这里所说的"台湾人"群体对中国大陆的刻板印象,则是比较普遍存在的。总体的刻板印象:"不好"占多数。根据台湾方面的民意调查,对大陆方面的印象如下:认为大陆方面"有效率""文明进步""友善""经济实力强""务实"的只占少数,总体印象"好"的只占30%左右;而认为大陆方面"专制""霸道""独裁""不民主""贪腐"的占多数,总体印象"不好"的占55%以上。对于大陆民众的印象如下:"和善""亲切""热情""有同胞爱""率直豪爽"的只占少数,总体印象"好"的占40%左右;而认为大陆民众"水准低""霸道""高傲自大""唯利是图""暴发户"的占多数,总体印象"不好"的占45%以上。台湾学者杨开煌认为:"台湾民众对大陆的原始印象都是负面的，这些负面事实，似乎很多来自媒体报道和政府的政治社会化内容在方向上相对一致，因为不论国民党的'反共教育'或目前执政党的'去中国化'教育，都以残暴、不民主、无法治、黑暗大陆来塑造中国。"[2] 当然，这显然涉及两岸不同的社会制度，特别是政治制度，因而出现了不同的价值观，可是由于大陆与台湾不同，台湾民众出自对"内群体"的偏好，一般都认为自己优越而大陆落后。概括起来说，台湾民众一般认为他们是"民主国家"，而大陆是"专制国家"，这种刻板印象是导致偏见与歧视的关键所在。

对大陆在政治上的刻板印象主要表现在以下五个方面：

（一）对两岸政治关系的刻板印象：大陆要"吞并台湾"

台湾民众一般认为台湾（或"中华民国"）是"主权独立的国家"，两岸应当是"平等""对等"的关系，"你是什么，我也是什么"，意即"你是国家，我也是国家"，而大陆则始终坚持一个中国原则，反对"台湾独立""两个中国""一中一台"。因此，凡是涉及两岸政治关系、"中华民国"的场合就显得十分敏感。这时，台湾一贯认为"中共以大欺小""根本没有两党合作之可言"的刻板印象便发生作用，于是责怪大陆"鸭霸"（蛮横无理），"天朝心态"，以大陆为中央，视台湾为边陲，不能平等相待，企图"吞并台湾""统治台湾"，台湾被"矮化、边缘化、地方化"等等，成为两岸关系发展的巨大障碍。

（二）对"国际空间"的刻板印象：大陆"打压台湾"

台湾方面坚持自己是一个"主权国家"，有权参加一切国际组织，而国际社会则认同一个中国原则，不承认台湾（或"中华民国"）是"主权国家"，因而不能参加以主权国家资格参加的国际组织。于是，涉及台湾要用什么名义、能否参加某一国际组织的情况，也成为两岸之间一个十分敏感的问题。对此，过去存在的大陆进入联合国、"挤压台湾"的刻板印象重新抬头，一般台湾民众认为这又是大陆"打压台湾""矮化台湾"的表现，因而对大陆十分反感。

（三）对大陆部署导弹的刻板印象：大陆要"武力犯台"

大陆部署导弹本来是国防的需要，可是，台湾当局却认为"北京部署导弹基本上是和两岸关系的发展冲突的，而台湾民众之所以对北京政府感到反感，对着台湾的导弹是相当重要的原因之一"。许多人认为导弹是"对准台湾人"的，因而感到十分不满。于是中共要"武力犯台"的刻板印象再度呈现，很难改变。

（四）对两岸谈判的刻板印象："决不能与中共谈判"

两岸关系的和平发展当然需要通过双方的谈判取得共识才能实现，现在事务性、经济性的谈判已经进行，并且获得多项成果，但是涉及政治性的谈判却未能进行，其中一个重要原因就在于过去台湾当局"决不能与中共谈判""与共党谈判无异自杀"的刻板印象。现在台湾民众担忧"大陆那么大，台湾这么小，会在谈判中被'吃掉'"。这就使他们很难跨出政治谈判的这一步。民进党人甚至认为一旦商谈"和平协议"，就是"为统一进程确立时间表"。

（五）对不同政治制度的刻板印象："民主制度"
与"专制制度"的差别

几十年来两岸各自走出不一样的道路，在政治制度上的差异更为明显，我们尊重台湾人民政治生活方式的选择，也希望台湾人民尊重我们的选择。可是由于对"我群"的偏好，台湾民众认为自己的政治制度是最好的，相对而言，对大陆（即"他群"）则有偏见，认为大陆的政治制度是不好的。甚至归结为"民主制度"与"专制制度"的差别，认为"中华民国"已经成为一个受国际社会尊敬的民主"国家"，是"民主的灯塔"，而中国大陆"要成为文明先进国家还有很长、很长的一段距离"。两蒋时代形成的"中国可能再统一的条件：只有当共产主义消灭"的刻板印象仍在发生影响。

当然，还有其他的刻板印象，不能一一列举。正因如此，台湾"在处理两岸关系时，只是一味要求对方如何，指责对方如何，似乎两岸关系的改善只能建立在对方自我改正的基础上"。[3] 由此可见，台湾对大陆的刻板印象必然带来不良的影响，造成严重的危害。

二、刻板印象的危害

从社会认知的视角来看，刻板印象来自"范畴化"。"社会范畴化"是社会认同论的基本概念，"范畴化是行动者的基本认知潜能和认知工具，社会世界因此被划分为一定数量且易于处理的范畴，有助于简化世界复杂性和理解世界"。[4] 同时，范畴化把不同的人群划分得界限明晰，"我群"与"他群"泾渭分明。它对某些人群和事物有笼统的、概括的、比较固定的看法，容易导致刻板印象的产生。社会认同论认为"从社会认知的视角来看，社会刻板印象是偏差和错误"。[5] 其主要危害是导致偏见与歧视，"偏见和歧视，来自于过度简化的刻板印象"。[6]

从社会认知角度来说，上述"台湾人"群体对中国大陆的刻板印象就是源于范畴化的认知。当然，刻板印象的形成还与许多客观的现实因素有关，包括台湾内部因素、中国大陆因素、国际因素等等。这个问题另文探讨。以下我们来考察上述刻板印象的错误及其危害。

上述刻板印象的错误是十分明显的，它极端片面地，又完全负面地、消极地、贬抑地、固定不变地看待中国大陆；只要比较了解大陆，能够客观地看待事物，就不会有这样的印象。实际上有许多台湾民众并不持与上述刻板印象相同的观点，否则就不会有"称许大陆人民和善、亲切、吃苦耐劳、能力强、敦厚朴实、积极与热情"、大陆方面"有效率、文明进步、友善、经济实力强、务实"这样的看法，更不会有一位台湾青年的以下看法："两岸同样身为华人，大陆能够成为金砖四国（或加上南非变成五国），而且高经济成长率领先全球，我觉得与有荣焉。我自己非常看好华夏文化融合西方体制思想之后，以新世代创意与模式再壮大，并淡化其中不平等或阶级斗争的色彩；这是我内心的期盼。"[7]

但是，刻板印象毕竟造成了很大的危害，主要是有不少台湾民众对大陆人民怀有敌意和歧视，它表现在以下几个方面：

（一）认为"台湾先进，大陆落后"，只能由台湾批评大陆，不能让大陆批评台湾

"生在'落后地区'的大陆人没有资格评价那些相对'好'一些的地方，相反，台湾人则可以理直气壮的批评大陆，因为他们先进。""当大陆人的看法与台湾人相左的时候，自然而然是大陆人错。"[8] 在日常接触中，大陆人民如果提到台湾的不足之处，台湾民众就会产生反感；大陆人民如果对台湾的领导人有所议论，也会引起台湾民众的不满。他们坦承："我们可以骂（'总统'），你们不可以骂。"

（二）把大陆的任何善意都说成是"统战阴谋"

此类论调俯拾即是，例如：大陆采购台湾水果，对多项台湾农产品进口采取零关税政策，是"老共给糖吃的统战手法"；大陆来台采购，两岸贸易繁荣，会造成对大陆"过度依赖"，掏空台湾，利用台商"以经促统"；签订 ECFA 是"将台湾锁进中国"，"看似对台友好，实是掏空台湾的阴谋"；大陆降低台商子弟学费，台湾学生与大陆学生同等收费，准许台湾高中优秀毕业生申请免试进入重点大学，是"冲击台湾教育体系"，"统战阴谋向教育延伸"；台湾学生、地方"民代"访问大陆，是大陆的统战伎俩、分化策略，"绿营党公职登陆，去的愈来愈多，会中了中共的统战阴谋"；海西开发是"中共统战阴谋"，而"妈祖文化节"则是"宗教统战阴谋"；大陆游客、大陆官员前往台湾南部也被视为是"统战"，是"挖我们的根来了"；甚至连熊猫、虱目鱼也带有"统战"任务："笼络民心"。总之，他们把大陆

的任何善意都看成是"骗局","中共对你好,就是对你统战,今天你是他的统战对象,明天你就是他打倒的对象"。民进党执政时说过:"中共利用两岸交流对台湾进行全方位的统战","假参访真统战""假宗教真统战""假文化真统战""对年轻人文化统战","台湾不要对中共心存幻想,同时必须防止因两岸交流而导致台湾灭亡的危险"。正如许历农所指出的:"在李登辉和陈水扁执政后,统战被定位为以欺骗、阴谋的手段来达到并吞的目的,因此,大陆对台湾的任何善意,只要被说成是统战,一切便被否定了。"[9]

(三)把大陆对任何原则的坚持都说成是"打压台湾"的表现

大陆坚持一个中国原则,被说成是要"吞并台湾"。大陆部署导弹是主权国家正常的国防需要,而台湾方面则说成是"瞄准台湾"。在国际关系上表现得更为突出。中华人民共和国政府是国际公认的代表中国的唯一合法政府,同时,国际公认台湾(或"中华民国")不是主权国家,不能参加以国家资格参加的国际组织。可是,台湾每当在参与国际组织上发生问题时,总是强调大陆"打压台湾"。多年来台湾在参加世界卫生组织(WHO)问题上,一直制造大陆"打压台湾"的舆论。事实已经证明,台湾可以作为观察员参加世界卫生大会(WHA),却无法参加世界卫生组织(WHO)。至于台湾企图"入联(联合国)"、"返联",都会导致"两个中国""一中一台",大陆方面坚持这一原则,也都被认为是"打压台湾"。陈水扁企图在美国本土过境,没有得到美国的允许,他不说美国打压,而说是大陆打压。至于"东京影展""杨淑君事件"以及在国际场合出现"国旗""国歌"等等都被炒作成为"打压"事例。此外,大陆对李登辉、陈水扁的"台独"言行提出批判,有人把它说成是"对台湾人民的打压"。他们利用这些机会在媒体上大肆炒作，说是"中国打压无所不用其极"，"引起台湾人民极度反感"，"伤害台湾人民的感情"等等，人为地、刻意地制造两岸的敌对情绪。

总之，由于台湾存在上述对中国大陆的刻板印象，导致许多台湾民众认为"中国想要'统一'台湾，不让台湾有独立的可能，也阻止台湾进入联合国，甚至在沿海部署武力威胁台湾"，从而认为"对台湾最不友善的国家是中国"。[10] 也有许多台湾民众把中国视为"外国"，认为"两岸是敌人，还不是朋友"，或是认为"中国的崛起，最直接冲击的就是台湾"。有一些青年人也说："在台湾内部，台湾主体性发展已确立，许多人都认同'台湾是一个国家'，我们与大陆方面交流时，会认为他们就是大陆人。比较之下，更确信自己是台湾人，更觉得两者不一样。"[11] 由此可见，这些刻板印象所造成的偏见与歧视已经对两岸关系造成十分严重的伤害。

三、群际接触对降低刻板印象的作用及其局限

社会心理学认为，降低偏见与歧视的方法就是要改变偏见的态度与改变歧视的行为。改变偏见的态度就要改变形成偏见的基础：刻板印象、社会分类以及由此发展出的具有偏见的教学内容；改变歧视的行为，则要采取改变社会政策、鼓励群体间的接触以及奖励共同合作等方式。[12] 这说明要降低偏见与歧视还需要做许多工作。

社会认同论指出，刻板印象会形成相对积极的自我形象，而把外群体固定在"低等/劣势"的位置上，这样，内群体就会从中获益。所以说，"刻板印象是一系列基本人类需求的必然产物"，正因为如此，"刻板印象不能被消除"。[13] 但是，对于贬义的刻板印象和歧视

行为却是可以加以缓解、弱化、减少和降低的。

怎样才能降低刻板印象呢？"只能直接从它们的物质基础和意识形态基础入手"，要做到一个社会群体"虽然拥有相对积极的社会认同，但是不拥有指向其他群体的排他性和制度化的物质基础和意识形态权力，在这样的情况下，就没有一个群体可以压迫另一个群体"。[14] 显然，要做到这一点需要很长的时间。但是，减少和降低刻板印象的工作还是可以找到一些办法的。

学术界普遍认为，缺乏群际沟通是刻板印象被夸大的一个重要原因，通过群际沟通则有可能减少、降低和修正刻板印象。近年来，特别是 2008 年以来，两岸交往日益热络，有许多台湾各界人士前来大陆交流、访问、旅游、经商，对大陆的了解逐渐加深，对于减少、降低、改变刻板印象已经发生了重要作用。

根据台湾学者耿曙等人以及香港《中国评论》对前往大陆访问的台湾青年学生所作的访谈、问卷调查以及举办的"思想者论坛"，[15] 对于两岸之间的群际沟通大致上达成以下两点初步的看法，可以提供进一步讨论的参考。

第一，两岸之间的群际沟通有助于澄清和减少台湾对大陆不良的刻板印象。

台湾学者耿曙等人在论文中指出："台湾青年对中共印象主要来自相关媒体：刻板的脸孔、制式的语调、甚至时有恫吓的言语，累积而成的威权僵化、疏远负面的感受。但是在交流接触过后，台湾学子印象已见大幅改观，比较能设身处地理解大陆方面的立场。""显而易见的，通过面对面的说明交换，同学渐渐超越既定的刻板印象，形成自己的观感与评价，而且会利用调整过后、比较理解、消除敌意的方式来看待台湾的大陆政策。"这里所说的主要是对大陆经济的发展、建设的成就以及接待方面的友善热情等方面的印象有所改善。

在《中国评论》的论坛上，台湾青年对于两岸交流也给予肯定，指出："大家也同意两岸青年交流对两岸年轻人的影响正面远大于负面"，"年轻人越早彼此接触，越容易产生真正的理解与信任，越容易彼此包容与相融，越能够发展真正高贵深刻的友情"。他们除了"乐见大陆近年来的发展""肯定大陆经济稳健发展"之外，开始思考如何突破现有的障碍，"用智慧来面对两岸的问题"。例如，有些人提出以下的看法："双方都不应坚持自己的政体或想法最好，其实都有改善空间；若不愿敞开心胸，真的会谈不下去。""到现在为止，（台湾）中学公民课本也还是教导学生：专制独裁国为中华人民共和国，民主共和国是中华民国台湾。两岸青年如果要进一步交流就要打破这道被政治领导者所建立的民主心墙。""（两岸）差异之处有些时候是被塑造、被教育出来的，不是本来的差异。"有人甚至对大陆的政治态度有了"同情的理解"，指出："以前只认为是大陆打压，但是现逐步了解有些东西大陆是不能让的，因为不可能造成两中国的事实。"

耿曙等人得出如下的结论："适当的人际交流与接触，确为降低族群偏见、化解刻板印象的重要关键。"两岸交流的实践已经证实了这一观点。

第二，两岸由于政治差异所形成的印象以及身份认同问题无法通过群际沟通获得改善。

耿曙等人的文章指出："触及深层的身份认同及统独立场时，交流互动无法发挥撼动的力量。"在交流过程中，两岸"根深蒂固的差异"暴露无遗，反而强化了双方认同的距离。

在《中国评论》的论坛上也有类似的看法，有些台湾青年认为去过大陆的同学，多数把大陆视为"外国"，认为"台湾是一个国家"，两岸"至少是两个不一样的政治体制的'国家'"。有人进而认为李登辉的本土化"建构台湾是一个主体我者，大陆是他者，这样的意识形态几乎就是蓝绿两党的政策逻辑", 导致两岸认同的疏离。显然, 现阶段两岸的交流在认同方面还无法发生一定的作用。

综上所述, 两岸交流有助于降低两岸之间刻板印象所造成的负面影响, 这是一项有效的方法。这项工作已经开始, 并且已经取得一定成果, 必须继续推动。但这只是克服偏见与歧视的第一步, 要真正化解已经存在的偏见与歧视还需要经过相当长的过程。有关降低偏见与歧视的方法, 以及增强两岸群体之间的相互认同问题, 笔者将在另文作进一步的讨论。

（2012 年）

注释:

[1] 韦伯著, 赵居莲译:《社会心理学》, 第 73 页, 桂冠图书公司, 1995 年。

[2] 杨开煌:《新局: 对胡六点之解读》, 第 239 页, 海峡学术出版社, 2009 年。

[3] 杨开煌:《纵论两岸寻双赢》, 第 24 页, 历史智库出版公司, 1996 年。

[4] 方文:《学科制度和社会认同》, 第 81 页, 中国人民大学出版社, 2008 年。

[5] 迈克尔·豪格:《社会认同过程》, 第 109 页, 中国人民大学出版社, 2011 年。

[6] 同注 [1], 第 74 页。

[7] 《台湾青年如何看待两岸关系》,《中国评论》2011 年 6 月号。

[8] 王钦:《少数台湾人对大陆的刻板印象》,《美丽岛电子报》, 2011 年 8 月 18 日。

[9] 《许历农吁大陆把统战的意义向台湾同胞解释清楚》, news.ifeng.com/taiwan/3/ ... /1036264_0.shtml2010-1-7 。

[10]《马英九与年轻人不是"同国的"》,《自由时报》, 2011 年 11 月 25 日。

[11] 同注 [7]。

[12] 参阅注 [1]，第 210—213 页。

[13] 同注 [5]，第 105 页。

[14] 同注 [5]，第 108 页。

[15] 耿曙、曾于蓁:《中共邀访台湾青年政策的政治影响》,《问题与研究》第 49 卷第 3 期，2010 年 9 月;《台湾青年如何看待两岸关系》,《中国评论》 2011 年 6 月;《台湾的青年政策与两岸青年交流》,《中国评论》2011 年 8 月。

从"台湾人认同"到双重认同

现在台湾已经出现"台湾人认同",应当怎样看待?我写了系列论文提出个人的看法。在《台湾民意的三个层次》一文中提出三个要点:一、"台湾人认同"是一种正常现象,表明台湾民众对台湾有"归属感",也以此把他们与不是生活在台湾地区的人区别开来。二、"台湾人认同"不完全等同于政治态度。三、"认同台湾"与"认同中国"并不一定互相对立。在《自尊需求与"台湾人认同"》一文中又指出:"台湾人认同"是为了满足台湾民众提升自尊的要求,对于凝聚社会共识、建构社会认同具有积极意义。另一方面,"台湾人"的自尊是通过与"大陆人"(或"中国人")的社会比较而实现的,因而必然出现"内群偏好"与"外群敌意",形成一些刻板印象与偏见,而且已经对两岸关系的和平发展造成一些障碍和不利影响。在《"台湾人群体"对中国大陆的刻板印象》一文中,提出了这些刻板印象与偏见的具体表现及其所造成的危害,并认为通过群际沟通有助于克服偏见与歧视。

在形成"台湾人认同"之后,可能有两种发展方向。台湾学者吴玉山指出:"一种力量把两岸认同导向一个相容的大框架","另外一个是相互排斥、彼此冲突的力量"。[1]我相信从两岸人民的福祉出发,大家都希望能够走向"相容"而不是"相斥"的方向。所以本文主要从"台湾人认同"与双重认同关系的角度进行探讨,包括"台湾人认同"与双重认同是否互相排斥，"台湾人认同"是否可以成为双重认同的基础，以及实现双重认同的途径。

一、双重认同的含义

有关双重认同，存在不同的界定，包括双重国籍、双重公民身份（例如，既是美国公民，又是另一个国家的公民）；[2] 民族认同与国籍认同（例如，民族认同是墨西哥人，国籍认同是美国人）；民族认同与更大的共同体的认同（例如，既是法兰西人，又是欧洲人）；地区认同与国家认同（例如，既是慕尼黑人，又是德国人）等等。

在台湾以及两岸关系方面，双重认同的含义更加复杂。现在已经有不少学者进行过研究，出现一些不同的提法，如"双认同""双重认同""共同认同""两岸认同""重叠认同""整个中国认同""两岸人民的认同"等等。双重认同典型的含义是："我是台湾人，我也是中国人"，但对这句话有不同的解释。

第一，"台湾人"是政治认同，"中国人"是文化认同。例："政治上的台湾人，文化上的中国人。"[3] 这意味着"文化认同，政治不认同"。

第二，"台湾人"是群体认同，"中国人"是文化认同。例如："我是道道地地的台湾人，祖辈随郑成功渡海来台，世居台南。我也是堂堂正正的中国人，在中华文化的滋润下成长，以身为龙的传人自豪。"[4]

第三，"台湾人"是国族认同，"中国人"是民族认同。例如，"当回答是'我是中国人，也是台湾人'时，有两种可能：第一，纯粹的民族认同，即认同两岸都是中国人，第二，对台湾（或中华民国）有国族认同，对大陆有民族认同"。[5]

第四，"台湾人"是地区认同，"中国人"是国家认同。正如"我是英格兰人，也是英国人""我是香港人，也是中国人"一样。

第五，"台湾人"与"中国人"都是文化认同。例如："我想因为我认知的文化背景是混和的，我有大陆的文化背景和习惯，也有台湾的习俗和认同。所以，在文化上，我会觉得我是中国人也是台湾人。"[6]

第六，"台湾人"与"中国人"都是民族认同。例如："新的'台湾心'并不排斥'中国情'。大多数的台湾民众同时拥有'中国人'与'台湾人'的双重认同。""同时怀有台湾民族认同与中国民族认同。"[7]另一种表述是"两岸同胞都是中华文化的传人，都是中华民族大家庭的成员。"根据《远见杂志》2009年7月份的民调，约八成的民众认同自己是"中华民族的一份子"，约六成认同"两岸民众同属中华民族"。

第七，双重认同"不是一般国家与国家间的'外国（foreign）关系'，而是'整个中国'的'内部关系'"。[8]

第八，双重认同是"以两宪为基础，共同创建第三宪"，即"两岸可以对自己的宪法制度有认同，但是也可以经由共同体的设置与运作，逐渐强化第三宪的重叠认同"。[9]"在维持自我认同、彼此互相尊重的原则下，重新建构一个集体认同，也就是对'整个中国'的认同。"[10]

第九，双重认同是单纯的群体认同，可以接受文化上同为"中华民族"，血缘上都是"华人"，但不涉及政治认同、国家认同。

第十，在文化认同、民族认同的基础上逐步扩大双重认同的范围，建构两岸共同体。例如："两岸的最终归宿，就是从经济共同体走向政治共同体，最后形成了谁也离不开谁的生命共同体，走出一百年来的分裂分治局面"[11]，"将来台湾最乐观的情况，就是双重认同"，"我特别强调一个问题，一中三宪、两岸统合的制度安排，双方关系的制度安排，必须要逼大家去接受双重认同"[12]，以及"两岸在发展'共同利益'之后，还必须在文化上寻求'共同价值'，在民族上培养'共同认同'，才能在未来两岸统合上创造'共同想象'"[13]。

罗列上述不同的看法，说明这个问题的复杂性。一方面可以看出人们对"双重认同"的看法有相当大的差异，另一方面也可以看出其中有一定的交集和积极因素，为达成双重认同的共识提供了有利的条件。此外，不管是哪一种解释，都不排斥、不放弃"中国人认同"，都可以在一定程度上接受"中国人认同"。

二、双重认同的可能

从台湾民众上述对双重认同的不同解释可以看出，要实现双重认同的可能性是存在的。

首先，双重认同已有四成以上的基础：民调显示，认同"既是台湾人，又是中国人"的占40%左右，加上认同中国人的已经在四成以上。换句话说，有四成以上不排斥、不放弃"中国人认同"。在民族认同方面，大约有八成认同"中华民族"，约有六成认同"两岸同属中华民族"。在文化认同方面，大约也有七八成认同自己是"文化上的中国人"。

其次，更重要的是台湾青年一代存在双重认同的意愿。他们表达了以下的看法："我希望通过两岸青年交流，两岸可以建立共同的认同感"，"两岸青年就是未来各自体的主人翁，也是未来两岸关系的主角；既然知道双方不同政体是最大的问题，彼此都应让自己的脑袋更灵活、新鲜，发挥创意才能解决问题"，"要建立新的认同取代旧的认同，而不是去争论何者认同为正统，这部分我也觉得蛮好的。所以如果有愈来愈多人往这方面想，我对两岸未来很乐观"。[14]

再次，中国大陆近年来的发展也给台湾青年带来好感，有人说："我自己对大陆近年来与未来发展乐观，反而是比较担心自己能不能跟上，所以会有压力，希望自己再多了解大陆一些"，"两岸同样身为华人，大陆能够成为金砖四国（或加上南非变成五国），而且高经济成长率领先全球，我觉得与有荣焉。我自己非常看好华夏文化融合西方体制思想之后，以新世代创意与模式再壮大"。[15]不仅如此，中国大陆的发展对一般台湾民众的影响也不可忽视，台湾著名学者萧新煌研究20年来"台湾认同"的变化之后，提出这样的看法："总的来说，台湾人民虽对本土的经济和政治前景信心都蒙上悲观的色彩，信心也不足，对中国的经济和政治发展竟都看好，这多少是受到'中国崛起'热潮及台湾内部政党乱象和媒体渲染的影响。"[16]当然，"好感""看好"与"认同"不是一回事，但有助于消除成见，可以为增进共识、增进互信创造有利的条件。

此外，按照社会认同论的原理，认同是可以改变的。随着两岸交流交往的发展，两岸人民在友好合作方面将建立美好的共同的集体记忆，在这种情况下，以往排他性的认同就有转化为双重认同的可能。当然，这种建立在新的关系的基础上的双重认同不会是自然形成的，需要经过两岸双方共同努力消除种种障碍，有意识地、有计划地共同去建构。

在这里还需要解决一个问题："台湾人认同"与"中国人认同"是否完全对立的、互不相容的？"台湾人认同"是否可以成为双重认同的基础？

有人要求台湾民众抛弃"台湾认同"，并以"祖国认同"取代。

有人则主张只能认同台湾，不能认同中国。尽管两种看法完全相反，但在他们看来"双重认同"都是不能接受的。这种看法脱离了台湾的现实，因为大多数人并不采取这样"两极"的态度。台湾学者包淳亮指出："台湾内部的自我调节机制，正在逐步寻找到与中国大陆和平共存的中庸之道；不仅台湾的政治精英正在设法与中国大陆建立和平，多数台湾民众，甚至相当比例的民进党支持者，也仍然认为'中国'就是'中华民国'，并没有与'中国'划清界限的打算。"[17]南方朔也说："我认为两岸关系长远发展，第一步一定要创造双认同（double identity）。外国有很多理论谈这个事，而且这个双认同是非敌对性的。"[18]有的大陆学者也提出类似的看法：要包容不同的认同，"在论述的解读上，不能说台湾主体意识通通是台独意识。在论述上不必刻意强调台湾认同和中国认同是对立的"。[19]有的台湾青年表示可以接受共同体的概念，他认为要考虑"我自己的根在哪，同属中华民族，同样的文化和语言，为什么被分化至此地步"，"两岸的分治已经使得两岸人民失去应有的共同体认很久了，我们应该把两岸共有的'华人精神'重新再诠释，新华人共同生活圈的崛起，也预示着华人在世界版图的重新建构。我们如何能把握当前中华民族在世界上重新站起的机会，使两岸能有更多的合作发展契机，此议题是我们必须一起共同面对的，也是攸关整个中华文化发展的历史进程与未来发展"。[20]

有人认为"台湾人认同"就是要排斥"中国人认同"，有了"台湾人认同"就永远抛弃了"中国人认同"；有人则认为只有去除"台湾人认同"才能重构"中国人认同"。这些看法也不正确，"台湾人认同"与"中国人认同"二者是一个较小的群体认同与一个较大的群体认同之间的关系，正如"爱尔兰人""英国人""欧洲人"之间的关系，彼此之间不是相互排斥、相互对立的，而是可以相互包容的。对于较小群体的认同是必要的，有了这种认同可以团结这一群体，在这个基础上，扩大认同范围，形成对较大群体的认同才可能。社会心理学家 Hornsey 和 Hogg 的研究认为："只有当个体在他所属的群体中或者对文化认同感到安全放心，他们才能宽容其他群体和文化。换句话说，只有当他们能够放心地去尊重自己所属的群体时，才会对其他群体表现出积极的态度，否则就会对外群体产生偏见。"[21]试想，如果生活在同一地区、同一社会制度下的台湾民众都不能放心和尊重自己所属的"台湾人"群体，他们怎么可能接受生活在不同地区、不同社会制度下的"大陆人"群体并形成"中国人认同"呢？张亚中教授认为"两岸可以先保留对自己的认同，也开始强化对整个中国的认同，也就是'我是中国人，也是台湾人'的认同"。[22]这说明，较小群体的认同是形成较大群体认同的基础，所以我们可以把"台湾人认同"看成是"双重认同"的基础。

综上所述，尽管在"双重认同"方面存在一些障碍，但是它已经获得不少人的认同，而且从两岸关系和平发展的方向来看，"双重认同"是符合两岸人民共同利益的一种取向，实现双重认同的可能性是存在的。

三、实现双重认同的途径

关于实现"双重认同"的途径，有不少学者进行了探讨，概括地说，主要是以"群际接触"与"建构主义"两种理论为依据，提出各自的意见与建议。

（一）"群际接触"理论

这个理论认为，群际偏见是由于一个群体对另一个群体缺乏充足信息或存在错误信息而产生的，而群际接触则可以为获得新的信息并澄清错误的信息创造机会，因而群际接触有利于改善群际关系、减少群际偏见，提高对外群体的"共情"，改善对外群体的态度，而且群际接触可以使个体通过扩张自我意识去接纳外群体。[23]

在这个方面，两岸政界、学界提出如下的看法："要深入互动、密切接触，加强两岸同胞心与心的沟通、情与情的交流，聚同化异，消除疑虑，不断增进两岸人民思想感情的大融合"，"深化两岸文教交流，形成全方位、多层次、机制化的合作格局，进一步密切两岸民众感情，使'两岸同胞一家人'的观念深入人心"，"文化教育领域的交流可以沟通两岸同胞的心灵，拉近两岸同胞的距离，让彼此之间增进互信和了解"，"文化的交流是心连心的工程，心连心能够把彼此拉的更紧"，"相信随着更多利益的交流与融合，两岸的共同基础会更加巩固，两岸和平发展的愿景将随时间与趋势的发展得到实现"，"如果两岸经济、文化、社会方面的交流都配合，两岸政治方面的差异性当然就会降低，政治方面所谓的猜疑和不信任感也会降低"，"有利于培养共识和共同利益，化解两岸人民间的分歧和心结"。总之，大家肯定两岸交流有助于心灵沟通、消除疑虑与分歧、拉近距离、密切感情、增进共识与互信。

更可喜的是有一些年轻人认为两岸青年交流一定会给两岸带来"正向发展"，"大家会愈来愈清楚看到两岸青年各自的优势。同时，年轻人越早彼此接触，越容易产生真正的理解与信任，越容易彼此包容与相融，越能够发展真正高贵深刻的友情。以后不管大局势怎么走，这份理解与情感的认同，就会是支撑两岸走向未来最重要的基石"。[24]

群际接触对于改善关系有重要的作用，在两岸交流的实践中确实证明已经有了初步的成效，许多作者肯定了交流对于消除隔阂、减少误会、澄清事实、增进了解、增进两岸关系和平发展的共识等方面的作用。这说明，群际接触、两岸交流对于两岸关系的改善有着重大的意义，这是一项造福两岸同胞的不可或缺的工作，应当继续努力推动。

但是，应当指出，群际接触也有其局限性，相关研究表明，某些群际接触可能导致"偏见、质疑和冲突的增加"。在群体间进行了良好的接触后，如果某一个群体会对对方群体的表现予以较高的期望，而当对方群体因顾及自身利益而不能兼顾该群体利益时，该群体则会产生更大的失望从而不利于此后群际关系的发展。[25]这说明只靠两岸交流是无法达成两岸认同的，两岸的现实同样证明了这一点。

台湾学者耿曙等人对台湾青年学生前来大陆交流进行研究，得出如下的结论："适当的人际交流与接触，确为降低族群偏见、化解刻板印象的重要关键。"与此同时，还得出另一个结论："触及深层的身份认同及统独立场时，交流互动无法发挥撼动的力量。"在交流过程中，两岸"根深蒂固的差异"暴露无遗，反而强化了双方认同的距离。[26]

另外，台湾学者王嘉洲也作了类似的研究，他的结论与上述基本相同。一批台湾青年经过10天访问大陆以后，"关于大陆人的可信任度，经交流后已有显著的变化"，同时对于"敌意感受"（即大陆对台湾当局和台湾人民是否"友善"）"交流前后已有显著的变化"，但对于"统一意愿的改变并未达显著水平"。[27]此外，民进党人洪奇昌也提出："以文化交流作为双方互动的良性基础，彼此更认识对方，绝对是件好事。但是，若一味地将'强化文教交流 = 强化中华文化和民族认同'奉为教条，进而借此想让台湾投向中国的怀抱，则不啻缘木求鱼。"[28] 由此可见，认为通过两岸交流就必然走向两岸认同的看法是"期望过高"了。

正因为群际接触存在上述局限性，学术界日益重视从建构主义方面寻求增进两岸认同的途径。

（二）建构主义理论

建构主义认为，"社会世界是施动者在客观环境中建构的世界"，"自我的身份和利益是在与他者的互动过程中得以建构、产生意义并逐步发展起来的"。[29] 认同问题是建构主义的核心议程。观念可以建构行为体的身份，从而确定行为体的利益。所以，许多学者已经运用建构主义相关理论探讨建构"双重认同"或"两岸认同"的问题。

台湾学者张亚中早就提出：两岸"重新建构一个集体认同，也就是对'整个中国'的认同"。[30] 后来他又提出"以社会建构主义重塑两岸认同：和平发展与迈向终极目标的必要作为"，"社会建构主义的核心概念则是'认同'。简言之，没有共同的'认同'，人们不可能有'永久的和平'，两岸也就没有可以持久的和平发展"，"两岸如果建立长久的和平关系以及未来的良性统一，参与欧洲统合经验，建构有助于两岸'认同'的多样性'两岸共同体'应该是值得追求与建立的"。[31] 他进而提出"以'文化统合、货币统合、经济统合、身份认同、安全认同、国际参与、基础协议'等七大愿景，建议两岸作为政策的参考"。[32]

朱新民认为，共同利益是两岸关系和平发展的重要基础，建构更深刻、更务实、更合理、更可行的共同利益需要两岸拿出高度与态度。相信随着更多利益的交流与融合，两岸的共同基础会更加巩固，两岸和平发展的愿景将随时间与趋势的发展得到实现。[33]

李允杰表示，在两岸从"形塑共同价值"到"创造共同想象"的过程中，期盼两岸双方能有包容性与开创性的智慧思维，来建构可长可久的两岸和平发展；两岸双方能充分自信、善意相待、解放思想、与时俱进地寻求办法解决两岸关系中的结构性矛盾，求同存异直至求同化异。[34]

大陆也有不少学者提出建构两岸认同的看法，特别是在 2007 年中共十七大报告提到"命运共同体"之后，有些学者就对建构两岸"命运共同体"进行论述。

信强提出："建构两岸同胞休戚与共、息息相通的'命运共同体'，不疾不徐、循序渐进地为两岸政治整合打造更为坚实的基础，从而为两岸未来的和平统一创造条件。"[35]

倪永杰指出："实现两岸和平发展，促进祖国统一进程，根本路径就是透过两岸共同发展，培植两岸共同利益，形塑两岸共同价值，加快两岸同胞情感趋融、价值趋近、认同趋合的进程，加快两岸一体化进程，建构两岸共同体，确立两岸同胞对共同家园、共同家国的认同，最终完成两岸统合。"[36]

杨丹伟认为"以'两岸命运共同体'为核心的中国政府对台新方略，拓宽了两岸关系的发展空间，是在两岸和平发展时期对台政策的新突破。对台新方略呈现了建构主义理论的新思路"。并指出："建构主义的理论，契合了以和平发展为基调的两岸关系的发展趋向，为两岸重新思考两岸的身份和相互关系、加强两岸之间的互动、发展两岸的集体认同提供了重要的理论依据。"[37]

徐青则从消除敌对心态角度提出建构两岸认同的问题，他说："消除两岸敌对心态，建构两岸认同心态是一个长期而艰巨的历史任务。"[38]

列举以上看法，是为了说明运用建构主义研究两岸认同问题已经引起两岸学界的重视。在这一基础上，有些学者已经提出某些具体办法。诸如，张亚中提出的上述"七大愿景"，李允杰提出的"两岸在发展'共同利益'之后，还必须在文化上寻求'共同价值'，在民族上培养'共同认同'，才能在未来两岸统合上创造'共同想象'"；倪永杰提出的"经由两岸非政治性共同利益的成长，逐渐导向两岸政治性共同利益的培植，这是目前发展两岸关系的当务之急，也是破解两岸政治难题的必由之路"；章念驰提出的"从经济共同体走向政治共同体"等等。还有人认为可以从两岸交流，包括民间交流、经济合作、政党交流、两会协商等方面着手，有人则主张从文化、卫生、教育等民生领域开始互动与合作。

当然也有人单方面地要求对方建立"祖国认同"、构建民族认同与文化认同与"两岸同属一中"的国家认同，或是正视"中华民国"的国际人格、扩大台湾的国际参与，并且认为"如果大陆不愿意承认'中华民国'的存在，也就没有建构未来两岸共同体的基础"。这样，建构两岸认同的途径似乎又被堵住了。

看来关键不在于采取什么具体办法，而在于如何能够做到双方具有培养共同认同的意愿，这就不是简单地提出一些办法就能解决问题的。因此，有些学者已经发现需要通过某些"中间环节"。台湾学者陈福裕指出："从文化认同要过渡到政治认同，需要通过某种中介环节，而国家认同的建构向来都要通过共同的历史解释来完成。"[39]大陆学者俞新天指出："集体记忆一般是指向过去的框架，为了改变它，就要凭借现在的理性思维，当前的集体反思，以便形成新的观念。新的观念要克服强大的集体记忆，就必须更加强大的集体活动和集体经验。两岸已经开始了和平发展的大交流、大合作，越来越多的民众参与其中，就会积累更多的集体经验。两岸各界精英应当引领反思的潮流，为新观念而催生。"[40] 杨丹伟指出："通过共同社会生活来建立共同的制度、共同的情感和共同记忆，从而奠定两岸之间的集体认同，是为两岸关系的进一步发展提供了重要平台，是为解决两岸认同问题的治本之道。"[41] 倪永杰提出："当前，对于中华文化的认同逐渐成为两岸共同愿景，形塑两岸共同价值成为两岸同胞共同的历史性任务。"[42] 他们共同注意到需要建立新的"历史记忆""集体记忆""共同价值"，这几个概念十分重要，可能就是突破建构"双重认同"或"两岸认同"的关键所在。尽管现在已经有些学者进行过一些探索，我认为建构两岸认同是一个重要课题，也是一项艰巨的任务，值得两岸学界开展深入的研究，共同探寻中国式的理论，破解两岸关系的这一难题。

（2012 年）

注释：

[1] 《认同与两岸关系》，《中国评论》，2009 年 9 月号。

[2] 亨廷顿：《谁是美国人——美国国民特性面临的挑战》，新华出版社，2010 年，第 149 页。

[3] 汤绍成：《台湾认同问题上吊诡》，《国政评论》，2011 年 8 月 19 日。

[4] 《从中国人观点看弃台论》，《旺报》，2011 年 12 月 3 日。

[5] 张亚中：《统合方略》，台北：生智公司，2010 年，第 146 页。

[6] 张茂桂主编：《国家与认同：一些外省人的观点》，台北：群学出版公司，2010 年，第 58 页。

[7] 同上，第 126、131 页。

[8] 同注 [5]，第 43 页。

[9] 同注 [5]，第 160 页。

[10] 张亚中:《两岸统合论》,台北:扬智文化,2002 年,第 354 页。

[11] 章念驰:《ECFA 与两岸关系》,《中国评论》,2010 年 9 月号。

[12]《历史课纲修订与台湾的国族认同问题》,《中国评论》,2010 年 12 月号。

[13] 李允杰:《从共同利益到共同价值:ECFA 后两岸关系发展路径刍议》,《中国评论》,2011 年 1 月号。

[14]《台湾青年如何看待两岸关系》,《中国评论》,2011 年 6 月号。

[15] 同上。

[16] 萧新煌:《20 年来"台湾认同"与"中国印象"的辩证变化》,见游盈隆主编:《近二十年两岸关系的发展与变迁》,台北:海基会,2008 年,第 54—55 页。

[17] 包淳亮:《台湾的反对运动与"国家"认同转移》,《联合早报》,2001 年 5 月 10 日。

[18]《历史课纲修订与台湾的国族认同问题》,《中国评论》,2010 年 12 月号。

[19]《两岸大交流,须防异己化副作用,大发展进程下强化自我身分认同,学者促建立命运共同体共识》,《旺报》,2011 年 1 月 22 日。

[20] 新闻报道:《两岸认同与前途,台湾青年关注》,http://www.chinareviewnews.com,2011 年 12 月 23 日。

[21] 巴伦等:《社会心理学》第 10 版,华东师大出版社,2004 年,第 286 页。

[22] 张亚中:《统合方略》,台北:生智公司,2010 年,第 157 页。

[23] 李森森等:《群际接触理论———一种改善群际关系的理论》,《心理科学进展》,2010 年第 18 卷第 5 期。

[24]《台湾的青年政策与两岸青年交流》,《中国评论》,2011 年 8 月号。

[25] 同注 [23]。

[26] 耿曙、曾于蓁:《中共邀访台湾青年政策的政治影响》,《问题与研究》第 49 卷第 3 期,2010 年 9 月。

[27] 王嘉洲:《赴大陆交流对台湾青年两岸观的影响:固定样本追踪法的分析》,www.isu.edu.tw/upload/82207/6/files/dept_6_lv_3_24609.pdf。

[28] 洪奇昌:《谈两岸文化交流下的台湾认同》,《旺报》,2010 年 4 月 8 日。

[29] 秦亚青主编:《文化与国际社会：建构主义国际关系理论研究》，世界知识出版社，2006年，第22、10页。

[30] 张亚中:《两岸统合论》，台北：扬智文化，2002年，第354页。

[31] 张亚中:《统合方略》，台北：生智公司，2010年，第221、223、225、354页。

[32] 张亚中:《建立两岸共同体史观一：现有史观的问题在哪里》，《中国评论》，2010年11月号。

[33]《专家学者呼吁两岸建立战略互信共促和谐发展》，中国新闻网，2010年8月31日。

[34] 李允杰:《从共同利益到共同价值：ECFA后两岸关系发展路径刍议》，《中国评论》，2011年1月号。

[35] 信强:《建构"命运共同体"：大陆对台战略之重构》，《中国评论》，2009年4月号。

[36] 倪永杰:《两岸和平发展路径探索》，《中国评论》，2009年7月号。

[37] 杨丹伟:《两岸关系和平发展新思维的理论分析》，《台湾研究集刊》，2010年第4期。

[38] 徐青:《敌对心态是建立两岸深层互信的"软干扰"》，《中国评论》，2010年10月号。

[39] 陈福裕:《从文化认同过渡到国家认同的契机》，《海峡评论》，2011年5月。

[40] 俞新天:《两岸共同复兴中华文化的思考》，《中国评论》，2011年12月号。

[41] 同注[37]。

[42] 倪永杰:《两岸共同价值的意涵与形成机制》，《中国评论》，2009年9月号。

两岸认同的过程

——双管双向互动模式

  两岸学者经过研究，认为两岸之间走向认同的可能性是存在的，并且试图运用"群际接触"与建构主义理论寻求走向认同的途径，但是，两岸的实践已经证明，"群际接触"不必然导致相互认同，而建构主义理论则需要解决如何培养互相认同的意愿问题，因此有些学者已经开始从"集体记忆""共同价值"这些关键性概念展开论述。本文准备在现有讨论的基础上，从理论与方法角度而不是从具体做法上探讨两岸认同的过程。

  大陆著名学者俞可平指出，在学术研究方面必须处理好本土化与国际化的关系，"既使文化建设和学术研究扎根于我国特殊的土壤，同时又不背离人类社会的共同价值和普遍原理"。[1] 著名历史学家黄宗智指出，"在学术研究中，理论概念和经验必须相互连接，两者缺一不可，好比左右双手并用"，"可以借助与现有理论的对话来建立自己的新概念，来创建可以验证的新的中层理论概念（区别于不可验证的宏大理论）。更高的境界是借助不同理论传统的交锋点来形成自己研究的问题。"[2] 我认为台湾学者比较习惯于运用西方的相关理论研究两岸问题，上述二位的高见，对于两岸关系的研究显得更为重要。目前在研究两岸双重认同的过程中，两岸学者已经运用西方一些相关理论进行探讨，我们就有可能借助这些理论，联系两岸的实际（经验）来建立自己新的概念、理论或模式，为研究自己所要解决的问题打开新的思路。

本文重点借助社会心理学的"集体记忆"、社会建构主义的"共有观念"和社会认同论的"积极区分"这三个概念，来讨论两岸之间的认同问题。

一、"集体记忆"与两岸认同

集体记忆是一个社会群体对自己共同经历的记忆。有关集体记忆理论值得关注的有以下几个要点：

第一，集体记忆是一种社会性的建构，是由社会群体共同建构出来的。哈布瓦赫指出："集体记忆不是一个既定的概念，而是一种社会建构的过程。"在建构过程中，人们往往"要润饰它们、削减它们或完善它们，乃至赋予它们一种现实所不曾拥有的魅力"。[3] 这说明集体记忆并不等于历史真实，它往往被美化、强化乃至神化，或者被丑化、淡化乃至"失忆"。

第二，每个社会群体都有其集体记忆，社会群体依靠集体记忆得到凝聚和延续。格罗塞指出："疆域、边界的界定往往能够产生身份认同。获得共同治理、接受共同教育、参与或应对相同的权力中心，单单这一事实便超越了共同归属的表象，产生并强化着一种共同身份的情感。"[4] 这说明集体记忆是形成共同身份和相互认同的重要因素之一。

第三，集体记忆的一个重要功能就是重构过去，满足当今的精神需要。哈布瓦赫指出：各个群体往往不断地"重构其过去"，"在重构过去的行动中，这些群体往往同时也将过去歪曲了"；"社会往往要消除可能导致个体彼此分离、群体互相疏远的记忆"，群体会"根据他们的信仰和愿望对这些事件进行重构"。[5] 这说明集体记忆的重构是正常的，出现与事实不尽相符也是不足为奇的。

由此，我们可以得到如下的启发：第一，集体记忆具有凝聚共同归属、强化共同身份、形成群体认同的功能，"集体记忆在一个集体，特别是民族集体，回溯性的身份认同中起到了持久的作用"。[6] 所以集体记忆在建构认同方面是一个重要因素，必须给予关注。但也应当看到它并不是唯一的重要因素，因为认同的产生还要受到其他因素的影响和制约。第二，既然集体记忆是可以建构的，那么就有可能在更大的"疆域"范围内建构新的集体记忆，而不只是局限在某一个地区。格罗塞也说："随着时光流逝，所有的身份都可以改变，特别是当身份是集体性的时候，特别是当身份是根据由类别和群体来界定的时候。"[7] 因此，在两岸之间共同建构新的集体记忆的可能性是存在的，身份认同是可以改变的。第三，既然集体记忆可以在"满足当今的精神需要"之下建构，那么两岸的集体记忆就应当在符合两岸人民的共同利益的前提下进行建构。

两岸在历史上本来存在密切的关系，两岸人民本来存在许多共同的历史记忆，但是由于两岸曾经有过不同的经历，特别是日本殖民统治台湾50年以及此后几十年的两岸隔绝，因而出现了一些不同的集体记忆，这也是事实。于是，如何面对这段历史，如何看待两岸不同的集体记忆，在两岸之间发生一些分歧也是难免的，但它却对当今的两岸关系，特别是在互相认同方面发生相当大的影响。总的来说，大陆方面较多地强调两岸之间共同性与密切关系，而台湾方面却强调两岸的差异性，并淡化两岸之间的相互关系。有关这个问题，笔者已有专文讨论，请参阅《台湾社会的历史记忆与群体认同》。[8]

这里要讨论的是，如何面对两岸的集体记忆问题。我想应当从两个方面着手。

一方面是努力消除错误的集体记忆：由于两岸之间有些集体记忆是已经"被重构"或"被失忆"的，因而双方都会指责对方不符合历史真实、歪曲历史甚至篡改历史。所以，应当鼓励两岸历史学界开展交流，通过认真的研究，澄清一些被有意歪曲的历史记忆，这对于纠正错误的观点，消除双重认同的障碍，可能发挥一定的作用。当然，纠正错误的集体记忆需要两岸双方的互动，因为错误的集体记忆不是只存在于一方而另一方却不存在，强调共同性与夸大差异性都必然导致错误的集体记忆。由于多年来两岸各自在政治社会化过程中建构了不同的集体记忆，这些差异不可能单纯依靠历史研究、历史教育来解决。台湾学者杨开煌提出两岸要"在政治社会化的过程中全面相互开放"[9]，从正面教育着手促进双方民众的相互理解、相互包容，这是一项推动两岸双重认同的重要工作，任重道远。

另一方面是共同建构新的集体记忆：社会认同论认为，人们有把自己"包容到更大集体的需要"。布鲁尔的最佳区分理论指出："人们具有与他人区别开来的需要和包容到更大集体的需要，这两种需要是补偿式的需要。正是这两种需要界定了一个自我平衡模型，个体将在两种需要之间寻求平衡。因此，觉察到极端区别性的个体将会努力追求能够提供更大包容感的社会认同；相反，融合在更大群体中的个体则会努力追求区别性更强的社会认同，以便能够满足个体的区别性需要。所以，群体规模成为影响认同选择的重要变量。"[10] 因此，把台湾人的"我群"概念加以扩大、"包容到更大集体"的可能性是存在的。台湾学者陈其南早就已经提出："台湾社会基本上仍然是中国或汉人社会，台湾人不论如何强调其本土意识，在历史文化上仍无法否定此一事实。"[11] 周奕成则提出"台湾需要新的中华论"，以便明确台湾与"中华民国"的关系，"中华民国"与中国、中华的关系，以及台湾在未来中华的形成中该扮演什么角色。尽管他对"新中华论"的具体内容还没有作进一步的阐述，但可以看出，他已经看到两岸关系是不可分割的，需要有一种"有机的互动连带"。[12]我认为集体记忆可以作为他所说的"有机的互动连带"之一，因为集体记忆是"一种有效的中介或桥梁"，"群体认同可以通过集体记忆为中间媒介而得以建构和完成"。[13]这就是说，在两岸范围内建构新的集体记忆是可行的，关键在于要如何建构新的集体记忆。

在这里，"互动"成为一个关键词。建构新的集体记忆不是只靠一方的努力，它需要两岸的互动。集体记忆既然是一个群体对共同经历的一种记忆，那么，两岸就可以在共同交往、共同合作的经历中建构新的集体记忆。

特别是一些重大的事件，它会给大家留下深刻的印象。过去一些事件已经给两岸带来负面的记忆，大的如"二二八事件"，小的如"千岛湖事件"等等。现在应当努力在两岸共同参与、共同合作的一些重大事件中，为两岸同胞留下正面的深刻的印象，形成新的集体记忆。实际上，两岸已经有了一些合作成功的事例，例如，两会协商签署多项协议，两岸双方都给予肯定，江丙坤指出："两岸制度化协商所签署的协议，对两岸交流带来许多实质效益"，"两会签署ECFA协议是两岸关系发展的新里程碑，这也象征两岸朝向经济合作发展互惠迈进"。陈云林指出：两会签署12项协议，达成两项共识，"在两岸关系史上不断谱写了两岸关系和平发展的新篇章"。此外，两岸共同抵制金融危机获得重大成效，江丙坤表示："2009年发生的金融海啸，两岸采取很多的措施来帮助解决，所以两岸恢复的比别的体系快。"陈云林也说："两年过去，两岸都以骄人的成绩向世人证明，只要我们共同努力就能共渡难关。"类似这样两岸共同经历的重大事件，都是宝贵的集体记忆。此外，诸如大陆汶川地震与台湾"八八水灾"

发生之后，两岸人民的互相援助；台湾记者张平宜投身凉山麻风村教育的无私奉献，受到高度的赞扬，当选为"感动中国人物"；台南学甲地区虱目鱼与大陆"契作"关系获得成功，受到广大渔民的欢迎等等，也都给大家留下了正面的集体记忆。对此，两岸高层以及传播媒体都不应当淡忘，而应当给予强化，让它广为流传，真正成为两岸人民新的美好的集体记忆。进一步说，两岸应当致力于建构一些共同参与的、互相合作的、具有标志性的重大事件，逐渐积累一些更加美好的集体记忆，为推进两岸认同创造必要的条件。当然，建构两岸集体记忆的工作也应当"先易后难，先经后政"，先从经济、文化方面着手建构新的集体记忆，随着交流的深化逐步提升、扩展。

二、"共有观念"与两岸认同

建构主义理论中的"共有观念"概念，对于建构两岸认同也有借鉴意义。建构主义者基本上同意以下两条原则：（1）人类关系的结构主要是由共有观念而不是物质力量决定的；（2）有目的的行为体身份的利益是由这些共有观念建构而成的。[14]

建构主义的核心观点是："观念不仅是指导行动的路线图，观念还具有建构功能，可以建构行为体的身份，从而确定行为体的利益"，"观念是建构关系中的建构因素"，"建构主义的观念是共有观念，也就是文化。当一种观念成为共有观念的时候，它的力量就是巨大的"。[15] 建构主义有一句名言："观念建构身份，身份决定利益，利益决定行为。"

有关"共有观念"，有一个重要的观点：共有观念，来自行动者的社会性实践活动。《国际政治的社会理论》的作者温特指出："建构主义理论也意味着共有观念的存在取决于具有知识的行为体之间的互动。没有实践活动，结构就不会发挥作用"，"共有观念还可以建构行为的意义，甚至可以建构身份和利益"。[16] 这就是说，人们可以在互相交往中不断地沟通、调整，终于形成一种共同的行为规范，即"共有知识"，而当这些"共有知识""在被行为体接受、形成共有观念之后，行为体的身份、认同和利益都得到了重新的界定"。[17] 这说明"共有观念"对于建构两岸认同具有重要意义。

怎样才能形成共有观念呢？建构主义理论的重要学者温特指出，集体身份形成有四个主变量：相互依存、共同命运、同质性和自我约束。[18] 我认为这也是建构两岸共有观念必须关注的四个要点。

相互依存：两岸之间的相互依存有助于形成比较稳定的合作关系，但也可能产生某种程度的疑虑，即"担心被利用的心理"，这就需要通过双方的互动，在共同摆脱困境的情况下选择合作，这才有助于形成共有观念与集体身份。一旦形成集体身份，就会把对方的得失看成是自己的得失。

共同命运：两岸之间已经存在共同的命运，这不必然导致双方的身份认同，但有了"同舟共济"的主观意识，特别在面对第三方时，两岸就会争取更多的合作与集体行动，争取更多的共同利益，这就有助于形成共有观念与身份认同。

同质性：或称相似性，同质性增大就可能彼此重新认定为自己的同类。两岸之间在民族、文化方面有不少同质性，而在社会制度、政治制度上存在不同的类型，但这并不影响两岸的和平共处。两岸只要本着求同存异的精神，互相肯定双方的同质性，"既然彼此很相像，就应当像对待自己一样对待对方"，并且更多地关注共同的利益，就有可能形成某些共有观念。

自我约束：这就要通过单方面的行为让对方减轻对我方意图的担

心，而不要求回报。在两岸之间强调自我约束是十分必要的，要从两岸人民的福祉着想，遵守共同的行为规范。要多为对方着想，不要伤害对方；要互相尊重，不要强加于人；要求同存异，不要强求一致；要善意回应，不要置之不理；要互相合作，不要冲突对抗等等。当然这个要求是双向的，"自我束缚的成败最终取决于自我约束的共同规范"。[19]

有些学者认为联合国所传播的一些观念，包括"和平""发展"等等，已经成为共有观念，为国际社会所广泛接受，"成为人的自觉行动和国际社会的事实"。[20] 实际上，通过两岸长期的交流，也已经形成了一些共有观念，例如，"两岸关系应当和平稳定发展""两岸关系不能倒退""两岸人民同属中华民族"等等，今后两岸之间应当在互动的过程中、在现有基础上继续建构更广泛、更深刻、更密切的共有观念。

有了共有观念，在原有的两个群体之间才有可能产生共同的看法、共同的需求、共同的利益、共同的目标、共同的发展前景乃至共同的价值观、共同的信念，才有可能产生"我群"与"一家人"的感觉，才有扩大相互认同的意愿，只有在这个基础上，有些学者提出的建构两岸认同的具体措施，诸如文化统合、货币统合、经济统合、身份认同、安全认同、国际参与、基础协议等等才有可能得到认同并得以实现。因此，共有观念与集体记忆一样，也是群体认同的一个"中间媒介"，是建构两岸认同不可或缺的一环。

三、"积极区分"与两岸认同

社会认同论认为，社会认同的动机是自豪感、安全感与归属感。

社会认同的过程由"社会类化""社会比较"与"积极区分"三个部分组成。

两岸出现"我群"与"他群"之分，就经历过以上过程，即通过社会类化，把大陆与台湾区别开来；通过社会比较，使得社会分类、二者的距离更加明显；通过积极区分，夸大"我群"比"他群"的优越，以提升自尊，体现各自的归属感。

社会认同的理论对于两岸之间扩大认同也有借鉴意义。当两岸建构并积累了足够的共有观念时，就有可能促使"社会类化"发生调整，这时通过"社会比较"，发现两岸在很多方面已经有了前所未有的共同点，过去在心理上互相视为"对抗群体"的观念就会有所改变，特别是经过"积极区分"，发现互相认同对双方的发展更加有利，这样，两岸认同就会进入"社会认同的过程"。

这里要特别强调"积极区分"的意义。所谓"积极区分"就是个体以所在群体作为自尊源泉的过程。在社会认同论中也使用"积极特异性""积极的自我评价""积极的社会认同""有选择的区分"之类的表述。[21]

现有的"台湾人"与"大陆人"的群体认同，建立在互不认同的基础上，因此所有的社会类化、社会比较、积极区分都是在以对方为"他群"的前提下作出的。尽管各自存在足以提升自尊的优势，但只限于自己一方，另一方的优势并没有为自己所拥有，也未能作为提升自尊的优势。如果通过两岸交流发现互相扩大"我群"的范围，以两岸为一个群体，这时的"积极区分"并不是放弃各自的既有优势，而是把两岸的"积极特异性"汇集起来，成为两岸共有的财富，这样，双方的优势就为两岸人民所共享，双方各自取得的成果以及双方合作取得的成果都有助于提升两岸群体的自尊，这样的"积极区分"是两岸相互吸收和承认对方的优越性、价值观并共同引以为荣的过程，这时双方就会产生前所未有的自豪感、安全感与归属感，从而接受群体规模的扩大，当这个观念被两岸多数民众所接受的时候，两岸认同就会成为"社会事实"，就会进入良性互动的进程。

四、双管双向互动模式

应当说明，本文所说的两岸认同是指集体认同，而不是个体认同；而且是指社会认同，暂不讨论政治认同问题。我们以"集体记忆""共有观念""积极区分"三个概念作为借鉴，试图建构一个研究两岸社会认同的模式。所谓模式，按照美国政治学者奇尔科特（R. H. Chilcote）的说法是："在比较政治学研究中使用模式有广泛的含义。模式形成架构，把部分联系在一起，并说明其关系。模式往往把现实世界的表现加以简化。它们为理解提供方便，但并不作说明。""模式具有局限性。它们是思想架构而不是理论。"[22]

现在把"双管双向互动模式"图示如下：

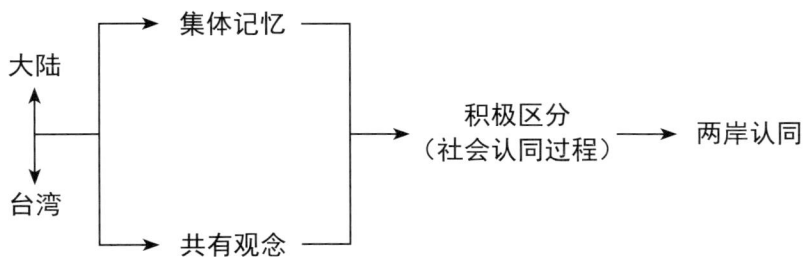

"双管双向互动模式"的要点是：

第一，集体记忆与共有观念都是建构两岸认同的中间媒介，可以看做是建构两岸认同的两个管道。一方面，要不断建构两岸之间的集体记忆，为两岸认同创造有利的条件，这是建构两岸认同的第一管道。另一方面，集体记忆只是两岸认同的必要条件，还不是充分条件，它不必然导致两岸认同，必须把它提升为共有观念，才能形成互相认同的意愿，这才能为建构两岸认同提供充分条件。共有观念是建构两岸认同的第二个管道。

第二，建构两岸共有观念是两岸相互认同的关键所在，而且是一个艰难的两岸互动的过程，对两岸来说，它是双向的，不是单向的，需要依靠双方的共同努力。双方能够达成什么程度的共有观念，才可能产生什么程度的两岸认同，认同的程度是随着共有观念的提升而提升的。应当指出，如果没有建构两岸可以接受的共有观念，就不会有两岸共同的意愿，任何高明的主张和措施都是一厢情愿的，都只能是空中楼阁，既不能为对方接受，也不能付诸实施。现在已经有人提出，两岸应当建构"同属一中"的"共有知识"，或是提出共同回归"中华文化认同"，还有人则提出应当建构"一中三宪，三个主体"的主张等等，可是在没有形成两岸共有观念之前，得到的响应都是相当微弱的，关键就在于缺少了"共有观念"这一不可或缺的中介与桥梁。同时，有些主张只是一方提出主张，要求另一方接受，而不是强调双方的互动。台湾学者杨开煌指出："认同不是单向的，片面的，应该是双向的，互补的。"[23]我赞成这个观点。

第三，在凝聚"集体记忆"与"共有观念"的基础上，就可以进入社会认同的过程，这是一项两岸互动的进程，是双方共同参与、共同建构两岸认同的过程。这时，社会分类的标准发生变化，即以两岸为一个群体，通过与其他群体（作为"他群"）进行社会比较，特别是在社会认同过程的"积极区分"环节，充分发挥两岸各自的优势，并且吸收与共享彼此的优势，满足相互认同的自尊需求，使得两岸成为"我群"，这样才算完成了两岸认同的过程。

以上三点构成两岸认同的"双管双向互动模式"，概括地说就是要：交流形成集体记忆，互动提升共有观念，积极区分扩大我群，合力建构两岸认同。

当然，由于两岸的社会制度上存在差异，有许多差异是实际存在的，两岸都不应当要求对方放弃原有的认同。台湾方面可以在"台湾认同"的基础上扩大为"两岸认同"，即"双重认同"。两岸都要在互相认同的同时，增进彼此的互相了解，充分尊重对方的现实，互相承认差异，尊重差异，包容差异。在多元化的时代、多元化的社会中，没有必要去除一切差异，没有必要强求一致。现在有不少多民族国家，他们之间不因民族的不同而影响相互认同。欧盟如此，美国也如此。亨廷顿指出，"出现一个分成两权的美国，有两种语言，即西班牙语和英语，两种文化，即盎格鲁—新教文化和拉美裔文化"，但这并不影响美国人的认同，"美国人国民特性的核心，就是定居者所创立、世世代代移民所吸收的文化，'美国信念'就是由它诞生出来的。这一文化的精髓就在于新教精神"。[24] 因此，尽管两岸不可避免地存在某些差异，但是两岸之间的相互认同是可以通过"双管双向互动模式"的运行而建构起来的。

（2012 年 2 月 4 日初稿，2012 年 2 月 6 日修改）

注释:

[1] 俞可平:《全球化译丛》总序，见《不确定的合法性》，北京：社会科学文献出版社，2011 年，第 2 页。

[2] 黄宗智:《我们要做什么样的学术—— 国内十年教学回顾》，http://www.aisixiang.com/data/49162.html。

[3] 哈布瓦赫:《论集体记忆》，上海：世纪出版集团，2002 年，第 91 页。

[4] 格罗塞:《身份认同的困境》,北京:社会科学文献出版社,2010年,第12页。

[5] 哈布瓦赫:《论集体记忆》,第303、304、321页。

[6] 格罗塞:《身份认同的困境》,第37页。

[7] 同上,第10页。

[8] 陈孔立:《台湾社会的历史记忆与群体认同》,《台湾研究集刊》,2011年第5期。

[9] 《中国评论》,2009年9月号,第64页。

[10] 邓治文:《我们是谁——合并型的社会认同研究》,湖南人民出版社,2009年,第26—27页。

[11] 陈其南:《台湾史研究的政治意涵》,台北:《历史月刊》,1996年10月号。

[12] 周奕成:《台湾需要新的中华论》,台北:《新新闻》,2010年10月6日。

[13] 参阅艾娟、汪新建:《集体记忆:研究群体认同的新路径》,《新疆社会科学》,2011年第2期。

[14] 袁正清:《国际政治理论的社会学转向:建构主义研究》,上海人民出版社,2005年,第34页。

[15] 秦亚青:《文化与国际社会:建构主义国际关系理论研究》,北京:世界知识出版社,2006年,第26页。

[16] 温特:《国际政治的社会理论》,上海世纪出版集团,2008年,第19、164页。

[17] 同注[15]。

[18] 温特:《国际政治的社会理论》,第334页。

[19] 参阅温特:《国际政治的社会理论》,第349页;陈孔立:《两岸互动的"要"与"不要"》,《走向和平发展的两岸关系》,九州出版社,2010年,第44—47页。

[20] 同注[15],第27页。

[21] 豪格等著:《社会认同过程》,中国人民大学出版社,2011年,第29—30

页。

[22] R.H. 奇尔科特:《比较政治学理论》，北京：科学文献出版社，1998 年版第 515 页。

[23] 同注 [9]。

[24] 亨廷顿:《谁是美国人——美国国民特性面临的挑战》，北京：新华出版社，2010 年，第 2、47 页。

两岸认同过程的五个阶段

在《两岸认同的过程》一文中，作者提到通过建构"集体记忆"与"共有观念"进入两岸认同的社会过程。本文在前文的基础上，进一步探讨这一过程的具体阶段。为此，我们打算借用以下两个概念：管理学中的"利益相关者"与社会心理学中的"群体资格"，对两岸认同过程的五个阶段进行比较具体的描述。

一、利益相关者与两岸认同

"利益相关者"（stakeholder）是管理学中的一个概念，其本意是指"能够影响一个组织目标的实现，或者受到一个组织实现其目标过程影响的所有个体和群体"，例如，企业中的利益相关者，直接的有投资者、股东、债权人、管理者与雇员等等，间接的有供货商、经销商、顾客乃至政府部门、社区、社会团体等等。利益相关者理论认为必须保障所有的利益相关者的利益，当不同利益相关者的利益发生冲突时，应当优先考虑直接利益相关者、核心利益相关者的利益，并且通过共同参与及共同治理等途径，实现社会包容，反对社会排斥。尽管政界与学界对于利益相关者资本主义还有很多争议，但它已经被广泛运用于经济、社会、政治等诸多领域。[1] 例如，在中美关系方面，

2005 年美国官员曾经提出促使中国成为国际体系中"负责任的、利益相关的参与者"这一概念。又如，2011 年中国与缅甸、泰国、老挝四国在湄公河流域的联合巡逻机制，被视为"利益相关者理论"在国际关系上的实践。

经过几十年来的交流、交往，两岸之间实际上已经成为利益相关者，因此，"利益相关者"这一概念及其中的若干原则，对于两岸关系也有借鉴意义。

首先，双方要明确彼此之间是利益相关者的关系。实际上，现在两岸的交流交往的关系就是利益相关者的关系，两岸的协商就是利益相关者之间的协商，ECFA 的商谈正是体现了利益相关者之间共同参与、共同治理的原则，体现了社会包容的原则。两岸之间的利益相关者关系表明双方都应当是负责任的利益相关者，要共同维护两岸关系和平发展的体制。这一关系的要点在于：不利于两岸关系和平发展的事不做，双方都要采取互相包容的态度，而不是互相排斥的态度。

其次，双方都要关照与保障对方的权益。"利益相关者"的一些重要原则，诸如：强调社会包容，反对社会排斥，共同参与，共同治理，各方既拥有权利，又负有义务等等，这一些原则应当得到两岸共同的承诺与遵守。随着两岸关系和平发展的进程，这些原则将日益显示出其重要性，成为加强与改善两岸关系的重要途径。

再次，在改善两岸关系方面，双方都应当是积极的平等的参与者，双方应有的权利必须等到保障，同时双方也必须履行应尽的义务。

最后，在两岸关系和平发展的进程中，双方应当共同治理，分享权益，分担风险。

后面这两点所可能引发的问题有些已经开始呈现，随着两岸关系的发展与深化，特别是在政治领域中将会出现更多需要解决的问题甚至难题，双方都要本着"利益相关者"的原则正确对待，才有助于增进两岸共同的认知与情感，通过积累集体记忆与共有观念，增进互信与共识，促进两岸的认同。

当前两岸可以说是仍然处在"利益相关者道路"的低阶时期，开始注意的重点是保障双方的权益，关注的是经济、社会、文化方面的议题。随着相互关系的发展，将要进入高阶时期，那时更加强调共同参与、共同治理，关注的范围更广，必然涉及政治层面的议题，对于"负责任的利益相关者"就会有更高的要求，共同承担维护与发展两岸关系的责任。同时，两岸共同具有"利益相关者"的身份，彼此之间的关系也更加密切，相互认同的范围将逐步扩大。

因此，在两岸明确了"利益相关者"身份之后，有必要签订某些协议或制定相关的"游戏规则"，用以建构、规范两岸共同遵守的理念与原则，这是两岸关系和平发展的需要，也是两岸认同过程必须经历的一个环节。

这就是说，两岸认同的过程是"利益相关者"的关系从"低阶"到"高阶"的发展过程。在这一过程中，强调互相包容，减低互相排斥，扩大共同参与和共同治理，而签订相关的协议作为两岸互动的规范则是一项必要的措施。

二、群体资格与两岸认同

社会认同理论有关"群体资格"的论述，有以下几个要点：

第一，群体资格是社会认同的来源。群体资格是行动者在社会范畴化或社会分类体制中所获得的群体成员特征或范畴特征。

第二，群体资格是可以改变的，"种种社会力量对行动者的雕刻过程，也就是行动者加入不同群体而获得不同群体的成员资格，并建构或解构／重构相对应的社会认同的过程"。

第三，群体资格的获得需要一个过程：即从非群体资格到"部分资格"再到"完全资格"的梯度过程。这种梯度特征，不仅存在于个体的群体资格中，也存在于法人或组织的群体资格中。

第四，群体资格的获得过程，也是和群体资格有关的集体记忆和社会知识的学习过程。

第五，先有群体资格，然后才有认同。[2]"群体资格"的概念对于两岸认同也有借鉴意义。

目前两岸各自形成群体，群体的成员把自身理解为群体的一分子，从中获得认同感与归属感，并且取得一定程度的社会共识。它通过社会分类与"他群"区别开来。但是，群体资格是可以改变的，两岸的个体成员加入对方的群体、获得对方的群体资格也是可能的。例如，有一定数量大陆籍的台湾居民的配偶，已经融入当地的群体，获得部分或完全的群体资格。同样，在大陆的一些台湾籍人士（诸如所谓"两岸族"）也逐渐融入大陆社会，他们有可能成为当地社会群体的成员。这种从"非群体资格到部分资格再到完全资格"的梯度过程，已经开始出现，并且可能在一部分民众的两岸认同中逐步扩展。

当然，两岸认同的过程相当复杂，社会认同理论认为"群体资格的获得过程，也是和群体资格有关的集体记忆和社会知识的学习过程"，这一观点与我们在《两岸认同的过程》一文中提出的"通过集体记忆与共有观念进入两岸认同过程"的观点互相吻合，因此，可以认为"群体资格"正是两岸认同的一个重要途径。

三、两岸认同过程五个阶段的描述

在温特的建构主义理论中，对三个"国际体系无政府文化"即"霍布斯文化"（Hobbesian culture）、"洛克文化"（Lockean culture）、康德文化（Kantian culture）有如下的描述：霍布斯文化以相互敌视、相互残杀为特征，二者之间互存敌意、互为敌人；洛克文化则不互相视为仇敌，不以消灭对方为基本目的，二者之间是互相竞争、维持现状的关系；康德文化则是互为朋友的关系，是安全共同体的关系。[3]这些概念虽然运用在国际关系上，但对两岸关系也有借鉴意义。

在两岸未正式"结束敌对状态"之前，两岸从内战历史的延续上来说，仍然处于敌对状态，在政治上、国际活动上相互敌视的状态时常出现，在民众心态上或多或少地存在敌意、对抗的意识，某些政党至今还处在敌对状态，但由于近年来相互交往，在一定程度上的相互合作，敌对心态有所缓解，友好与善意正在累积，两岸之间已经签订一批双方可以接受的协议，这表明在某种程度上双方已经出现"不互相视为仇敌"的状态，也可以说，相互敌对正在为相互竞争所取代，或者说，正在从"霍布斯文化"向"洛克文化"转变。随着两岸交流的深化，彼此间更加相互了解，凝聚更多的共识与互信，有可能向"互为朋友"的方向，即向"康德文化"转变。当然，从"敌对"到"不敌对"再到"朋友"，这只是两岸进入认同过程的一个"粗线条"的描述。

从两岸已经出现或可能出现的情况来看，两岸认同的过程要比以上"粗线条"的描述细致、复杂得多，大体上可以分为如下五个阶段，即"敌对"—"不敌对"—"利益相关者"—"群体资格"—

"认同重构"渐进地发展，而且同一时期不同的人群可能处于不同的发展阶段。

（一）敌对阶段

在未正式"结束敌对状态"之前，在两岸高层与一般民众中出现敌对、敌意、敌视的状况是在所难免的。目前在"主权"问题上的分歧就是敌对状态的表现。在一般民众中，也会有类似的感受。例如，一个大陆学生在台湾就感受到"许多台湾人看待大陆人带有敌意和歧视"，而来到大陆的台湾民众则感到"大陆人并没有真正把台湾人看作是中国人"。台湾民众无法理解为什么大陆人那么强调"统一"，而大陆民众也很难理解为什么台湾人主张维持现状而不愿意统一。目前两岸的情况基本上还处在这一阶段，即存在敌意、互不理解。

（二）不敌对阶段

这一状态已经出现，并且正在日益扩展。两岸的交流使两岸许多上层人士及一般民众感受到两岸并非敌对，可以和平共处、理性对待的一面，其表现形式主要有两个方面：

一是彼此有沟通的意愿，有合作的意愿。例如，一些台湾青年指出："双方都不应坚持自己的政体或想法最好，其实都有改善空间；若不愿敞开心胸，真的会谈不下去。""两岸青年就是未来各自政体的主人翁，也是未来两岸关系的主角；既然知道双方不同政体是最大的问题，彼此都应让自己的脑袋更灵活、新鲜，发挥创意才能解决问题。""我也觉得，两岸青年交流营，10天实在太短了，最后大家道别时流泪，不知道什么时候可以再见面的感觉很深。因此，我是很赞成大陆学生来台就读，至少一个学期可以天天见面，交流的时间很长；交流时间愈长，进入彼此生活环境、了解双方生活习惯才会愈深入。"[4]一位经常来往两岸的学者指出："两岸之间，更需要体会到'有你才有我，有我才有你'，由此创造往后的因缘，才能寻得真正的解脱。"[5]

二是有互相理解的要求，并且从互不理解到开始有所理解。例如，有些台湾青年开始对大陆有所理解，他们认为目前大陆存在的一些情况，过去台湾也存在过。"我与大陆人聊天时，感觉也像与自己的爸妈聊天似的，怎么都讲一样的。我自己对大陆近年来与未来发展表示乐观，反而是比较担心自己能不能跟上，所以会有压力，希望自己再多了解大陆一些。"有的认为两岸的差异之处"有些时候是被塑造、被教育出来的，不是本来的差异"。两岸学生应当通过学习历史"了解两岸在 1949 年以后这段时间的历史和两岸关系的变化，或是双方各自做了什么造成现在的关系"，这才有助于建立认同感。有的青年理解到"以前只认为是大陆打压，但是现在逐步了解有些东西大陆是不能让的，因为不可能造成'两个中国'的事实"。他们希望两岸应当采取不卑不亢、展现信任合作的态度，处理好相互关系。[6]一位长期在大陆生活的台湾人指出："我认为，（两岸）两种生活型态没有好坏之分，就是生活态度不同而已。而我自己习惯大陆生活之后，反而还觉得台湾的生活有点沉闷无聊，两者间没有客观好坏问题，只有主观喜不喜欢的问题而已，而我，目前似乎还是比较习惯大陆生活！"[7]

（三）利益相关者关系阶段

许多人已经认识到两岸关系已经是利益相关者的关系，不仅在经济方面，而且在政治上、军事上、国际关系上都有共同的利害关系，在全球化的条件下，两岸之间在一定程度上已经存在命运共同体的关系。这里，我想借用"自在"与"自为"的概念来说明"利益相关者"关系发展的不同阶段。作为"自在"的利益相关者，更多地重视保障自己的利益，而作为"自为"的利益相关者则需要有"共同参与""共同治理"的自觉，更好地发展彼此间的关系。应当说，目前"自在"的关系已经存在，而要达到"自为"还有相当长的距离。

例如，有一位台湾学者深刻地理解到，大陆发展前景的好坏，台湾都无法置身事外，他指出："大陆若正面发展，我们固可乘势而起；负面效应，我们也一定先受其扰。因此，比起近邻的日、韩、东南亚，或国际社会的美国、欧盟，我们都该对大陆有更多的关心与观照。"[8]他还指出："台湾只有直接参与大陆发展，与它同声相求，让自己的能量成为主导它发展的一份力量，才能跟着它一起走入全球化而不被淹没。"[9]他认为现在很多台湾人士还没有认识到这一点，让他深感遗憾。实际上许多大陆人士也没有这样的认识。不过令人欣慰的是，在两岸青年交流中已经出现一些可喜的现象。有些台湾青年已经感受到两岸作为利益相关者的关系，他们对两岸有一定程度的"我群"感，提出要通过"两岸和平相关制度的签订"，促进台海和平、两岸统合或统一，让"全世界的国家都会以两岸和平发展为模范样本，做到很好的示范作用，也是我们华人的光荣"，"我们应该再放大格局，两岸一样都是华人，如果最终会走向统一之路的话，那我们现在就要明确告诉自己，自己可以扮演甚么样的角色、定位，互相拉抬走向民主化成熟道路。也许华夏文化掺入西方体制，让中西方特征文明有其更独特的融合方式"。[10]台湾学者徐斯俭指出："两岸若能从对话到伙伴、从具体治理议题分享与交换经验开始，互相沟通讯息、消除误解，形成政府以外的观点；培养信任与相互理解，就具体案例共同合作，从互动中探讨共同价值理念，惟有缩短两岸社会差距，逐渐形成某种一体感，才是两岸和解真正可靠的社会基础。"[11]这个看法与利益相关者的道路是相似的。

（四）群体资格阶段

目前有少数人分别在两岸的群体中取得了"部分资格"，开始有了"部分认同"。这主要是指少数在大陆的"台商"和在台湾的"大陆配偶"。他们由于在相当长的时间里与对岸的"迁移地"民众相处，逐渐融入当地社会，获得当地居民的认同，他们也愿意认同"在地"的群体，因而取得了该群体的"部分资格"。

例如，台湾学者耿曙对台商的研究表明，近年来到大陆投资的台商有较多受到高等教育的专业人士，"他们之中已经少见'过客'与'自我封闭'的心态，取而代之的做法是积极拓展当地的社会关系，努力将自身融入大陆的社会中。同时，早期台商对当地人的种种歧视心理也逐渐消弭于无形"。这些台商与迁移地的情感与利害关系日益加深，更加强调对迁移地的认同。[12]大陆学者王茹研究"两岸族"时也说：他们"虽然仍有可能在不同的场合与心境中对大陆人、台湾人之间的亲疏远近的感受会有所差别，然而总体上他们是在'重叠的认同'中将'大陆人'和'台湾人'都视为'自己人'，而非'他者'"。[13]

在台湾的大陆配偶情况相当复杂，甚至存在不少问题，但也有少数已经融入当地社会的事例。例如，据台湾媒体报道，李瑶嫁到高雄县冈山镇，她全心融入台湾文化，又热心社区服务，获得"绩优模范志工家庭"与"大陆新娘模范家庭"的称号；桂林三姐妹都嫁到台湾，她们表示"十几年来早已融入了当地的生活，与台湾同胞相互尊重，相敬如宾"。有的则表示，既然嫁到台湾来，就会适应台湾社会。她们奉劝嫁到台湾的大陆女孩，"应该是融入当地社会，而非要求庞大的社会配合自己"。此外，这里要举出一个从台湾嫁到大陆、融入大陆社会的事例。郑祖愉嫁到苏州以后，"平时在家一直都坚持自己动手做家务，不想让老人太累了，她还试着通过听收音机学习苏州话，学着适应江南闷热的梅雨季节"。她说："我觉得自己已经彻底融入到这个城市了，深切感受它的发展和变化，所以也不觉得有什么新鲜和异样了。"[14] 除此之外，其他人也可能通过与对方相同职业的人士交往，或是从事共同事业的经历，逐渐取得对方群体的部分资格。当然，取得对方的"群体资格"是一个艰难的过程，但相信随着时间的推移、两岸关系的改善，会有更多的两岸配偶能够融入当地社会，更多的人士能够为对方的群体所接纳，甚至获得完全的"群体资格"。

（五）认同重构阶段

在这个阶段，个体或群体会主动地重构认同，致力于追寻新的群体资格。开始是个人认同的改变，即不坚持原有的认同，而对两岸则有积极的认同，追求一种新的群体资格，即表明自己既是台湾人，又是中国人。特别是通过两岸交流交往之后，对两岸的认知有所改变，不再视对方为"异类"，不再把对方视为比自己"低"的群体，不再把对方看成是与本群体有巨大差别的群体，这样就产生了群体认同的改变，这也就是认同的重构。

可以肯定地说，随着两岸关系和平发展的进程，两岸通过更多的交流交往，将会建构更多的集体记忆与共有观念，两岸民众通过文化认同、民族认同、地域认同、职业认同、地位认同以及群体认同等不同的渠道，不断地累积共识、增进互信，在各个方面将会加强对"利益相关者"与"群体资格"的认知,将会产生更多"我群感"与相互归属感,而不断地减少排斥感,这样,就有越来越多的人能够超越原有的群体认同,而追求以两岸为群体的资格,强化共同命运,共担风险,社会认同的广度与深度必定会推进。

当然,更进一步的认同涉及政治认同、国家认同、价值观的认同等等,要求更高,难度更大,但它是可以通过共同的政治参与、共同建构价值观的认同重构过程来实现的。在这个方面,欧洲从"欧洲经济共同体"变为"欧洲共同体"再变为"欧洲政治联盟"的过程;新加坡1991年提出的《共同价值白皮书》的经验,都有借鉴意义。可喜的是,近年来两岸关系的发展,已经建构出不少可贵的集体记忆与共有观念,两岸关系和平发展得到两岸人民的广泛认同,"两岸同属一个中国""中华文化与中华民族理念"也得到两岸越来越多民众的认同,这就为增进两岸之间的相互认同打下了基础,这表明"两岸认同"必将沿着这样的渐进过程向前推进。

至此,有关"台湾民意与两岸认同"的系列论文已经告一段落。最后我想引用三位学者的观点,表达对两岸之间实现"双重认同""复合认同"亦即"两岸认同"的期待。

台湾学者南方朔提出"双重认同"的概念,他指出:"我是主张台湾人要有台湾认同的","将来台湾的问题,我认为是所谓的双重认同,这大概是跑不掉的,但这种双重认同不是对立式的认同","将来台湾要发展,一定要往双重认同的路去走"。[15]

大陆学者俞新天提出"复合认同"的概念,她指出,两岸之间的认同即使有矛盾也不是绝对的、排他性的,"不是说要你抛弃原来的认同,不是要这些认同不存在矛盾,而是能够互相包容、互相协调,可以达成一致"。[16]

新加坡国立大学郑永年教授指出:"在台湾问题上,中国大陆所需要的不是消除台湾认同，而是要在台湾认同的基础上再创造一个'中华'或者'中国'认同。认同是一个人内在的心理因素，是软力量"，"从长远来看，'中华认同'也好，'中国认同'也好，都会来自大陆对台湾的'软'政策"。[17]

这说明已经有不少学者认定"台湾认同"与"双重认同""两岸认同"乃至"中国认同"并不是对立的、排他的，而是可以互相包容的。我相信通过两岸关系的和平发展，"两岸认同"的美好愿望是可以实现的。

（2012 年）

注释：

[1] 参阅徐崇温主编:《利益相关者资本主义》，重庆出版社，2001 年；刘刚:《中国传统文化与企业管理：基于利益相关者理论的视角》，中国人民大学出版社，2010 年。

[2] 参阅方文:《学科制度和社会认同》，中国人民大学出版社，2008 年，第156—168 页。

[3] 参阅温特:《国际政治的社会理论》，上海世纪出版集团，2008 年。

[4] 以上参阅《台湾青年如何看待两岸关系》，《中国评论》，2011 年 6 月号。

[5] 林谷芳:《两岸之茧》，第 24 页，天下远见出版公司，2005 年。

[6] 同注 [4]。

[7] 黄清龙总编辑:《台湾人看大陆，大陆人看台湾》，第 69 页，商讯文化事业公司，2011 年。

[8] 同注 [5]，第 72 页。

[9] 同注 [5]，第 95 页。

[10] 同注 [4]。

[11] 徐斯俭:《两岸形成一体感才是和解基础》，http://www.chinareviewnews.

com2012-03-14。

[12] 耿曙:《"资讯人"抑或"台湾人":大上海地区高科技台商的国家认同》,《国政研究报告》,2002 年 5 月 28 日。

[13] 王茹:《"两岸族"台胞的社会身份认同与两岸命运共同体》,《台湾研究集刊》,2010 年第 1 期。

[14] 同注 [7],第 168 页。

[15]《中国评论》,2010 年 12 月号,第 74 页。

[16] 俞新天:《两岸共同复兴中华文化重塑台湾民众集体记忆》(发言稿)。

[17] 郑永年:《台湾民主与两岸关系的未来》,http://www.aisixiang.com/data/49583.html。

省籍—族群—本土化

台湾政治的"省籍—族群—本土化"研究模式

　　在研究台湾政治时，可以采取各种不同的研究模式或研究途径，而"省籍—族群—本土化"则是其中一个具有台湾特色的研究模式。

　　在中国各省中，没有一个省份如同台湾一样，有这样突出的"省籍"问题。1949年，由于国民党政权败退台湾，随之而来的有100多万外省人涌入台湾，这种大量"政治移民"的现象十分特殊，形成了一个令人瞩目的外来群体。于是，原来（指1945年8月台湾光复之前）已经居住在台湾的一部分人，被称为"本省人"，而在战后进入台湾的则被称为"外省人"。这本来只是不同省籍的区分，但由于政治的原因，却形成了不同"族群"的界限。这个问题直接影响着台湾政治，当代台湾本土化的进程，已经成为观察台湾政治的一个重要指标，可以说，把上述三者联系起来的"省籍—族群—本土化"模式已经成为研究台湾政治不可忽视的一种途径。

一、省籍、族群、本土化的概念

　　关于"模式"，需要先作界定。美国政治学者奇尔科特（R.H.Chilcote）指出："在比较政治学研究中使用模式有广泛的含义。模式形成架构，把部分联系在一起，并说明其关系。模式往往把现实世界的表现加以简化。它们为理解提供方便，但并不作说明。""模式具有局限性。它们是思想架构而不是理论。"[1] 我们用"省籍—族群—本土化"模式，试图把台湾各种政治现象联系起来，分析出现这些现象的共同的、普遍的、本质的原因，但要强调的是，这只是采用一种宏观的架构和简化的方式，去掉了复杂的因素，所以它不能说明所有的原因，要深入研究某一特定的政治现象，还需要进行具体的微观的分析。

现在需要对几个概念加以说明。"省籍"指的是"本省籍"与"外省籍"的区分。所谓本省籍是指 1945 年光复以前就住在台湾的居民及其后代，外省籍则是指 1945 年以后进入台湾的居民及其后代。把本省籍当做一个整体，不分福佬、客家和少数民族；把外省籍当做另一个整体，不分是来自哪一省。这本来不是一个科学的区分，但却是在台湾历史上形成的，已经成为约定俗成的说法了。

"族群"有两种含义，一种是指建立在共同文化（语言、文化、心理素质等）基础上的群体，这种族群认同是与生俱来的；一种是把族群看成是一种社会组织，族群的成员主要由"自我认同"（同时也为"他人认定"）归属于某一个"我群"，而与"他群"相区分。在台湾，通常分为四大族群：福佬人、客家人、少数民族、外省人，或简化为本省人和外省人。

对于以上的分类，台湾学者曾经提出疑义。石之瑜认为分为四个族群是汉族沙文主义的表现，把福建闽南人与台湾闽南人分成不同族群，把广东客家人与台湾客家人分成不同族群，把满蒙回藏与汉人放在同一外省族，都不妥当。而所有的混血者却必须自行"选边"。[2] 江宜桦也认为四大族群并不符合严格的定义，实际上本省人、外省人、客家人都属于一个民族。[3] 这是根据第一种含义作出的判断，有一定道理。张茂桂认为"台湾人"或者"外省人"的族群分类是十分人为的，有特殊时空、特定政治涵义的。大约是在 1989 年才出现。张麟征更明确地指出，"族群问题"的说法是国民党统治时期"在野异议人士"提出的，有其政治目的，他们主张"台湾人不是中国人"，创造台湾"新兴民族"的概念，以族群动员的手段，争取本省的支持者，赢得不少选票。所以，她说："把省籍间的差异夸大为'族群问题'，基本上是着眼于政治利益。"[4] 正因为有上述不同的看法，有些学者不同意用"族群"来取代"省籍"。不过，现代台湾社会的确存在本省人与外省人之分，习惯上也采用"四大族群"的说法，在许多场合，"省籍"和"族群"是混用的。为方便起见，我们暂且借用这个约定俗成的概念，来讨论台湾的政治问题。

"本土化"的概念，有广义和狭义两种解释：广义的是指，朝向适合本地、立足本地、认同本地的方向发展，或发展成为具有本地特色的事物，同时含有逐渐削弱或去除外来的（如殖民地的）影响的意思。例如，在引进外来的科学、技术、文化、产品、制度等等的同时，实现科学、技术、材料、管理等的本土化，例如社会科学本土化、学术本土化、管理学本土化、教材本土化等，又如企业本土化、技术本土化、设备本土化、产品本土化、软件本土化、网站本土化等等。狭义的是指在社会生活层面的本土化。

在社会生活层面，也有广义与狭义的不同。广义的是指，在政治、经济、文化等各个领域实现适合于本地的政策、制度等等。特别是指文化的本土化，即文化传播中的本土意识，或文化研究中的本土价值取向，主要表现为对本土文化的重新提倡与肯定。狭义的是指，当地居民在肯定其主体性的前提下，追求自主利益的相关活动，包括官员本土化、干部本土化，即选拔占人口多数的本地人担任本地各级官员中的某些职位，直至担任多数职位、主要职位、最高职位。

在台湾，政治方面的本土化也有两种不同的理解。一种是李登辉的说法："民主化等于本土化"，本土化就是要去掉"外来政权"，要"摆脱大中华主义"，"台湾人不要再让别人管"，这实质上是"去中国化""台独化"，有人指出按照李登辉的意愿是要走向"日本化"。另一种是要求让占台湾人口绝大多数的本省人参与政治，当家做主；政治人物要深入基层，植根基层，反映本省大多数的民意。

本文所讨论的台湾本土化，主要指政治上的本土化，即官员本土化、民意代表本土化而言。

二、"省籍—族群"问题是台湾社会的一大特点

台湾地区本省籍约占人口总数 85%，外省籍约占 13%，可是 1945 年（特别是 1949 年）以来，在国民党统治下，本省人只是在省以下地方政权和民意机构中占有多数席位，而"中央"一级的党、政、军主要职位则被外省人所占据。从 1950 年以后，七届"内阁"的"行政院长"和重要"部会"首长没有一个是本省人。外省人垄断政治权力，造成不同省籍之间的关系紧张，有人把它称为"省籍问题"，进而归结为"族群冲突"。这种情况对于国民党的统治是不利的，因此，20 世纪 70 年代蒋经国担任"行政院长"时，便重视这个问题，大量延揽本省籍"青年才俊"进入国民党与"政府"体系中担任一定的职务，李登辉、林洋港、施启扬、连战、邱创焕、许水德等分别进入党政高层，其目的显然是为了笼络一些本土精英，缓和国民党与台湾省籍民众的矛盾，巩固国民党的统治。但那时本省籍精英在高层中仍占少数，直到 1987 年，"国民党中央党部、'内阁'、'立法院'等机构的重要职位，有四分之三以上为内地人所把持"，军队将领中外省人占 84%。[5]

外省精英长期垄断重要职位，这个问题成为台湾政治上的一个严重问题。台湾学者朱云汉指出："在面对政治体制改革时，对国民党自下而上构成最大威胁的是潜在的省籍矛盾。""民主化过程必然会引发政治权力由外省集团手中重新分配给本省人的改革诉求。"[6]大家知道，1947年"二二八事件"发生以后，形成了本省人与外省人相互对立与隔阂的局面，经过几十年的相处，目前在一般社会生活层面，基本上已经走向融合，本省人与外省人通婚的情况相当普遍，彼此关系融洽，敌对情绪基本上已经消除。但在政治态度上却仍然存在差异，特别是在选举时，往往由于省籍情结的影响，在某些政客的有意挑动下，省籍矛盾就会显现出来。有的学者说："台湾的民主化过程，相当程度是建构在族群间的意识形态冲突上，每次的选举不论政党还是政客为了选票，都以巧妙的包装在社会上动员省籍情结。"[7]宋楚瑜认为："每到选举就用省籍做诉求，不但不会给社会带来快乐，更不会带来希望。"学者瞿海源则指出："候选人挑动族群和统独情结，或因这类情结而相互大张挞伐，都是政治性格不成熟也是不诚实的表现。"[8]有一位基层干部更加直观地作出概括："省籍情结平时还不容易发现，有趣的是，在选战期间却特别容易发酵。"[9]

有许多事实可以证明，在选举中"省籍情结"确实发挥了作用，例如：

1992年第二届"立委"选举的结果，根据陈义彦教授的研究，认为存在省籍情结强化的现象，"外省籍选民极高程度支持国民党及新国民党连线，极少支持民进党；而民进党的支持者几乎清一色是本省人"。[10]

1994年台北市长选举时，有69%外省选民投票给新党的赵少康，在市议员的选举中，外省选民支持新党的有62%，[11]"成为台湾历年来两岸关系议题上最激烈的对抗"。

1996 年民进党在"总统选举"中失败，在总结失败教训时，民进党秘书长邱义仁指出，"台湾潜在的族群问题非常严重"。[12]

1998 年台北市长选举时，陈水扁公然提出"年底市长选举是台湾民进党的陈水扁对抗中国新党的马英九"，并且提出所谓"新卖台集团"进行煽动，挑起了族群对立。当时国民党的苏志诚认为："这是一种激起省籍情结的策略，因为 50—70 岁之间的选民占全体选票的百分之十几，这群票源才是输赢的关键，而这个年龄层的人比较能挑动省籍意识，所以民进党用'新卖台集团'的诉求来稳住这群票源。"[13]陈水扁阵营还刊登广告指责赵少康不敢说自己是台湾人，新党竞选总经理赵少康表示，他是一个外省第二代的子弟，既是台湾人，也是中国人，但他要反问陈水扁，敢不敢说出自己是台湾人，也是中国人。接着，陈水扁宣称"二十天内不挑起族群话题"，新党台北市长候选人王建煊则指出，陈水扁是"打人不准喊疼"，其实他早已挑起族群、省籍话题。这次选举陈水扁失败了，身兼陈水扁总干事的台大教授李鸿禧竟然也从省籍、族群角度来分析失败的原因，他说："省籍因素、意识型态及陈水扁得罪既得利益者是最主要的因素。台北市有将近 30% 的外省人，其省籍情结很重，不管陈水扁做得多好，会投给陈水扁的只有 10% 上下。"几位学者在讨论"陈水扁为何败选"时，都认为"省籍因素是胜负关键"[14]。瞿海源在观察当时选举情况时指出以下事实："支持民进党的外省人非常少，而支持新党的闽南人相对来说也是少的。"[15]

从 1998 年开始，在议论下一届"总统选举"时，国民党的邱创焕就提出：下届"正副总统"应当由连战和宋楚瑜搭配，如果宋楚瑜坚持选"总统"，"到时会不会有省籍的问题发生？国民党禁得起省籍风险吗？"[16]同时，王作荣在其自传《壮志未酬》一书中写道，他曾经建议李登辉，请宋楚瑜和连战搭档，作为"副总统"候选人，为团结中生代，及平衡省籍政治资源，在连战当选"总统"时，将国民党主席一职给宋楚瑜。可见，即使在国民党内部也不得不考虑"省籍平衡"问题。无独有偶，民进党的谢长廷也承认存在省籍情结问题，他指出："省籍情结未来恐将成为大选的重要变量，可能对宋楚瑜最不利。"[17]

实际上，后来在准备"大选"时，国民党和民进党都打出了"族群牌"。周阳山指出："国民党过去一向以'族群包容'自豪，但最近党主席（指李登辉）与总统候选人（指连战）却主动挑起族群意识，不断强调'正港的台湾人''台湾绝不能被出卖'等语汇。"[18] 同时，台湾农村流传这样的说法：如果宋楚瑜当选，李登辉一定会被清算；如果陈水扁打赢选战，李至少还有党主席可做。有人表示："宋楚瑜最后可能还是白忙一场，因为这次是选国家领导人，省籍情结会发生作用。"有人认为宋楚瑜最要命的是，让自己变成是"国民党极度打压的受害者"，于是便成了"外省人支持的候选人"，一旦外省人团结对外，省籍情结就自然激发，农业县的选民看到外省人挤在宋楚瑜的场子里，很自然会反弹。民进党籍的高雄县长余政宪明白地说，即使最后连战先出局，"李登辉会支持谁，大家都清楚，难道会是宋楚瑜？"[19] 吕秀莲则指出，连战、宋楚瑜都不是"正港台湾人"，要让"水（扁）（秀）莲配"这正港台湾人"正港出头天"。[20] 吕秀莲又说："你别看连战是台湾人，他是大陆西安出生的，他怎么有资格当台湾人的'总统'，并代表台湾去与中共谈判？"吕秀莲呼吁选民，绝不能选一个"北京的代言人"当"总统"。[21] 根据王甫昌的研究，自 1998 年第二届台北市长选举过后，本省籍民众的族群意识发生很大的变化，过去高教育程度的本省人常表现出较低的族群意识，现在却有升高趋势。王甫昌指出，这显示本省族群的反弹心态，原本本省族群中的高教育者多视族群动员为负面做法，族群意识更与个人的教育程度呈反比，但由于外省人投票给外省候选人的趋势一直居高不下，因而激起本省族群的族群意识，导致去年"大选"中陈水扁的胜选。[22]

在2001年"立委"和县市长选举时，仍然有这样的情况，台湾《中央日报》指出，"这次选举是族群动员最赤裸裸的一次，不少候选人为了选票，不断地往族群融合这道伤口上洒盐。"香港《文汇报》报道："李登辉、陈水扁及民进党每逢选举都要挑起本省人与外省人的对立，以获取本省人的选票。台湾中山大学廖达琪教授接受记者访问时说，在台湾，本省人超过八成，外省人不到两成。省籍对立是从身份认同的情绪出发，是不论是非、没有对错的。事实也正是这样。记者在台南问两位选民为何投票给民进党的候选人时，他们想也不想就回答：本地人选本地人，外省人选外省人。当地舆论批评说，李登辉他们为了选票挑起这种非理性的省籍对立，给台湾社会的族群关系造成严重创伤。"[23]

选后，台湾各界人士在讨论选举的影响时，提出：认同台湾本土意识，或认同台湾本土路线的政治力量有所增长；[24]在认同挂帅的情况下，"省籍问题"被上纲为"族群问题"，不同族群间的文化差异被凸显成政治上的对立；[25]"台湾选举要摆脱统独、族群之尖锐对立，恐怕还有一段很长的路要走"。[26]海外媒体也指出：在选举中，台湾当局长期推动的本土化运动起了很大作用。选举的结果标志着岛内政治生态本土化趋势的进一步强化。[27]

以上之所以要罗列这么多事例，是为了证明"省籍族群问题"确实存在，并且在选举过程中发生了重要的作用，同时也是为了以事实、以台湾不少政界学界人士的亲身体验来反驳"省籍没有影响"的说法。"省籍族群问题"既然存在而且长期发生作用，我们就有必要对台湾社会这一特殊的现象给予应有的重视，并且对它作出合理的解释。

三、"省籍—族群—本土化"研究模式的要点

我认为,可以把"省籍—族群—本土化"作为一种研究模式或研究途径,用以观察、分析台湾的种种政治状况,并且作出适当的解释。为此,有必要先把这个模式的要点加以概括,从中提炼出若干论点或带有规律性的观点,然后再以台湾的政治现实进行验证。

(一) 省籍、族群关系有其形成、演变的过程,本土化是一个必然的趋势,省籍、族群关系是在一定的历史条件下形成的

如上文所述,1947 年"二二八事件"导致省籍关系的紧张,在 1949 年国民党当局迁台以后,外省人占据统治地位。"在解严以前,(台湾)省籍人士不要说对'中央'政策,甚至连省政也少有置喙的余地。至于部队与党务系统那更清一色是外省人的天下。""在戒严体制下,台湾同胞虽名为'中华民国'的国民,却只有纳税与服兵役的义务而已,谈不上当家作主的权利。"[28] 在这种情况下,本省人感到压抑,省籍、族群矛盾逐渐加深。所以,省籍、族群关系紧张完全是国民党统治的结果。到了 70 年代,国民党不得不采取"本土化"政策。第一,通过增额选举,增加台湾省籍民意代表的人数。第二,选用一些本省籍的"青年才俊"。第三,在"内阁"和国民党中常会中增加台籍人士的比例。[29] 这样做的目的,显然是为了巩固国民党对台湾的统治。可见,"本土化"是在蒋经国时代开始的。1997 年 12 月,当时的民进党秘书长邱义仁会见当时的国民党秘书长章孝严时说道:国民党辛苦推动本土化政策,这个方向没有错。并说,本土化

"在令尊晚年的时候就开始了"。所以有人认为"蒋经国是台湾政治'本土化政策'的工程师"。[30] "本土化"体现了本省人要求参与政治的权利，于是，省籍、族群问题便与"民主"挂上了钩，本土化便带有民主化的色彩，呈现出其合理性的一面。

在"解严"后，特别是李登辉执政以后，国民党加紧实现本土化。以"行政院部会首长"为例，1984 年本省人只占 33.3%，1998年增加为 50%，[31]1993 年以后，"五院院长"中有 4 人是本省人。作为国民党非主流派的外省籍代表人物逐渐被驱出权力核心。在"民意机构"中，1989 年本省籍"立委"占 82.35%，1992 年占 80.8%。[32]后来，台湾当局以"出生地"取代"籍贯"，在"中选会"和民意调查中心的资料中，都缺乏"省籍"的相关资料。但是，本省籍"立委"的比重仍在增加。2001 年"立委"选举后，省籍结构又发生变化，在 225 名"立委"中，外省籍只有 35 名，本省籍有 190 名，占总数的 84.44%，体现出本土化进程的加速。[33]

本土化是一个必然的不可逆转的发展趋势，占台湾人口绝大多数的本省人理应获得当家做主的权利，过去长期由外省人主导台湾政治的局面必然需要改变。台湾学者指出："从蒋经国时代拔擢台籍人士参政、扩大开放增额中央民代选举开始，到李登辉时代以建构合理而民主的国会结构、推动各级首长直接民选、调整过去遭到扭曲的政经资源分配，以及建立台湾优先理念，重视台湾主体意识，加强台湾历史文化教育，响应台湾人民需求等等目标，都是本土化运动的具体展现。"[34] 因此，"本土化"与民主化成为台湾社会改革的重要动力，几十年的台湾现代史已经显示了这种发展趋势，现在尚未到头。

在今后一定时期中，特别在选举时，这个问题仍然会浮出台面，有时竞争还会相当激烈。但是，本土化的进程不可阻挡，今后相当时间内，台湾政治权力的分配将由本省人主导，外省人主导台湾政治的局面已一去不复返了。外省精英只有认同本土，与本土结合才能获得民众的支持。可能还要经过若干年、若干次选举，政治上本土化基本上实现，并且得到巩固以后，这个趋势才会终止。同时，经过相当长的时期，真正意义上的"外省人"（即所谓"外省第一代"）基本上退出了政治舞台，所谓"省籍、族群"问题也会自然消失。所以，"省籍—族群—本土化"有其形成、发展、消亡的过程，而不是一个永久存在的问题。换句话说，"省籍—族群—本土化"研究模式有其适用的期限，即适用于 20 世纪后半期到 21 世纪初期，对其他年代并不适用。

（二）省籍、族群的划分与籍贯有关，但籍贯不是唯一标准

按一般的划分方法是以籍贯为标准，分为本省人和外省人。但这里存在复杂的问题，例如，外省人与本省人结婚所生的第二代，往往跟随父亲的籍贯来确定，本人只好"命中注定"，而不能自行选择。又如，有些外省人自我认定是中国人，也是台湾人；有些本省人自我认定是台湾人，也是中国人；但有些本省人只认定是台湾人，而不是中国人；也有些外省人则自我认定是台湾人。20 世纪 90 年代很长时间内，自认为"既是台湾人又是中国人"的占多数，后来认同"我是台湾人"的上升为首位，有人认为这种认同度与两岸关系的紧张与缓和有一定的关系。[35] 由于我们所界定的省籍、族群不纯粹是社会学上的含义，而强调其政治上的涵义，所以不能单纯用籍贯来划分，而应当根据个人的"自我认定"和"他人认定"综合起来考察。

（三）省籍、族群的划分在平时与在政治场合有不同的作用

在平时，不同省籍、族群的民众生活在一起，已经相当融洽，互

相通婚的情况相当普遍，所以在社会生活中并没有很大隔阂和冲突。但是，在政治问题上，省籍的差别有时可能导致矛盾冲突，有时则可能成为缓和矛盾的工具。例如，1992 年底，当时的"财政部长"王建煊因为有关当局散布"外省人部长抢本省人土地"，而受到无情的政治排挤。[36]2000 年陈水扁上台时，启用唐飞担任"行政院长"，则是利用外省人的"省籍情结"，暂时化解省籍矛盾、减少阻力的一种策略。当时台湾媒体指出："即使坚决站在反台独立场对民进党执政不放心的人士，也承认这是阿扁当前可能出的不能再好的一着棋。因唐飞是外省人，他的拜相可化解台湾社会长期存在、遇着大选更为突出的省籍情结，增进族群融合。"[37] 至于在选举中的作用则更加明显，挑起省籍、族群的对立，更是政客们为了捞取选票所惯用的伎俩，上文所举的许多事实已经证明了这一点。

（四）不同的省籍、族群在政治上有不同的诉求

本省人强烈要求当家做主，"台湾人出头天"反映了这个要求（但它被"台独"所利用成为分裂主义的口号），他们要求参与政治，在政治上有发言权，有主导权，要求改变长期由外省人主导台湾政治的局面。具体地说，就是在政权机构、民意机构中本省人要占较大的比重。这本来是合理的要求，因为台湾省籍的民众占台湾人口的大多数。但是，一旦挑起了省籍情结，就容易有出轨的言行。在这方面李登辉扮演了煽风点火的角色，他曾经举着宋楚瑜的手，高喊"大家都是台湾人，不要分芋仔（外省人）、番薯（本省人）"，也曾经举着马英九的手高喊"台湾人悲哀已经过去了，现在大家都是新台湾人"，可是，在 2001 年选举时，他却以"爱台""卖台""本土""非本土"进行族群动员，挑起族群仇恨。于是，有人提出"不选外省人"，有

人提出"中国人回中国去"等等，引起社会的严重不安。

外省人的诉求是：自己也是台湾社会的一员，有参与政治的权利。在当前处于弱势的情况下，他们不要求恢复以往的主导地位，但有"危机感"，担心被排挤出政治舞台而任人宰割，因此强烈要求保持相当数量的外省籍民意代表和政府官员，维护他们应有的权益和地位。同样，在选举时受到煽动，也会造成省籍对立和社会冲突。不仅这样，在国民党内部，在本土化的过程中，也发生相当激烈的政治斗争，部分外省籍政治精英被排除出国民党决策核心，导致新国民党连线的出走和新党的成立。

（五）省籍、族群与"政党支持"有关，但情况正在发生变化

历年民调数据表明，支持国民党的民众从 1994 年的 30.4%，下降到 2001 年下半年的 15.2%；支持民进党的民众则从 1994 年的 12.7%，上升到 2001 年下半年的 23.5%，而中立和无反应的民众则有 45%—50%。吴乃德认为"族群身份却是决定政党支持的重要变数之一"，[38] 范云也指出："不论民进党或新党再如何地辩称，不可否认地，现阶段这两个政党各自的群众基础，皆含着浓厚的省籍族群色彩。"[39] 这说明不同省籍在政党支持上有其倾向性，但并不是绝对的，并不是本省人只选本省人，外省人只选外省人，有少数外省人还参加了民进党。过去，民进党的支持者多数是本省人，外省人支持民进党的不及 5%；国民党的支持者则包括多数的外省人和较多的本省人；新党的支持者则多数是外省人。据 1994 年统计，本省闽南人有 21% 支持国民党，9.2% 支持民进党；本省客家人有 29.7% 支持国民党，4.5% 支持民进党；外省人有 36.9% 支持国民党，2.4% 支持民进党；少数民族则有 38.8% 支持国民党，几乎没有人支持民进

党。[40]1995 年选举时，"大陆各省人士比较倾向支持国民党（39.4%），然后是新党（23.8%）；台湾闽南族裔比较倾向国民党（26.3%）与民进党（14.1%），客家人则分别比较倾向国民党（37.2%），倾向民进党（9.2%）和新党（6.6%）的比率相差不多。当然，在政党倾向上保持'中立'立场的民众的比率达到 1/3，其中'台湾人'（闽南族裔、客家）保持政党'中立'的，普遍较大陆省籍人士为多"。[41]

现在，民进党的得票率没有较大的变化，估计支持者基本上照旧而略有扩大，而国民党的得票率则下降，原有的支持者中有一部分改变为支持亲民党或"台联党"。国民党和亲民党的支持者主要是本省人，其次是外省人，而"台联党"的支持者基本上是本省人。

（六）"本土化"正在从维护本省籍民众政治权益的民主要求，部分地转变为本土与非本土势力的政治斗争工具，这个趋势尚未终止

上文已经指出，本土化体现了台湾本省民众要求当家做主的民主权利，有其正当性的一面。所以，"本土化"一开始就带有民主化的色彩，可以说，本土化是和民主化联系在一起，同时并进的。本土化与民主化相随，同时也与"压迫者"和"被压迫者"的区分相联系。李远哲指出："由于当时'中央政府'的大官几乎都是外省人，而老百姓却以本省人居多，所以'压迫者'与'被压迫者'之间的冲突，也渐渐形成'外省人'欺压'本省人'的紧张关系"。[42]有的学者认为："台湾的本土化趋势，既有其过去的历史根源，也就有其今后的发展必然。它存在的客观必要，体现在两个方面。其一，通过促进溶合，来化解不同省籍之间的对立情结，经由民主改革，来解决各个阶

层之间的利益差别。其二，以认同台湾这块土地为共同家园的共识，爱家爱岛，来最大限度地集结民众的力量，为宝岛的未来打拼。平心而论，这样的本土化，倡导的是族群和谐，热爱乡土，不仅无可厚非，而且值得大书特书。事实上，这也是大多数善良的台湾民众所持的愿望。"[43]

正因为"本土化"有其民主性、正当性，它在一定意义上也造成外省族群的困惑，成为一种"无形的压迫"。他们如果投票给国民党或新党，就会被认为不支持"本土化"、民主化，就会"立刻就变成民主运动人士之敌人"，从而激起本省籍人士"强烈的省籍情结"。[44]

由于本土化又是与选举联系在一起的，是与政治权力再分配联系在一起的，这就必然存在谁胜谁负、谁得谁失、谁主导政治局势，以及互相间力量的强弱、消长的复杂关系。所以，就有较量、争夺、排挤、攻击等等。每当选举时，政客们便进行省籍、族群的动员，煽动"强烈的省籍情结"，把省籍、族群的意识、分歧和矛盾说成是在民主问题上的对立，利用本来是民主要求的"本土化"口号，作为打击外省势力的政治斗争工具。

在 2000 年选举时，许信良指出，"台湾的政治人物始终喜欢拿省籍问题当成取得政治资源的武器"，他呼吁政治人物应该向前看，不要在选战中继续不道德的批评。李敖指出：有人说宋楚瑜是"利用台湾人骂台湾人"，无异在挑拨省籍情结，而陈水扁等人喊出"台湾人大团结"口号，是否在影射台湾岛上有些人不是台湾人，这样的说法都是在挑起省籍纠纷，相当可恶。[45]陈文茜在分析这种现象时指出：李登辉所谓"本土化"，其意思是"我是本省人，你是外省人。所以我有资格在这里主张台湾一切事情"。因此，有一些不错的人才，被贴上外省人卷标，不纯正的血统仿佛标志发言的不正确。于是，"本土化""变成一个很残忍的利刀，它砍向很多人，变成一个政治斗争的工具"。[46] 她还提出劝告："在族群问题上，民进党要从抗争的政党逻辑中反省过来，了解'在族群仇恨的世界中不会有胜利者'。"[47]

现在，有人认为台湾已经"彻底本土化"了，"整个国家机器早就本土化了，台湾人早就出头天了"；也有人认为现在再提"本土化"是"不道德"的，或说"本土化不一定就是好事，也不一定是坏事。问题是现在总把本土化当成一个正面的字眼"。其所以有这样的看法，是由于存在上述的现象，引起人们模糊的认识。实际上，作为民主化的表现形式之一的本土化，仍然存在，仍在进行，尚未到达终点。问题是已经有人利用本土化作为政治斗争的工具，造成社会的动荡和不安。在 2001 年选举时，李登辉强调"本土化"，把选举说成是"本土"与"非本土"、"爱台"与"卖台"的抗争；最近，"台联党"有人提出"不是台湾出生的人不能当总统"，实际上是指在大陆出生的连战、宋楚瑜和在香港出生的马英九都无权参选，这样，在下一届选举中，陈水扁就没有"敌手"了。这是公然把"本土化"当做政治斗争工具，煽动"省籍情结"，排斥政敌。有人指出：别有用心的人企图把"本土化"变成"台独"的万灵丹，应当引起台湾公众的关注和警惕。

正因为"本土化"是一个必然的发展趋势，不仅民进党、"台联党"在利用它，国民党、亲民党也十分重视，它们极力要摆脱"外省党"的形象，也强调"本土化"。例如，在李登辉当权时，"随着本土化的深入，国民党内倾向台湾独立的力量也会进一步强化，事实上，现在的国民党主流已不是中国国民党，而是台湾国民党"。[48]2000 年国民党在选举失败后，提出要进行改造，萧万长建议，未来国民党改造委员会应注重本土性，尤其选举是靠张张选票累积，未来本省籍应占改造委员会成员的三分之二，外省籍占三分之一。他表示他没有省籍情结，但基于党的前途考量，国民党应要反映主流社会及选民的结构，与社会相结合。[49] 现在国民党已经提出"年青化""本土化"的发展要求，提出了"台湾第一""台湾优先""厚植本土力量，促进发展动力"等口号。

有的学者指出："从政治学的视角上来看，重新提出'本土化'一词，其目的不外乎，一、鼓吹特定的政治价值与偏好，以增进候选人的正当性与市场价值；二、转移政治话题或重新切割社会群体，以促使利己的政治动员，避免不利己的市场切割。"[50] 只要这种利害关系仍然存在，"本土化"作为政治斗争工具的特性就不会消失。

（七）"本土化"是"双面刃"，既有"当家做主"的正当性，又对台湾政治的发展发生负面影响，并且有导致"国家认同"冲突的危险性

"本土化"的正当性与合理性，在上文已经作过论证，把本土化看成洪水猛兽，不分青红皂白地进行批判是不对的。现在需要强调的是另一面，即它的负面影响。

首先，它对台湾政治产生了不良的影响。"本土化路线的扩张造成黑金政治的泛滥"，80 年代国民党为了实现本土化路线，实际上"壮大部分本土黑金人士，作为反制外省势力的本土力量，但也造成黑金政治尾大不掉的结果"，"政治人物已经习惯性地以本土意识作为攻击对手、响应批评的工具，并作为包装个人特定利益取向的诉求，而颇多民众也以本土意识作为公共议题取舍与好恶之标准"，"本土化路线阻碍两岸关系正常发展，是形成当前台湾经济困境的主要原因之一"。[51]

其次，更严重的是有导致"国家认同"冲突、导致分裂主义的危险性。朱云汉在研究这个问题时指出：蒋经国未充分意识到省籍矛盾

背后的国家认同与民族认同的冲突。主流派与非主流派表面上是权力分配与路线之争，本质上是国家认同冲突。"台湾人认同"的强大凝聚力，让李登辉不仅可以获得多数的本省籍党内精英的支持，并且可以得到民进党的适时配合与支持。[52] 陈明通在为"台湾民族主义"作辩护时指出："台湾人"要从"中国人"这个民族中剥离出来，而绝大多数"外省人"以及不少"闽南人""客家人"所认同的国族是"中华民族"，而不是"台湾民族"。所以"台湾民族主义者"批判不认同台湾民族的"台湾人"，并把他们的领导者打成"新卖台集团"，要让大家看清楚这是"敌我矛盾"。[53] 还有人提出："要解决台湾'国内'族群之间隐藏的紧张关系，最根本的方法是早日确立一样的国家认同，意即各族群都能认定我们脚踏实地的台湾是一个主权独立的国家，我们都是台湾人，大家有同一个心志建构台湾为一个生活共同体与命运共同体。"建国党主席何文杞更明确地提出："本土化的落实正可以'去中国化'，有助于台湾住民对于台湾的国家认同"，[54] "本土化不是本省人当政，而是原本外来的政权属性的政府转化为本土属性，把以大中国为架构的观念改为以台湾本土为架构的观念"。此类言论相当普遍。萧新煌分析："当前台湾社会的族群意识在社会文化层面呈现多元，也无对立，但在政治领域里，尤其是面对政治权力转型和在'中国因素'的干扰下，则出现国家认同的不一致问题，甚至容易被不同的政治力量所动员，而滋生族群间莫须有的紧张；这种紧张，与其说是族群意识对立本身的问题，不如说是透过族群所暴露出来的国家认同尚不一致的问题。"[55] 由此可见，确实有人企图把"省籍—族群—本土化"引向"去中国化"，引向分裂主义的道路。

许多学者已经看出这种倾向的严重性，张麟征指出："架构两国论的支柱之一就是本土化"，"以李登辉、陈水扁为首的这些政客，标榜的本土化政策却是撕裂的"。刘念夏认为"李登辉式的本土化"已经走向一种狭隘的本省化，他们认为，"只有与大陆尽量保持距离，不与大陆进行过度的交流，台湾才能保有自己的生存空间，台湾人的利益也才能得以确保；只要是常跑大陆者、常与中共人士接触者、主张两岸应积极交流者、主张两岸未来可共组国家体制者，都不免会被此等人士视为中共代言人，被其冠上'联合中共、打击台湾'的口号"。[56] 海外学者许贻波也认为过去"两国论"的出炉和今天台北当局不肯承认一个中国原则的立场，表明"本土化成为他们分裂国家的一种宝贵资源"。[57] 这说明"本土化"正在被人利用，作为分裂主义的工具，所以，在肯定"本土化"的正当性的同时，不能不注意到它"挑起台湾族群冲突，分裂祖国领土"的危险性。

四、"省籍—族群—本土化"模式的验证与预测

上面说过，模式只是一种思想框架，是把现实世界的表现加以简化，以模式说明政治历史和现实，只是用某种本质特征进行解释。以"省籍—族群—本土化"模式说明台湾的政治历史与现实，也是一种"简化"，即所有提供验证的历史与现实，都可以用"省籍—族群—本土化"这种思想框架作出解释。选举是最能体现"本土化"进程的政治事件，在各级政权机构和民意机构中本省籍人士比例的增加，也充分说明了这一点。现在我们再从以下几个方面进行验证。

（一）新政党的诞生与旧政党的重组

民进党的出现，是台湾"党外"力量长期争取民主、反对国民党"一党专制"斗争的成果，也标志着第一个本土政党的诞生。同时，

民进党的成立也可以看成是在长期省籍矛盾斗争中本省人所取得的一个胜利,从此,本土一部分政治势力可以团结在一个政党的周围,对外省势力(他们的主要政治代表是国民党,尽管国民党也在"本土化"之中)开展有组织的抗争。

新党的出现则是国民党内一部分反"台独"(针对民进党)、反独裁(针对李登辉)势力的集结,同时,也是国民党内部分外省籍人士面对本土势力茁壮成长的一种因应对策。尽管新党也团结了一部分本土人士,但它的主体是外省人,因此被说成是"外省党",事实证明,支持新党的主要是外省人。正因为新党没有"扎根本土",它的削弱与"泡沫化"是难以避免的。

亲民党并不因为它的领袖是外省人而自我定位为"外省党",恰恰相反,它极力排除任何外省的色彩,极力与新党区隔开来。亲民党以本省籍人士张昭雄为副主席,显然是出于"省籍平衡"的考虑。当张昭雄对李登辉进行批评时,当时李登辉的心腹苏志诚便声称,宋楚瑜是要让"台湾人打台湾人"。亲民党也强调本土,表示自己是"以台湾为第一、以人民为第一的党",要成为"新台湾人的新希望,新台湾人的最好选择"。[58] 实际上,它集聚了相当部分反对民进党的本土势力,并且企图取代国民党的地位,成为一个立足本土、并与民进党抗衡的政党。

"台联党"更是自我标榜为本土政党,强调"本土化",用李登辉的话说:"爱台湾,就要宣布自己是台湾人","外来政权未消灭,台湾人无幸福,只有台湾人自己管自己,才是幸福的开始"。排外色彩十分浓厚。国民党曾经被称为"外省党",国民党政权被李登辉称为"外来政权",这对它是一个沉重的打击。国民党提出"改造"的口号,其重要策略之一就是"本土化",目的是要与民进党、亲民党争夺本土政治资源。

当然，各个政党之间的角逐，取决于各个方面的因素，但可以肯定，夺取最大的本土政治资源，争夺占人口绝大多数的本省选民的支持，将是各个政党的重要奋斗目标。

（二）国民党内部斗争的发展进程

就以李登辉上台以后的情况来说，早期，国民党内的外省籍人士还占优势，李登辉是在李焕、宋楚瑜等人协助下登上党主席宝座的，所以，他不得不先后让外省籍的俞国华、李焕担任"行政院长"。后来他要换掉李焕，曾经考虑由本省籍的连战、林洋港担任，但又认为外省籍核心无意于快速本土化，"行政院长职位过早转移至本省籍人士手上，恐怕引发另一种借口的争斗"，[59] 所以，只好用外省籍的郝柏村继任。李郝之间曾经说是"肝胆相照"，可是，不久便出现了主流与非主流之争，李登辉决定用连战取代郝柏村，完成了"行政院长"的"本土化"。台湾著名评论家南方朔指出：国民党内主流与非主流的斗争，"它是一种暗藏着的'省籍斗争'，'李俞斗争''二李斗争'，一直到'李郝斗争'，愈演愈烈"。[60]

再从国民党推出的历届"总统"人选来看，1990 年李登辉提名李元簇作为"副总统"候选人与他搭档竞选，这也出于"省籍"的考虑，《李登辉的一千天》指出："李登辉明白省籍考量的重要性，湖南省籍的李元簇并无问题。"[61] 而当时国民党内的非主流派则提出"林（洋港）蒋（纬国）配"，显然也想用本省籍的林洋港来与李登辉相抗衡。王甫昌指出，这次国民党内主流派与非主流派的权力斗争，"主要是沿着省籍的族群界线在进行，它使得国民党内的省籍情结全面白热化"。[62]1996 年选举时，李登辉提出"李（登辉）连（战）配"，两人都是本省籍；而非主流派提出"林（洋港）郝（柏村）配"，郝是大陆籍的；当时民进党提出的"彭（明敏）谢（长廷）配"，两人也都是本省籍的。在选举期间，省籍、族群因素起了作用，当人们看出"彭谢"实力不如"李连"时，就出现了"弃彭保李"的效应，终于保证了本省籍的"李连配"当选。2000年国民党提出"连（战）萧（万长）配"，就是要打省籍牌，用两位本省籍人士对抗民进党本省籍的"陈（水扁）吕（秀莲）配"。至于亲民党，在提出外省籍的宋楚瑜之后，不得不提名本省籍的张昭雄为副手，因为在当前情况下，单纯外省籍的搭档不可能得到很高的支持率。

（三）民进党的发展进程

民进党作为第一个本土政党，早期突出"台独"主张，因此其支持者主要是那些支持"台独"或对国民党不满的本土人士，选票大约保持在30%左右。后来，"台独"党纲严重受挫，开始转向体制内的选举路线，淡化"台独"主张，以争取更多本土民众的支持。但是，"台独党"的形象并未改变，国民党"本土化"的压力，迫使它不得不进行"政党转型"，对"台独"党纲作出重新解释，并强调"新中间路线"，目的就是要与国民党争夺广大的本土选民，这种策略已经取得了一定的成效。

在选举过程中，民进党极力突显其本土色彩，企图得到过半选民的支持，但这个策略并未造成国民党本土派的大量出走，民进党也未获得绝大多数本土选民的支持。这说明，各个政党都以占人口绝大多数的本省籍中间选民为主要的争夺对象，得到不同程度的支持，本土的选票并非任何一党所能独吞。不过，总的来看，民进党得到本土力量的支持还在上升之中，而国民党对本土力量的影响却在下降。民进党与国民党之争，包含着多种内容，但以"省籍—族群—本土化"研究模式来观察，则可以"简化"为争夺"本省籍中间选民"之争，谁上升，谁下降，谁胜谁负，主要以此为依据。

（四）若干重要事件

1960 年的《自由中国》事件。以雷震为首的自由派发表有关"反对党"的文章，在台湾引起一定的影响，而当他们准备联络本土人士组织"中国民主党"时，国民党便认为对它的统治构成威胁，而以"配合中共统战阴谋""涉嫌叛乱"的罪名，逮捕了雷震等人。当时该党发言人在声明中指出，这是一个政治事件，其目的之一是"威胁大陆人今后不敢与本省人合作，搞政治运动"。[63] 可见当时省籍关系已经成为一个敏感的问题了。

1979 年的美丽岛事件。12 月 10 日《美丽岛杂志》在高雄组织一场纪念世界人权日的活动，以"民主""人权"为主要诉求，喊出了"解除戒严""开放言论和结社自由"等口号，但也含有"省籍""族群"的因素。当年的参加者有如下的回忆。陈菊说："当时几万人都跟着游行队伍走，蔡有全在车上就喊着'台湾人要站起来！'那种场面是很感动的，眼泪都要掉下来"；何文振说："吕秀莲在宣传车上面，很感性地讲：'咱台湾人今天是应该觉醒的时候，你不可以躲在家里看电视，台湾是咱的土地，咱要作自己的主人，决定自己的命运'。"纪万生说：演讲车上的麦克风喊道："我们要抗议国民党丑恶的行动，台湾人起来啦！咱来去抗议国民党。台湾人万岁！台湾人万岁！"[64] 以上事实表明，在这个事件中"省籍动员"已经发生了作用。

"中央民意机构"的改造。在 80 年代末 90 年代初，围绕着"国会改革"展开一场激烈斗争，国民党在"国会"中占优势，所谓"资深立委""资深国代"多是外省籍人士，国民党主张"充实""中央民意代表"，而民进党则主张"全面改选"。结果"资深中央民代"在1991年底全部解职，外省人士大量退出"国会"，加速了本土化的进程。

"新台湾人"的提出。"新台湾人"作为政治口号提出，立刻就有原则上的分歧。国民党本来是强调不分省籍、族群，互相融合，目的是使得外省籍政治人物可以取得本省选民的选票。宋楚瑜、马英九、王建煊都讲过"新台湾人"，李登辉为了替国民党候选人拉选票，也讲过这样的话。而民进党人在讲"新台湾人"时，却有不同的含义，蔡同荣公然提出："新台湾人不是中国人。"后来李登辉强调"新台湾人主义""可以当成国家认定和共识的开始"，则体现了这个口号的负面含义。由此可见，对同一口号的不同解读，反映了在"省籍—族群—本土化"这个问题上的不同立场。

唐飞、张俊雄的上台。2000年陈水扁当选后，决定以唐飞为"行政院长"，当然考虑了多种因素，其中就有省籍因素。当时媒体指出，"他（唐飞）的省籍背景，对平衡省籍、安抚族群也有象征意义"。[65]在唐飞下台时，有人评论说：陈水扁启用唐飞是着眼于安定政局，"稳定没有投给民进党的60%余的多数选票，拉拢军心、避免省籍情结在选举过后持续发烧"。[66]后来，陈水扁搬掉唐飞这块"石头"，让张俊雄上台，除了其他原因以外，也考虑到省籍因素，一是因为民进党内部的反弹，不少人不能容忍"民进党执政"却由外省籍的国民党人担任"阁揆"，提出了"民进党人组阁"的主张；二是因为经过唐飞"内阁"的"过渡"，现在把权力转移到本省籍"副阁揆"手中已经顺理成章，没有什么困难了。

2002年"立法院龙头"选举。2001年底"立委"选举刚刚结束，国民党籍"立委"章孝严就"发下宏愿，进入'立法院'后，要问鼎院长宝座，强烈的企图心表露无遗"。[67]实际上，这是没有自知之明的表现，因为在民进党成为第一大党之后，它已经不能容忍再由外省籍人士充当"立院龙头"，各政党在提名竞选时也不能不考虑这个因素。好在章孝严很快就明白了这个处境，表示支持王金平当院长。当然，由王金平担任"院长"取决于多种因素，但省籍因素也是不可忽略的。《台湾新闻报》指出："因为王（金平）的李系及本土色彩，可以在压制国民党内反对'国亲配'而可能跑票的本土派立委时发挥重要作用。"[68]如果国亲两党不是提出本省籍"立委"，要取得"副院长"选举的胜利几乎是不可能的。

以上以历史与现实的若干实践为例来验证"省籍—族群—本土化"研究模式的适用性。同时，这个模式既然在一定时期有其适用性，还应当可以用来对未来进行预测，预测是否正确也是一种验证。

从台湾当代的历史可以看出，"本土化"是不可逆转的，根据这个规律性的认识，这里提出几项预测，只提出看法，不作论证，留待历史的检验。

1. 台湾将经过政党的整合与重组，出现两个主要政党对抗的局面，而这两个政党都是立足本土的政党，代表外省民意的政党已经没有存在的空间。外省籍民众将分别支持不同的政党，并成为各个政党争夺选票的对象。

2. 外省籍"立委"还将继续减少，减少到低于外省人口的比例。然后，外省籍可能成为"弱势群体"而受到"保障名额"的照顾。

3. 今年年底台北市与高雄市的市长选举，外省籍政治精英有可能获得其中的一个职位，但那是最后一次，此后不可能再由外省人担任了。

4. 2004 年是外省籍政治精英争夺"总统"的最后机会，但外省籍的"总统"候选人一定要与本省籍人士搭档，才有可能取胜，如果提出"宋马配"，必输无疑。

如果事实证明以上的预测基本上符合实际，那就可以说明，"省籍— 族群—本土化"模式是可以用来对台湾政治作出某种"简化"解释的研究途径；如果预测不正确，则要对这个模式进行修正，或推翻这个研究模式，重新寻求其他更为适用的研究模式。

（2002 年）

注释：

[1] R.H. 奇尔科特：《比较政治学理论》，北京：科学文献出版社，1998 年版，第 515 页。

[2] 台湾《中国时报》，1998 年 10 月 27 日。

[3] 台湾《中国时报》，1997 年 3 月 3 日。

[4] 张麟征：《歧路上的台湾》，台北：海峡出版社，2000 年版，第 327 页。

[5] 田弘茂：《大转型》，台北：时报文化出版社，1989 年版，第 54 页。

[6] 朱云汉：《国民党与台湾的民主转型》，www.cuhk.edu.hk/ics/21c/issue/issue65c.htm，2001 年 6 月。

[7] 台湾《中国时报》，1998 年 6 月 5 日。

[8] 台湾《中国时报》，1998 年 10 月 15 日。

[9] 台湾《中国时报》，1999 年 12 月 25 日。

[10] 陈义彦：《选民的集群分析及其投票倾向预测》，《选举研究》，第 1 卷第 1 期，第 33 页。

[11] 王甫昌：《族群意识、民族主义与政党支持》，《台湾社会学研究》，第 2 期。

[12] 台湾《中国时报》，1996 年 4 月 24 日。

[13] 台湾《中国时报》，1998 年 10 月 9 日。

[14] www.new7.com.tw/weekly/old/614/614-064.html。

[15] 瞿海源:《选战挑动族群、统独情结》,台湾《中国时报》,1998 年 10 月 15 日。

[16] 台湾《中国时报》,1998 年 1 月 14 日。

[17] 台湾《中国时报》,1999 年 8 月 13 日。

[18] 台湾《中国时报》,1999 年 11 月 22 日。

[19] 台湾《联合报》,2000 年 2 月 1 日。

[20] 台湾《联合报》,2000 年 2 月 10 日。

[21] 台湾《联合报》,2000 年 2 月 25 日。

[22] 台湾《中时电子报》,2001 年 11 月 6 日。

[23] 香港《文汇报》,2001 年 12 月 8 日。

[24] 台湾《中国时报》,2001 年 12 月 3 日。

[25] 台湾《中国时报》,2001 年 12 月 2 日。

[26] 台湾《联合报》,2001 年 12 月 3 日。

[27] 新加坡《联合早报》,2001 年 12 月 11 日。

[28] 朱高正:《狱中日记》,台北:学思出版社,2000 年,第 10 页。

[29] 王震寰:《谁统治台湾》,台北:巨流图书公司,1997 年版,第 140 页。

[30] 张茂桂等:《族群关系与国家认同》,台北:业强出版社,2001 年版,第 243 页。

[31] 施正锋:《台湾族群结构及政治权力之分配》,www.epilepsyorg.org.tw。

[32] 张茂桂等:《族群关系与国家认同》,台北:业强出版社,2001 年版,第 146 页。

[33] 外省籍的 35 人中,包括金门县 1 人,侨居海外 8 人。

[34] 陈华升等:《扬弃本土之争,回归理性论政》,台湾《中央日报》,2001 年 6 月 18 日。

[35] 台湾《中央日报》,1998 年 8 月 10 日。

[36] 台湾《联合报》,2000 年 2 月 10 日。

[37] 台湾《联合报》,2000 年 3 月 30 日。

[38] 张茂桂等:《族群关系与国家认同》,台北:业强出版社,2001 年版,第

43 页。

[39] 吴乃德:《分裂历史记忆下的台湾认同》, www.isi.edu/chiueh/oldversion/ fanyun, 1996 年 7 月 6 日。

[40] 王甫昌:《族群意识、民族主义与政党支持》,《台湾社会学研究》第 2 期。

[41] 张茂桂:《台湾的政治转型与政治的"族群化"过程》, bbs2.nsysu.edu. tw, 1999 年 5 月 2 日。

[42] 李远哲:《从当家作主到和平繁荣民主的未来》, 台湾中央社, 2000 年 9 月 2 日。

[43] 新加坡《联合早报》, 2001 年 12 月 11 日。

[44] 苏友瑞:《族群问题在当前台湾社会的纠葛关系》, life.fhl.net/society/ps3. htm。

[45] 台湾《联合报》, 2000 年 2 月 10 日。

[46] 陈文茜:《本土化变成政治斗争工具》, 2001 年 10 月 3 日 "文茜小妹大" 播出。

[47] 台湾《中国时报》, 1998 年 5 月 24 日。

[48] 郑学和:《台湾面临新世纪的存亡危机预测浅释》, www.strait-bridge.net。

[49] 台湾《联合报》, 2000 年 3 月 24 日。

[50] 未署名:《认识本土化的真正意涵》, www.tsen.com.tw, 2001 年 7 月 22 日。

[51] 陈华升等:《扬弃本土之争, 回归理性论政》, 台湾《中央日报》, 2001 年 6 月 18 日。

[52] 朱云汉:《 国民党与台湾的民主转型 》, www.cuhk.edu.hk/ics/21c/issue/ issue65c.htm, 2001 年 6 月。

[53] 台湾《中国时报》, 1998 年 10 月 15 日。

[54] 何文杞:《 本 土 化 与 台 独 》, www.libertytimes.com.tw/2001/new/mar/6/ today-0l.htm。

[55] 台湾中央社政治新闻, 2001 年 6 月 26 日。

[56] 刘念夏:《走出狭隘本土化台湾路更广》, 台湾《中央日报》, 2001 年 9

月 30 日。

[57] 许贻波：《如何看待台湾的本土化趋势》，新加坡《联合早报》，2001 年
12 月 11 日。

[58] 宋楚瑜：《给台湾一个希望，给台湾人民一个机会》，亲民党中央。

[59] 周玉蔻：《李登辉的一千天》，台北：麦田出版社，1993 年版，第 220 页。

[60] 南方朔：《李登辉时代的批判》，风云时代出版公司，1994 年版，第 265
页。

[61] 宋楚瑜：《给台湾一个希望，给台湾人民一个机会》，亲民党中央，第
153 页。

[62] 王甫昌：《族群意识、民族主义与政党支持》，《台湾社会学研究》第 2 期。

[63] 转引自杨锦麟：《李万居评传》，台北：人间出版社，1993 年版，第 319
页。

[64]《高雄事件与美丽岛大审》，台北：时报出版，1999 年版，第 99、105、
134 页。

[65] 台湾《中国时报》，2000 年 3 月 30 日。

[66] 台湾《民众日报》，2000 年 10 月 4 日。

[67] www.taiwanunion.com/candle.htm，2001 年 12 月。

[68] www.tsen.com.tw，2002 年 2 月 3 日。

台湾：本土化与本省人

去年年底台湾选举以后，"本土化"的趋势明显增强，对这个问题应当采取怎样的看法，已经出现明显的分歧。我接到一位尊敬的老台胞的长途电话，他说，近来有人把台湾本省人与"台独"画上等号，他要求我设法"给予平反"。我说，我没有这么大的能耐。他说，你至少要为占台湾人口85%的本省人讲讲公道话。我想，这是一个义不容辞的任务，所以答应了。但讲公道话难免要得罪一些人，至于能不能说服别人，就更难以估计了。

为什么这位老台胞会如此激动呢？因为有人说："（台湾）本省人大多数对祖国和民族缺乏认同感，更不可能认同共产党和社会主义制度。"还有人把"本土"与"台独"势力画上等号，说"本土抬头，后患无穷"。他们简直把台湾本省人看成敌人，这难道不令人担忧吗？

一、本土化是双面刃

什么是本土化？有广义和狭义两种解释：广义的是指朝向适合本地、立足本地、认同本地的方向发展，或发展成为具有本地特色的事物，同时含有逐渐削弱或去除外来的（如殖民地的）影响的意思。例如，在引进外来的科学、技术、文化、产品、制度等等的同时，要求实现科学、技术、材料、管理等方面的本土化，如社会科学本土化、学术本土化、管理学本土化、教材本土化等，又如企业本土化、技术本土化、设备本土化、产品本土化、软件本土化、网站本土化等等。狭义的是指在社会生活层面的本土化。

在社会生活层面，也有广义与狭义的不同。广义的是指在政治、经济、文化等各个领域实现适合于本地的政策、制度等等。狭义的是指官员本土化、干部本土化，即选拔占人口多数的本地人担任本地各级官员中的某些职位，直至担任多数职位、主要职位、最高职位。

在台湾，政治方面的本土化也有两种不同的理解。一种是李登辉的说法："民主化等于本土化"，本土化就是要去掉"外来政权"，要"摆脱大中华主义"，"台湾人不要再让别人管"，这实质上是"去中国化""台独化"，有人指出按照李登辉的意愿是要走向"日本化"。另一种是要求让占台湾人口绝大多数的本省人参与政治，当家做主；政治人物要深入基层，植根基层，反映本省大多数的民意。

当前我们谈论的台湾本土化，主要是政治上的本土化，即官员本土化、民意代表本土化。台湾为什么会尖锐地提出本土化的问题呢？那是由于国民党统治所造成的。台湾地区本省籍约占人口总数85%，外省籍约占13%，可是1945年，特别是1949年以来，在国民党统治下，本省人只是在省以下地方政权和民意机构中占有多数席位，而"中央"一级的党、政、军主要职位则被外省人所占据。从1950年以后，七届"内阁"的"行政院长"和重要"部会"首长没有一个是本省人。外省人垄断政治权力，造成不同省籍之间的关系紧张，这种情况对于国民党的统治是不利的，因此，20世纪70年代蒋经国担任"行政院长"时，便开始延揽本省籍"青年才俊"进入国民党与"政府"体系中担任一定的职务，李登辉、林洋港、施启扬、连战、邱创焕、许水德等人从此分别进入了党政高层，这就是所谓"本土化"的开端。蒋经国的目的显然是为了笼络一些本土精英，缓和国民党与台湾省籍民众的矛盾，巩固国民党的统治。李登辉上台以后，加快了本土化的步伐。陈水扁上台后，本土化的呼声更加高涨，从这次选举不难看出，当选的本省籍"立委"大大超过外省籍，这种发展趋势并未达到终点。

我认为，一方面，本土化有其正当性和必然性。因为它要求占人口绝大多数的本省人能够参与政治，有机会充当高层官员和民意代表，这种要求完全是合理的。试问，为什么本省人不能当官，而只能由外省人来当呢？广大台湾同胞要求当家做主，在这个方面，台湾民众，包括外省籍的民众在内，都不反对。江泽民主席早已表示："我们尊重台湾同胞当家作主的意愿"，态度十分明确。所以，见"本土化"就反，至少是对本土化缺乏全面认识的表现。应当指出，台湾本土化的进程不可阻挡，今后相当时间内，台湾政治权力的分配将由本省人主导，而由外省人主导台湾政治的局面已一去不复返了。外省人必须反映台湾多数民意才能在政治舞台上有较大的影响力；如果只能反映外省民众的民意，最多只能充当外省民众的民意代表，其影响力就有限了。这是历史的必然。有人期待代表外省民意的外省籍政治人物重新掌握台湾的大权，那是完全不切实际的。

另一方面，也应当指出，本土化是一把双面刃，它既有上述正当、合理的一面，又有走向"台独"危险的一面。因为本土化往往要求"本土第一"，"本土优先"，如果尺度拿捏不当，就很容易出现"排斥一切外来的东西"。台湾在本土化过程中，就出现了排斥外省人的情况，叫嚷"欢送中国人回中国"，"要选正港（真正）的台湾人"，或是排斥一切大陆来的事物，叫嚷要用"台湾意识"取代"中国意识"，要认同台湾，不认同中国。这种倾向如果任其发展，势必走向

"去中国化"的分裂主义道路。这就是说，本土化很可能导致"台独化"。这是我们所坚决反对的，也是爱国的台湾同胞所必须密切关注的。

二、本省人的"统独观"

把本土与"台独"等同起来，是不懂得政治学常识的表现。人们的政治态度与什么东西有关？说它与阶级成分有关，还有一定的道理，但也不能绝对化，地主阶级中也有一些拥护革命的开明人士，无产阶级中也有少数革命的叛徒。说它与省籍有关，则毫无根据。从来没有一本政治学教科书以省籍来划分人们的政治态度。至于说台湾本省人主张"独立"，外省人主张统一，既没有理论依据，也不符合台湾的现实。按照这样的主张，无法回答以下的问题：

——为什么台湾的统派组织"中国统一联盟"中有不少本省籍人士，而"独派"组织"外独会"则全是外省籍人士？

——台湾几个主要政党中，都有本省人，也都有外省人，都主张"中华民国是主权独立国家"，你说，哪一个党统，哪一个党"独"？

——如果把"本土"等同于"台独"，而本省人占人口的85%，那么岂不是要得出"台湾绝大多数民众主张'台独'"的结论？

——如果说只有外省人反对"台独"，外省人只占人口的13%，那岂不是要得出"台湾民众反对'台独'的只是少数"的结论？

——历次民意调查显示，台湾民众中主张统一和主张独立的都是少数，绝大多数是主张维持现状的（大约占80%）。如果说，本省人都主张"台独"，那么绝大多数主张维持现状的究竟是本省人还是外省人？

——如果把85％的本省人看成"台独"，你还能"寄希望于台湾人民"吗？

显然，用省籍来区分人们的政治态度，确定人们的统、"独"立场，是没有根据的，是错误的。人们的政治立场是由许多复杂因素决定的，绝不能把它简单化了。

那么台湾本省人的统、"独"立场究竟如何？可以说，基本上与民调相符，"两头小，中间大"，就是说，主张统一或"独立"的都少，绝大多数主张维持现状。这表明台湾本省人的"统独观"与全体台湾民众（包括外省人）基本上是一样的。这样，有什么理由单独把本省人与"台独"画上等号呢？

由于我们在大陆与台湾本省人接触的机会不多，台湾本省人来大陆的毕竟是少数，两岸彼此之间都缺乏了解，存在隔阂是很自然的。应当指出，本省人中除了极少数坚持分裂主义立场的"台独基本教义派"（其中也有外省人）以外，他们与我们并没有什么刻骨仇恨，并不是非斗得你死我活不可。本省人中的一般百姓很多人并不关心政治，他们更多地关心自己的经济利益，关心个人的前途，如果两岸统一对他们有好处而没有坏处，他们不会刻意追求"独立"。问题是他们对大陆还很不了解，受到"反共教育"的影响，加上"文革"的印象，他们不可能轻易地相信大陆的政策，这是不难理解的。

实际上，我们与台湾本省人接触，并不会有什么障碍。我们在中南部同当地人相处，会感受到他们热情、亲切、朴实、坦率的性格，他们也会觉得我们是可以坦诚相待、互相沟通、互相理解的。台湾保留着许多中国传统文化，包括精致文化和民俗文化，台湾人对原乡是有感情的，不少人还想回乡寻根，我们与他们用闽南话交谈更感到无比亲切。他们希望两岸人民和平相处并逐步发展两岸关系。所以，双方改善关系、发展关系的基础是存在的。当然，政治上的分歧和隔阂也是存在的。分歧和隔阂必须在互相来往、互相交流的过程中才能逐渐化解和消失，共识和互信必须在互相理解的基础上才能建立。在此之前，要求对方完全认同自己的政治主张，或要求对方放弃自己的政治见解，都是不切实际的。至于说要用是否"认同共产党和社会主义制度"来要求他们，那只能表明说这种话的人，不仅不了解台湾的现实，而且不了解共产党的政策。我们主张"和平统一，一国两制"，就没有要求台湾民众认同社会主义。此外，如果也用"认同共产党和社会主义制度"的标准来衡量台湾的外省人（其中有些人是与共产党打过几十年仗、极端反共的人士），他们的态度比起本省人将会一样还是不一样，不知道说这种话的人有没有考虑过。

总之，台湾包括本省人在内的绝大多数民众主张维持现状，在统"独"光谱中处于中间地带，他们可以被拉向统，也可能被推向"独"。"推"与"拉"是统和"独"的较量，显然我们做工作的目的就在于把他们拉向统的方向，而"台独"势力则要把他们拉向"独"的方向。如果我们不去"拉"他们，反而把他们视为"台独"势力的一员，那就是主动地把他们"推"到"独"的方向去了，这岂不是帮了"台独"的忙吗？

所以，不要贬低台湾本省人，不要忘记本省人占台湾人口的绝大多数，千万不要把他们推到"独"的方向去，把他们变为我们的对立面。大家都要记住这句名言："二千一百万台湾同胞，不论是台湾省籍还是其他省籍，都是中国人，都是骨肉同胞、手足兄弟。"

（2002 年）

台湾"去中国化"的文化动向

　　当前台湾社会上出现一股从文化上"去中国化"的思潮和动向，力图削弱甚至消除中国文化对台湾的影响。实际上，自从 20 世纪 80 年代以来，台湾社会就已经出现这种思潮，也开始有所活动，但那时主要是由社会上的分裂主义势力鼓吹和推动的，而台湾当局还认同中国文化，甚至主张"文化中国化"。李登辉上台以后，"去中国化"的动向进一步增强，并且得到当政者的支持，通过行政手段加以推行。去年，陈水扁上台，更加积极地推动"去中国化"，现在已经普遍涉及各个文化领域，事态相当严重。不少人只是把它当做文化学术问题看待，似乎也有道理，却看不清其包含的强烈的政治性，辨不清是非。本文通过对"去中国化"的"理论"和实践的考察，揭示其分裂主义的政治目的，希望能够引起两岸学术界的重视和讨论。

"去中国化"的"理论"

　　在早期"台独"运动的"理论"中，就有所谓"台湾民族论"，企图把台湾说成是一个民族，而与中国区分开来。其主要论点是：台湾人不是中华民族的一部分，已经形成一个"独立的民族"，台湾人不是中国人；台湾人和中国人在社会上、意识上已经成为两个不同的民族；台湾人是"海洋性民族"，中国人是"大陆性民族"，台湾文化与大陆文化已经有很大的不同；由于台湾住民的共同利益，使他们形成了"台湾民族主义"，"台独"运动必须奠定在"台湾民族主义"的基础上。"台独"分子声称，"台湾民族论"的意义在于反对中国大陆方面的对台立场，建立台湾"独立"的国家。由于"台湾民族论"存在许多漏洞，无法自圆其说，近年来已经很少人去重提它了。但是，"台湾民族论"至今阴魂不散，它与"台湾民族主义""台湾国民主义""台湾生命共同体""台湾人意识""台湾主体论"或"台湾作为一个国家"等"理论"并用，在台湾分裂主义分子"去中国化"的"理论"和实践中仍然起着指导作用。

关于"去中国化"，至今并没有形成一个完整的"理论"，根据一些"台独理论家"的叙述，大体上可以概括如下：以"台湾民族主义"或"台湾命运共同体"作为台湾"国民主义"的理论基础，台湾人不仅命运相同、利益相同，还要建立一个"主权国家"。从文化上说，台湾拥有自己的独特的文化，即开放的进步的海洋文化，中国文化只是台湾文化的一个部分，台湾文化不同于中国文化；中国文化则是保守的落后的大陆文化，台湾不能认同中国文化；文化认同会被大陆利用成为文化霸权，所以台湾必须"去中国化"。为此，就必须进行"两面作战"，"对外"反对"中国文化"以及"拥有强大文化腐蚀力"的反"台独"力量，"对内"反对"台湾人、台湾社会中种种源自中国文化而衍生的恶质的力量"。

民进党明确提出了其文化政策的政治目的："民主进步党认为应寻求具有健康内涵之现代国民意识，建立一个多元融合与平等的社会，以建立一新的现代化国家，这是民主进步党之族群与文化政策主张的基本原则。"

"台独"作家李乔更明白指出："何以要从文化层面来主张'台独'

呢？简言之，因为这才是'台独论'的根本，这样的'台独论'才有效，这样的'台独论'才能使'台湾真正独立'，亦即'台独有意义'。"这说明了在文化上"去中国化"的"台独"本质。"去中国化"的"理论"主要有以下几个要点：

（一）主张台湾文化是多元的，中国文化只是台湾文化的一部分

这种"理论"认为"台湾文化的要素是多元的"，它"糅合了荷兰文化、日本文化、原住民文化、汉文化、西洋文化，中国文化是台湾文化的一部分"。有人则认为台湾文化有四个系统，一是少数民族的文化，二是福佬系的文化，三是客家系的文化，四是大陆系的文化。

这些说法是把不同文化等同地并列起来，貌似客观、公正，其目的显然是有意不分主次，企图削弱主体文化的地位。他们居然把中国文化摆在与荷兰文化、日本文化同等的地位，这完全脱离了台湾的历史和现实。只要问一下：今日台湾社会是主要使用荷兰、日本的语言文字，还是中国的语言文字，这种有意贬低中国文化的企图就昭然若揭了。实际上，任何一种文化只要与外来文化发生交流，就会受到影响，或是吸收外来文化的某些成分，这种现象在各个国家和地区都是常见的，不能认为这样就叫做多元文化，即使有些地方存在多元文化，也不能不分主次，不能把外来文化等同于主体文化。就以上述所谓"四个系统"来说，福佬、客家、大陆三个系统都明白地属于中国文化，至于所谓"原住民"文化，那也是中国文化中的少数民族文化，或中国文化中的一个分支，你能说它不是中国文化而是外国文化吗？这种"理论"还认为"台湾文化是在台湾产生的文化，是台湾人共享的文化"，"台湾本土文化是属于所有台湾人的文化"。谢长廷

明确指出："台湾在日本强调法治之下已经愈来愈不像中国人了。"

上述主张的目的显然是要说明台湾文化与中国文化不同，台湾人应当认同台湾本土文化，而不要认同中国文化。为了不认同中国文化，就说台湾"愈来愈不像中国人"，那么是不是意味着愈来愈像日本人了？他们没有明说。台湾文化与中国文化有共同性，也有其特殊性，这是客观存在的现实，既不能强调共同性而忽视特殊性，同样，也不能强调特殊性而抹杀共同性。实际上，台湾文化不完全是"在台湾产生的文化"，台湾文化无法脱离中国文化而单独存在。说"台湾愈来愈不像中国人"，指的是什么？是文化吗？台湾与中国大陆接触外来文化的情况有所不同，受外来文化影响的方面和程度也有不同，这是特殊性的表现，但它并没有从根本上发生变化，并没有产生出一种与中国文化完全不同或存在本质差别的文化，台湾文化仍然是中国文化的一个分支。余英时认为"台湾文化是中国文化的新枝"，这种说法抬高了台湾文化的地位，而谢长廷却感到不满，他反对"台湾文化被当作中国文化的支流，当成地方文化贬低来看"。他认为要以台湾为主体，"台湾文化本身当然是主体"。在中国文化的体系中，台湾文化不是分支，不是地方文化，还能是什么？这种关起门来自认为是"主体"的说法，显然是不顾历史和现实，不顾台湾与中国文化的密切关系，任意割断文化脐带，它只能是一种政治口号，要想作为"理论"，在学术上是站不住脚的。

（二）主张台湾文化与中国文化不同，台湾是海洋文化，中国是大陆文化

这种"理论"强调台湾与中国文化的不同，彭明敏认为："近百

年来台湾脱离中国，政经社会文化制度已完全不同于中国。"李乔则提出："在台湾，事实上已具备有别于中国文化、有主体性的台湾文化或台湾新文化。"他们把台湾文化说成是海洋文化，以此与中国文化相区隔。谢长廷指出："台湾这五十年来的统治者是大陆文化，而被统治者是海洋文化，大陆文化是保守、僵化的，比较不会变动，但台湾民间的海洋文化是冒险的、模仿的、比较求新求变。"他喊出了"海洋文化的新兴国家"的口号，表明了这种主张的政治目的。

台湾文化与中国文化有共同性也有特殊性，二者之间存在一定的差异，这是不足为奇的。这种差异和中国文化内部齐鲁文化与巴蜀文化的差异相似，这是中国文化统一性和多样性的表现。于是，台湾有些政治人物和学者极力寻求台湾文化与中国文化的本质差别，他们找到了"海洋文化"，似乎找到了理论依据。

关于"海洋文化"问题，我曾经在《台湾历史与两岸关系》一书作过仔细分析，这里要指出的是，"海洋文化"是不是台湾特有的属性，台湾学者已经有过不少研究，请看以下论述：

陈昭南："中国不只是一个大陆国家，也是一个海洋国家。""今日台湾乃是中国向海洋发展所造成的历史事实。"

李亦园：中国海洋发展史"如从地理区域的观点而言，大致可分为三个部分，其一是作为海外发展基地的沿海地区，其次是沿海的岛屿，包括台湾与海南岛，再次是非本土的海外地区"。

余英时：海洋中国"是从中国文化的长期演进中孕育出来的"，所谓"海洋中国"，包括东南沿海地区以及向海岛海外发展，郑芝龙、郑成功的政权"象征了现代海洋中国的开始"，而台湾"真正成为海洋中国的尖端则是最近四十多年的事"。

陈芳明：台湾"一方面背向古老的亚细亚大陆，一方面又朝向浩瀚奔放的太平洋"，因而"不能不带有大陆性的保守与海洋性的开放之双重性格"。

许信良："海洋与大陆的依违游移，就成为台湾历史的一出主要戏码"，"它（台湾）既不完全属于海洋，又不完全属于大陆"。

林满红："将台湾的历史根源窄化为海洋文明实不完整。中国文明是台湾的资产，也是与大陆合作的重要基础。"

我想不需要重申自己的观点了，如果"台湾海洋文化论"想要成为理论，至少必须对上述学者的观点作出有力的反驳，可是这并不是一件容易的事。

（三）认为中国文化是落后的，必须加以"淘汰"或"彻底抛弃"

李登辉曾经公然侮辱中国文化，他说，中国几千年来都是"骗来骗去"。同时，台湾有人认为中国传统文化就是封建保守、个人专制、图腾崇拜，中国文化里没有平等的要素，甚至"举凡贪污腐化、残暴、斗争、欺骗、虚伪，以至脏乱、吐痰都是中国文化"。还有人把"祖宗崇拜，原乡的孺慕"视为台湾人身负的"文化上的毒素"。他们力图把中国文化说成是落后的东西。谢长廷则要把台湾文化与中国文化分出高低，宣称，从文化角度观察，1947年"二二八事件"的原因是"文化较低的族群要来统治文化较高的族群"，是"大陆来台的比较野蛮、低落的国民党政权要想控制文化水平较高的台湾人民"。

他们把中国文化看成是"劣质文化"，一无是处，必欲除之而后快。李鸿禧主张中国文化是"长年的腐肉"，必须去除。郑钦仁也认为"在这五十年，一百年当中，所传入的中国文化也不是十分精华的部分，并非在近代化的过程中所能够使用的，必须经过反省、淘汰"，

"尤其要破除以中国为中心的奴隶心态"。民进党则更加激进，他们主张"彻底抛弃"中国文化，在民进党文化政策白皮书中写道："过去的'中华民族—中国人'的民族主义因为违背了多元融合的理念，并且有助于中华人民共和国对台湾的主权要求"，"必须逐渐彻底抛弃"。他们的政治目的是要反对"中华人民共和国对台湾的主权要求"。"白皮书"还进一步指出："当前台湾民族主义在最高层次是对中华民族、中国人以及相关的中国政府的反抗。"这说明他们把不仅在政治上而且在文化上开展反对中国人、中国政府、中华民族的抗争，当做"最高层次"的任务。

中国文化在世界文化史上占有重要的地位，中国传统文化是世界文化发展史上的一个高峰，它的影响扩散到东亚各国，它是不可能轻易地被否定的，更不可能被"骗来骗去"之类无知的诅咒所骂倒的。当然，中国文化也有其消极因素和重大缺陷，必须通过新陈代谢，破除旧的文化体系，吸收外来的先进文化要素，按照现代化的需要进行重新建构，实现传统文化的再造与新生。文化是一个不断创造的过程，任何文化概莫能外。中国文化需要再造，但不能抛弃、消灭。

（四）主张不认同中国文化，而极力鼓吹认同台湾文化

他们为了"去中国化"，以为只要主观上闭着眼睛"不认同"，再加上行政手段的干预，就可以在台湾社会中抹掉"中国文化"的影响。可是，实践证明台湾的文化无法与中国文化分开，所以有人主张"文化上认同，政治上不认同"。彭明敏指出："一个人可以为汉族的文化遗产感觉自傲，但同时仍希望在政治上和法律上，与中国脱离关系。"他又说："我们可以对汉族文化感到骄傲，但这与国家认同是不同的。台湾现在挥之不去的大中国情结，实在是'文化种族认同'与

'政治法律认同'完全混淆的结果。"后来他们发现"文化认同"对"去中国化"不利，于是郑钦仁主张："现在我们不需要再讲'文化中国'，就以'华人的文化'来说就够了。为了主体性的建立，如果在概念上会造成混淆不清时，就尽量不用'文化中国'这个名词。"理由是"因为文化认同会被支配者利用而成为文化霸权"，从而支持中国的"政治霸权"。他们担心台湾一般民众"难把台湾文化与中国文化分开"，所以极力鼓吹要"建立台湾文化的主体地位"。林美容认为"它牵涉到的不只是国家领土、主权的问题，也牵涉到我们要不要台湾作为一个国家"。

由此可见，他们之所以不肯认同中国文化，强调台湾文化的认同，并不是因为台湾民众不认同中国文化，实际上很多人都认为不能不认同中国文化，只好肯定了"文化认同"，也不是因为台湾民众只愿意认同台湾的乡土文化，人们发现台湾的乡土文化脱离不开中国文化，甚至是"愈乡土愈中国"。他们之所以害怕文化认同，是担心对中国的文化认同导致对中国的国家认同，他们鼓吹认同台湾文化也是为了其政治目的：从对台湾的文化认同导致对台湾的"国家认同"。

龚鹏程在考察近年来的"台湾新文化"的论述以后指出，这种文化论一方面反对中国，一方面强调台湾。反对中国，包括反对大陆，反对大陆人，反对大陆来的政权，反对大陆文化。强调台湾，包括强调台湾本土，强调台湾人，强调台湾文化，强调台湾人的政权。他写道："这些年来，台湾本土文化之说甚嚣尘上。台湾文化的追寻，土地根源意义的掌握，几乎成为一种'神圣性'的行为，但是，混杂在'平反意识''反叛意识'中的台湾文化本土自主性追求，事实上似已成为另一种媚俗的姿态，甚至沦为政治权力争夺的策略，以及消费大众文化中的口号与商品。"这是在台湾的学者得出的结论。我们从上述主张"台独"的学者和民进党的文件所提出的"理论"中，也不难看出从文化上"去中国化"的分裂主义的政治目的。

"去中国化"的实践

现在，上述"去中国化"的理论已经化为实践活动，并对实践起着指导作用。应当指出，从许多具体实践中，并不一定能够看清它的政治目的，尤其是不少参与者并不一定具有政治目的，某些活动往往包含着一定的合理成分，这样就不容易辨明是非了。为了说明这些实践的政治目的，我们不得不费些功夫寻找证据。以下针对"去中国化"文化动向的一些具体事例进行具体的分析。

（一）"台语"教学与通用拼音

国民党统治台湾初期，极力推行"国语"，这本来对于不同族群的人们进行交流和传播中国文化是有帮助的，可是，当局采用的是强制的手段，在学校里不讲"国语"就罚钱、罚站，李登辉说："我儿子的时代，在学校如果说了台语，则就像日据时代说了台语一样，会被处罚的。"同时，广播电台的"台语"节目也要限时段、限时量。有人认为这就在社会上造成了"国语优秀，台语低劣"的印象。初期能够熟练掌握"国语"的多是外省人，而台湾本省人则需要一个学习的过程，一下子还不能适应，在工作上、就业上发生一些问题。于是，一些本省人把外省人看成"支配者"，而自己则是"被支配者"，他们指出："被支配者被踢出公家机关，教育文化都掌握在支配者手中。"他们认为用统一的"国语"强迫教育台湾民众，是要"消灭方言""从根本上切断青少年用母土表情达意的能力"。经过几十年的过程，现在有不少台湾本省人的子弟已经不会说本地话了。在这种情况下，有人提出进行"台语教学"，这本来是一个合理的要求。这种情况与中国大陆形成鲜明的对比，大陆也推广普通话，但从来没有采用强制的手段，从来没有轻视或限制地方方言，香港、澳门也一样。各地方言照常流行，即使不少年轻人不会说当地方言，人们也不会当做一件严重的事情。

台湾人民要求讲本地话，要求自己的子弟学会乡土语言，完全是合理的，谁也无权反对。问题是有些人把这个问题"政治化"了。民进党认为，"国语运动的推行、禁止或歧视使用台湾的语言"，是国民党当局"把特定的中国的形象强加在台湾人身上"的一种手段。他们还把讲"国语"提高到压迫与被压迫的角度来看待，他们说："'国语'一直占有主流的支配地位，并有政府命令的保障"，"'国语'的支配力量其实反映了中国在台湾的优先地位，代表了支配者与被支配者、压迫者与被压迫者的关系"。他们歌颂极端的"台湾人本质主义倾向"，在这种倾向下，"和台湾相关的文化符号则被赋予神圣的位置。闽南语，或通称台语，被当成是认同台湾土地或人民的标准，不会说闽南语被当成不认同台湾，或者轻忽台湾"。有人主张"未来的国语与官方语言应当重新拟定"，还有人要推行"台语文字化"，主张用"台语"写作。民进党人中有一部分人极力避免讲"国语"，他们在许多公共场合有意地只讲"台语"，因为这是他们政治活动的组成部分。他们主张必须废除所有关于"国语"的规定，各族保存与发展自己的语言。在民进党的白皮书中，他们公然把"保护并且推崇母语"作为对中国人、中华民族"以及相关的中国政府"进行"反抗"的"民族主义"的一种表现。由此可见，强力推行"台语教学"绝对不是单纯的语言问题、文化问题，其真正的政治目的还在于"去中国化"。

至于要使用"汉语拼音"还是"通用拼音"，本来也没有什么问题。语言是人类的交际工具和思维工具，本身没有阶级性，作为掌握语言的工具的各种拼音法，更是工具的工具，其本身当然不具有政治性。不能说用"汉语拼音"就是主张统一，用"通用拼音"就是主张独立。问题在于台湾当局早在1999年就已经决定采用汉语拼音为中文译音方案，而新当局却要把它改为通用拼音，动机是什么呢？有人一语道破了它的政治意图："主要考量是怕台湾被视为中共的一省。"民进党人提出"要国际化不必然要透过大陆"，原来是因为大陆用汉语拼音。有人指出这种做法"名为尊重本土文化而兼具反共意识，实为'台独'意识作祟"。

（二）《认识台湾》教科书

祖国大陆一向教育人民要热爱自己的家乡、热爱自己的祖国，各地都编写了乡土教材，对青少年进行爱国主义的教育。台湾在国民党统治下，各级教育基本上不涉及乡土的内容。有人站在"台湾主体性"的立场，指控前台湾当局的缺失："完全没有教育我们的儿童、青少年去认识本土的历史、地理、社会、民俗、语言、艺术等等，导致我们的年轻人并不认识我们自身的文化"，"台湾史被放在中国史脉络中讲授，只讲一点点，又多强调台湾与中国的历史关联，特别是当权者如何发现、开拓、经营、治理台湾，完全不是以台湾为主体来展开叙述，教科书里的历史是人民不在的历史"，"历史系少有台湾史课程，中文系没有台湾文学课程，哲学系也没有人研究台湾的思想家"。在当局的控制下，"二二八事件"的研究，甚至台湾历史的研究都成为禁区。随着本土化的发展，人们提出了解台湾的历史的要求，这本来是正当的。

问题在于编写《认识台湾》教科书的过程，受到李登辉当局以及分裂主义势力的政治干预。李登辉提出："我要国民小学教育里多加些台湾历史、台湾地理，以及自己的根等等课程。"在他的影响下，"台湾意识""台湾精神""台湾生命共同体"等"脱中国化意识"，以及是"台湾的台湾"、不是"中国的台湾"之类的思想，在编写过程中起着主导作用。主持人之一的杜正胜提出所谓"同心圆概念"，主张以台湾为主轴，结果教材中极力鼓吹"我们都是台湾人"，宣扬所谓"台湾魂""台湾精神"，把"中国人""中华民族""中华文化"这样的名词都删去了。《历史篇》的主持人希望能够排除"政治干预"，主张"客观中立"，参加编写的部分学者也能坚持尊重史实、客观公正的立场，但结果还是不能不受到政治的干预。对《认识台湾》的具体意见，我们已经出版过《〈认识台湾〉教科书评析》一书，这里不再重复。

现在我们要着重看看民进党的态度。民进党在国民党执政时主张"彻底检讨现在国民教育内容中有关的'大中国'思想，调整关于中国历史与地理的内容教材，代之以与台湾本土相关的内容材料，了解台湾本身族群的历史、社会以及生态起源和发展，使对台湾的认识成为公民身份的重要一部分"。在编写《认识台湾》教科书的过程中，民进党还没有执政，他们不是编写教科书的主导者，但他们主张以"台湾立场"看台湾，以台湾观点看台湾历史，主张放弃"大中国观点"。他们曾经提出"教科书不能由官方制定"。他们对《认识台湾》教科书虽不满意但可接受，因为这些教科书基本上符合民进党"去中国化"的要求。所以，民进党上台以后，便把这些教科书加以使用。

（三）本土文学论

各地都有当地的文学，或称乡土文学，这在台湾已经有过专门的讨论和争论。研究台湾文学当然是需要的，大陆有一批学者也参与了台湾文学的研究。可是，近20年来，在台湾的文学思潮中出现了"脱中国化"的倾向。例如，宋泽莱指出："台湾文学不是中国文学，台湾文学自古就自成系统。"彭瑞金主张："没有独立自尊的台湾文化，就没有所谓台湾人。台湾文化应该从'中国人意识'的纠缠中走出来。"林双不则明确地表示提倡台湾文学是为了建立"新而独立的国家"，他说："我们希望在我们自己台湾人本身，我们必须彻底觉醒争取自己的权利，掌握自己的命运，建立新而独立的国家。这就是为什么要提倡创造一种'新而独立'的台湾文学的最主要意义。"

所以，台湾学者石家驹评论说："随着80年代以降台湾独立运动和'理论'的发展，台湾文学的'本土论'、'台湾民族论'、台湾文学的'去中国''脱中国'论也陆续登场。"他指出"台独文论"的反动性和倒退性，即从乡土派反帝论基础上的中国民族论，倒退到"台独"派不反帝、亲帝国主义、反共反华的"台湾民族论"。一方面要把台湾文学变成反民族、反中国的文学，另一方面却把40年代初台湾"皇民文学"予以正当化与合法化。大陆学者朱双一也指出："（台湾）部分作家甚至企图通过对已被偏狭化了的台湾意识的强调，为社会上日益膨胀的政治离异运动服务。"

（四）其他各项本土研究

台湾从事本土古迹、民俗、收藏的研究，开展台湾史、少数民族、"二二八事件"、客家以及义民爷信仰等本土问题的研究，这本来都是正常的现象。编纂县志、县史更对当地的发展具有重要意义。祖国大陆各地都成立了方志编纂机构，进行了大量工作。问题在于鼓吹者和主导者往往带着政治目的，请看以下事实：

林美容认为，近年来台湾史研究的热潮是在"国家主权意识逐渐强化"的条件下展开的。她说："如今'台湾人'的意识，已经胜过 50 年来国民党政府所一再灌输的'中国人'意识，也早已洗脱战争时期日本殖民政府所灌输的日本国民意识，更已经超脱了强调血统的'中国人'论，明白地向中华人民共和国宣示坚持国家主权的不可侵犯，一个新兴的民族国家正在形塑当中"，"台湾史研究的热潮正是在这几年澎湃的政治运动与社会运动、统独的纠葛争议以及台独主张破茧而出的过程当中爆发出来"。可见台湾史研究是和政治分不开的。当然，并不是所有的学者从事台湾史研究都带有政治动机，但至少有一部分人的政治目的就是为了"去中国化"。

"在台湾史热潮之下，有些民进党主政的县市政府纷纷著手编纂县志或县史、乡土教材及母语教材，教育部也通过在国民中学设立'认识台湾'课程。"民进党对此感到兴奋，他们说："各大学学生不顾学校当局的阻挠，纷纷成立了'台湾研究社'，试图找回台湾在历史、思想及生活的主体性。台湾史研究也从冷门学科变成热门学科。'二二八'研究、台语研习、台湾文学、美学、台湾人传记、台湾乡土艺术民俗等的研究，汇成一股潮流。这种情形，其实可以称之为一种'自我意识'的重新发现与再创造。"他们认为这些事实表明，"台湾人意识"已经在日常生活中取得优势，必将形成政治生态的改变。

同样，古物发掘、民俗考察、古迹维护、民艺收藏乃至民间信仰、社区公众的祭祀活动，歌仔戏，本地歌曲、歌谣、当地武术等的搜集与研究，都与自我认同、增强社区意识、乡土认同相联系，目的是"培养社区集体感情和社区认同，促进本土意识高涨和本土认同"。为什么要强调本土认同呢？林美容认为，国民党当局"一味灌输中国人、中国文化与中国意识，造成台湾人民在现实的'国'与理念的'国'之间迷乱恍惚，无法自我认同"，她极力鼓吹本土认同，排斥中国意识，是为了使大家能够认同"台湾这一个我们生活与共、命运与共的共同体，就是我们的国"。总之，通过文化认同和共同体的认同，达到"国家认同"，这就是他们的目的所在。

（五）台北故宫博物院

台北故宫博物院收藏丰富的珍贵文物，是中华民族优秀的文化遗产，吸引了世界各地游客前往参观，也令所有的中国人都引以为荣。但是，"故宫所代表的正统的中华文化，成为台湾民族主义想象的障碍"。民进党上台以后，新任博物院的负责人主张"本土化"及"世界性"，即朝世界级及本土的收藏方向发展，要增列台湾本土文物，而把故宫文物改称为中国文物。台湾本土文物当然也需要保存，也可以陈列，但是否一定要陈列在故宫？是否需要改变故宫博物院的发展方向？台湾学者王仲孚在评论这种主张时指出，这不过是"想用台湾本土文物来冲淡故宫原藏中国文物的特色，以迎合政治新贵的口味"，"真正用意是配合台湾的政治新形势，表达'去中国化'的理念罢了"，他呼吁"不要因为政党轮替把统独意识带到故宫"。

（六）"原住民"研究

台湾少数民族，即"原住民"，大陆原称高山族，实际上分属9个不同的族群，他们是较早就居住在台湾的少数民族，现有人口大约36万人。对少数民族的研究早已开始，也取得不少成绩。祖国大陆对各个少数民族都有专门的研究，投入很多的人力物力。这项工作完全是必要的、正当的。可是，台湾有人出于分裂主义的目的进行这种研究，他们认为"把原住民加进去，台湾就和大陆不一样了"，"台湾人与平埔族通婚有了新血统，就不属于中华民族"。他们把高山族说成"原住民"，目的是要成立"主权独立"的国家。可见他们已经把少数民族的研究纳入"去中国化"的轨道。

在陈水扁主政下的台北市当局，决定把"介寿路"改名为"凯达格兰大道"，曾经引起两派不同意识形态的支持者进行针锋相对的抗争。学者指出，这次改名形式上由民众决定，实际上"由上位者透过权力来召唤或标示，权力是过程中的关键因素"。有人认为改变地名，是"跳脱汉族本位的思考"，"将有助于国人的土地、国族认同，强化台湾共同体的塑造，营造有特色的台湾文化性格，有利于国家未来的发展"。对于更改地名本身，我们不想表示什么意见，但显然这不是简单地更改一个地名而已。正如台湾媒体所说的，把"介寿路"改为"凯达格兰大道"，和把"台北公园"改为"二二八纪念公园"一样，都是"政治意义挂帅"。

（七）亲日反华的言行

李登辉受过"皇民化"教育，对日本殖民者很有感情。他自己说："我接受正统的日本教育，当然也深受日本传统的影响"，"我向来热衷研读日本思想家和文学家的著作，所以日本思想对我影响很大"。他公然鼓吹"殖民地时代日本人留下的东西很多"，"日本在台湾所做的一切都值得在历史上好好记上一笔，一定要让台湾青少年知道日本人曾经在这里做过了不起的事情"。在亲日的同时，他又极力反华，他把中国文化污蔑为"大中华主义"，进而主张要"摆脱大中华主义"，从而摆脱"一个中国"，直到摆脱中国。

在1995年纪念马关条约100周年时，台湾曾经举办研讨会，邀请美日等国反华亲日的学者参加，他们一同歌颂日本对台湾的统治，说它"使台湾接受现代化","接受法治观念",同时鼓吹"台湾管辖权不属于中国","台湾可以成为标准的国民国家",叫嚷"独立才是台湾的常态"。当时台湾舆论界就批评说,"朝野间充斥一片对日本殖民主义的歌颂阿谀,视马关条约的百年纪念为欢庆而非耻辱","只记得满清中国割台,对强占台湾的日本帝国主义者不仅无一语责难,反而像充满了感恩怀德的心情"。与此同时,由主张"台独"的"台湾教授协会"公然主办"告别中国"大游行,他们唱起日本军歌,高喊"告别中国,台湾独立"的口号,一时间"去中国化"行动形成了一个高潮。

最近,随着日本右翼作家小林善纪《台湾论》的发表,台湾又掀起了亲日反华的浪潮。新当局的"国策顾问"许文龙在《台湾的历史》一书中说:"日本统治台湾时,台湾经济很繁荣,社会非常富裕,简直与天堂相去不远","日本的台湾统治确实称得上全世界最有良心之举",李登辉对此表示"百分之百的同意"。另一个"国策顾问"金美龄则公然宣称她不是中国人,她为拿"中华民国"护照而感到耻辱,要求通过公民投票把"国号"改为"台湾国"。她的言论受到台湾公众的谴责,可是,陈水扁却表示他要"誓死捍卫"这样的"言论自由"。台大教授李永炽表示:《台湾论》阐扬台湾意识及台湾精神,鼓励台湾人的自我认同,另一方面也贬抑大中国意识对台湾的影响。这说明《台湾论》符合"去中国化"的要求,因而得到岛内分裂主义势力的呼应。

(八) 排斥中国文化的其他表现

为了"去中国化",新当局还采取了不少相应的措施。这里只举出一些事例提供参考。已经有人建议在公务员考试中废除"国文"、

"宪法"、本国（中国）史地等科目。无独有偶，"国史馆"提出建议，在相关的考试中增列日本史。他们要删、要增、所憎、所爱的是什么，不是一目了然了吗？

有人主张不必到大陆认祖归宗，而只要祭祀"开台祖"就够了，目的显然是要砍断中国文化的根。还有人主张不要到大陆祭妈祖，他们说，台湾妈祖保佑台湾人，她已经本土化了，与大陆妈祖"虽是同一神圣，却属不同'分会'"。关公是中国的"陆军上将"，久居台湾之后，转换为商家祖师爷。"澎湖与大甲妈祖每二年联合到台湾海峡举行盛大的'海域巡境'"，这是"确认有效管辖地区"的行动。"妈祖是台湾独立的行动者，先驱、伟大象征"，"从文化意义说，他们二位都是'台独分子'，而不能作为'统一证人'"。在他们的"诠释"下，妈祖、关公都可以为"台独"所用。不仅如此，连台湾同胞络绎不绝地前来大陆进香和寻根的行为，也被他们说成不过是社区社团为了当地利益而举办的活动，同时带有旅游性质，而不能作为"台湾与大陆的不可分割"的证据。

"去中国化"的实践几乎已经遍及所有的领域，不能不令人关注。

几点看法

第一，"去中国化"的政治目的：从以上分析可以看出，台湾社会确实出现了一股从文化上"去中国化"的思潮和动向，它实质上是一种政治动向，其目的是通过文化上的"去中国化"达到在政治上从中国分裂出去的目的。

首先，他们要进行"（台湾）文化创造运动"，他们把"文化创造运动"与"去中国化"当做是一体的两面，只有破掉中国文化，才能创立台湾文化。他们制造"台湾文化"和"台湾人"的归属意识，是和消除中国文化、否定中华民族主义精神同时进行的。

其次，他们要使台湾人民只认为自己是台湾人，而不是中国人，只认同"台湾生命共同体"或"台湾命运共同体"。李登辉指出："只要认同台湾、疼惜台湾，愿为台湾努力奋斗，就是台湾人。而怀抱民族情感，崇尚中华文化，不忘记中国统一的理想，就是中国人。"他把"台湾人"与"中国人"完全割裂开来，其区分标准就在于是否"崇尚中华文化"，是否主张统一，可见李登辉具有强烈的"去中国化"的立场。彭明敏也说："新台湾人就是能够逃出大中国情结，彻底认同台湾命运共同体的人。"

再次，通过对"命运共同体"的认同，达到对台湾的政治认同和"国家认同"。谢长廷坦言："台湾命运共同体和台湾独立是相通的。"陈芳明也说："政治运动必须配合文化运动才能升华，文化运动也必须结合政治运动才能落实。台湾文化工作者必须投入政治运动，才能巩固文化运动的领土。"彭明敏更是直截了当地主张："朝野都必须建立台湾的主体性，并坚持台湾优先的原则，政治上最好不再谈'中国'，不谈'统一'，不谈'台湾是中国的一部分'，将'国统会'裁撤，把台湾从着魔似的'中国情结'中解放出来，台湾未来才有希望。"以上引述的都是"独派"自身的言论，他们自己明白无误地说出了"去中国化"的分裂主义的政治目的，这不是任何人强加于他们的。这一点有许多好心人并不一定知道。

第二，"去中国化"的形成原因："去中国化"的出现不是偶然的，它是在一定的历史条件下形成的。首先，它的出现与国民党统治时期压制台湾本土文化的政策有关，是在本土化进程中对国民党专制统治的一种"反弹"，本来，要求发扬本土文化，开展对本土文化的研究，有其合理性，但有人利用来排斥中国文化，则走向反面成为谬误了。其次，在两岸关系不和谐的情况下，在"国家认同"相互对立的条件下，从李登辉开始就极力企图摆脱一个中国原则，他们把"去中国化"当做是达到上述政治目的的一个手段，以为只要极力淡化或割断与中国文化的关系，就可以不承认一个中国原则。再次，最主要的是分裂主义势力的鼓吹与推动，他们以为只要在主观上不认同中国文化，就可以达到在政治上不认同中国的目的。总之，"去中国化"思潮与动向的形成有其客观和主观的原因，需要具体分析，在揭露其分裂主义目的的同时，还应当考虑到它的历史背景，才不会把比较复杂的问题简单化了。

第三，"去中国化"的图谋是不能得逞的。所谓"台湾文化"，主要来自中国的闽南文化和客家文化，这二者都是中国文化的分支，也就是说，台湾文化的主体是中国文化。如果除去中国的语言、文字、人名、地名、书籍、媒体、文学、历史、风俗、习惯等等，台湾文化还剩下什么呢？难道成为日本文化或美国文化了吗？实践证明，从以上各个领域"去中国化"无法达到预期的目的，有人已经发现"愈是本土的就愈是中国的"。谢长廷还是比较理性的，他认为"中国文化不是那么容易消灭的"，不应当"去消灭中国文化"。李乔也说："完全抛弃汉文化是不可能，然则过滤是绝对必要的。"这些看法与盲目狂妄地要"抛弃""去除"中国文化的说法还是有区别的。正确的做法不应当是"去中国化"，而应当是：两岸共同发扬优秀的中国传统文化，共同克服中国文化中的消极因素，互相介绍在吸取外来文化方面的经验教训，共同创造出既有民族特色又具现代精神的新的中国文化。

第四，需要强调的是，在台湾，有许多参与上述文化活动的人士确是学者或普通百姓，他们并不是分裂主义者，他们或是从学术角度从事研究，或是把所从事的文化活动当做自己的职业或事业，他们并不一定能看清当权者、主持者的政治意图，也不一定按照当权者的意图办事。即使有些人在观点上和我们不同，也是属于学术问题，不一定带有政治目的，或与统"独"有关，有必要认真考察，区别对待。更不能把主张讲"台语"（闽南语）、用通用拼音、参与编写《认识台湾》教科书、从事台湾本土文化研究的人，一律看成是主张"台独"的人，或把他们所从事的活动都当做"文化台独"。不同性质的分歧，有必要予以分清。

（2001 年）

参考书目：

[1] 民进党政策研究中心：《多元融合的族群关系与文化》，台北：民进党中央党部，1993 年。

[2] 李乔：《台湾文化造型》，台北：前卫出版社，1995 年。

[3] 谢长廷：《新文化教室》，台北：月旦出版社，1995 年。

[4] 林美容：《台湾文化与历史的重构》，台北：前卫出版社，1996 年。

[5] 曾健民等：《台湾乡土文学》、《皇民文学的清理与批判》，台北：人间出版社，1998 年。

[6] 施正锋：《台湾民族主义》，台北：前卫出版社，1994 年。

[7] 宋泽莱：《台湾人的自我追寻》，台北：前卫出版社，1988 年。

[8] 林劲：《"台独"研究论集》，台北：海峡学术出版社，1993 年。

[9] 夏春祥：《文化象征与集体记忆的竞逐》，《台湾社会研究季刊》，1998，（31）。

[10] 彭明敏：《自由的滋味》，台北：李敖出版社，1995 年。

[11] 陈孔立：《台湾历史与两岸关系》，北京：台海出版社，1999 年。

[12] 陈孔立等：《〈认识台湾〉教科书评析》，北京：九洲图书出版社，1999 年。

[13] 张岱年等:《中国文化与文化论争》,北京:中国人民大学出版社,1997年。

[14] 郑钦仁:《谈台湾主体性观念的建立》,《自立晚报》(台北)1995年3月16日。

[15] 林安梧主编:《海峡两岸中国文化之未来展望》,台北:明文书局,1992年。

[16] 彭明敏:《"独立"才是台湾的常态》,民众日报(台北)1995年4月17日。

[17] 陈芳明:《鞭伤之岛》,台北:自立报系出版部,1989年。

[18] 林双不:《大声讲出爱台湾》,台北:前卫出版社,1989年。

[19] 朱双一:《近二十年台湾文学流脉》,厦门:厦门大学出版社,1999年。

[20] 李登辉:《台湾的主张》,台北:远流出版社,1999年。

"二二八事件"中的本省人与外省人

关于"二二八事件"时期本省人与外省人的关系问题，有这样一些结论性的看法：

李敖指出："二二八的事件就是在一九四七年二月二十八号，台湾发生了一个民变，发生了以后台湾人就杀外省人，连杀了十天。然后外省人的增援部队到了台湾，又开始杀台湾人。杀台湾人的过程里面，这些军人他不晓得谁该杀谁不该杀，结果台湾人检举来杀，所以最后一段就是台湾人来杀台湾人，整个的故事就这么个故事。"[1]

赖泽涵等在《二二八事件研究报告》中指出：受难的台人，自信并无反叛政府的行为，却死于祖国军警的镇压，或秘密处决，有的则因军队的扫射成为冤魂。大陆籍人士并非尽皆贪官污吏，而部分人士却成为代罪羔羊，为不法群众盲目攻击，因而伤亡。[2]

显然，当年国民党当局残酷镇压了台湾民众。当今的国民党主席马英九承认那是"官逼民反"，为此，他代表国民党向受难者亲属道歉。至于在这次事件中，外省人被殴打、杀害应当也是事实。但是，台湾出版的一些著作却不讲或少讲本省人殴打、杀害外省人，只讲外省人镇压、屠杀了本省人，并强调本省人保护了外省人；有的言论则认为不应当抹杀外省人被本省人殴打和屠杀的事实，这一部分受难者也应当得到平反。有一位"二二八事件"的亲历者写信给我，迫切希望历史学者能够把"二二八"的真相告知后人。

"二二八事件"发生时，我还是福州一所中学的高中生，在我的记忆中，当时有亲戚在台湾的福州人，纷纷打电报去台湾，电报局里挤满了人，电文却几乎一样，只有两个字："安否"。事件之后，有大批外省人回到福州，报上说"福州旅台者纷纷逃回"，他们"饱历台变惊险"，而"留台者均急于求去"。这是当年作为台湾邻居的"外省人"对"二二八事件"的一种"记忆"。

杨渡《二二八的六个最基本问题》一文指出："今天台湾研究二二八的人，仿佛只有一种声音，却忘记了台湾人也曾是暴动的发动者、加害者。在二二八的历史里，本省人外省人都有受害者。如果事情只有一种面向，历史怎么会有真实？和解，应该是一种互相倾听、互相了解的过程，而不是单向的。"[3]

是的，究竟本省人有没有殴打、杀害外省人？为什么本省人要打杀外省人？为什么又要保护外省人？是谁打杀外省人？时间多长？死伤多少？当时外省人与本省人的关系究竟如何？这些历史的真相有必要给予厘清，如果有意掩盖真相，"历史的伤痕"将永远无法抚平，"二二八事件"的处理就不能得到比较完满的终结。

百尺竿头，何不更进一步？

一、本省人有没有殴打、杀害外省人？

台湾学术界对于这个问题有三种不同的说法，第一种是不讲殴打杀害外省人的事实，他们对"二二八事件"的讲述主要从 3 月 8 日开始；第二种是指出了"殴打""辱骂"外省人的事实；第三种则指出外省人被杀害的事实。

黄秀政等所著的《台湾史》指出："此时民众迁怒外省人，因此在台北、基隆、板桥等地开始有民众殴打外省人，从2月28日至3月5日实为外省人在台湾最艰苦的时期（当然此一期间也有不少台人保护外省人）。"[4]

戴国辉所著《台湾总体相》指出："一看到外省人，就处以私刑，还袭击外省人经营的店铺，逞凶加暴。""曾经是日本人向包括汉族系台民在内的中国人呼喝的'清国奴'的骂声，如今居然由本省人向应该是同胞的外省人乱骂一通。"[5]

戚嘉林所著《台湾史》则指出了外省人被杀害的事实："疯狂殴杀迫害外省人"，"腥风狂袭台北外省人"，"许多外省人横遭凌辱毒殴，惨死异乡台北"，"外省人哀号、求饶、仆地、呻吟、溅血、横尸、断魂"。[6]

赖泽涵等的《二二八事件概述》在"说明十九"中提到3月1日在台北发生了"盲目排斥外省人的暴动"，"不少外省人无端挨打"，"据闻，外省人被打死者至少有十五人，有些被木棍打成瘫痪"。[7]

其实，在当年发表的原始资料中，有关外省人被打、被杀的记载俯拾即是。被台湾学者李筱峰称为"有良心的中国记者"唐贤龙，在他所著的《台湾事变内幕记》中就有令人触目惊心的记载，没有必要一一引述。近年来台湾又发表了不少口述历史，也提供了相关资料。事实证明，被打、被杀的主要是外省一般民众，而不是贪官污吏。正如当年的《新闻天地》所报道的："他们没有目标的看见外省人就打，结果呢，原先作为对象的高贵大员丝毫无损，而遭殃的却是饿不死吃不饱的小公务员、商人、妇孺。"

因此，历史的真相应当是：

当时确实出现过"殴打""杀害"外省人的事实。只承认"殴打"不承认"杀害"是不够的。

如果连"殴打"都不承认，那更不符合历史真实。

可是，至今台湾仍然有些人对此却视而不见，在他们的文章、谈话中，极力掩盖、抹杀或不承认这些历史事实，企图歪曲历史真相，实在令人遗憾。

二、是哪些人殴打、杀害外省人？

以下原始资料记载了殴打、杀害外省人的人，但说法有所不同。

一是流氓。参加"处委会"治安组工作的汤德章问台湾籍刑事"到底是谁在打外省人，刑事说，都是市内的流氓，于是他（汤）就叫了各地友头（角头）来开会，向他们拜托，并说，不可以当土匪抢人，我请大家来帮忙"。

二是前台籍日本兵。"二二八爆发首日，主要的行动者是失业的前台籍日本兵，穿着日本军装，戴着日本军帽，模仿日本士兵喝斥的语调。"

三是流氓和失业的台籍日本兵。"据研究，在事件中痛打外省人的，多数是台湾本地的流氓和从海南被日军征召入伍而在战后返台失业的台籍士兵。至于广大善良的台湾同胞却是保护外省人的。"

四是有"浪人"参加。"那些从海南岛回去的兵，从福建回去的浪人，行动最为凶暴。""施暴动粗的，主要有两种人：一、为战后由海南岛、大陆各省以及南洋各地回来的、原日本军'志愿兵'、征兵、军伕等。二、为福建一带及火烧岛回来的浪人流氓。""我们被一群浪人拦车盘查，为什么称他们为浪人呢？因为他们都是一副日本打扮：头绑日本巾，手持武士刀。都是五十岁以下之壮丁，二三十人一伙，拦人拦车查问。我们厦门也讲台语，因此未遭毒手，但当时我亲见车外两位男子被盘问砍杀的整个过程。"

五是失业工人、饥饿百姓。"一些蛰伏良久的流氓地痞，和由海外返退伍军人，以及大多数失业的工人，饥饿的老百姓，更迅速纠集起来，到处殴打外省人。"

六是青年学生。"在这次事迹中，锋头最健、也最傻瓜、最可怜的应是忠义服务队和学生了（忠义服务队也以学生为主要分子），这些大中学生（有的还是未成年的小孩子）'不知'也可以说是'乐于'被人利用。""他们打了自己的同胞兄弟，学生打了先生、同学。"

七是有日本人。"日本朝日新闻谈到了，它说，"二二八事件"中，担任学生代表及忠义服务队副队长，现为二二八关怀协会总联络的这个廖德雄谈话，谈到了当时有一百多个日本人死掉。""有日本人介入了二二八事件，在闹事。"

以上原始资料表明，参加殴打、杀害外省人的，不单纯是那些"流氓、浪人、台籍日本兵"，也有一些本地民众，特别是青年学生参与了行动。同时，根据记载，当年某一位台湾省籍高级知识分子也主张"应该加诸于大陆人的暴力，以及对公务员的伤害，来表达极端的愤怒"。

李敖说："我将这些资料告诉大家，二二八今天绝对被简化成外省人杀台湾人是不对的，因为台湾也杀外省人，并且这里面还有日本人介入，有美国人介入。这些真相我们搞清楚以后，才发现它不是那么简单的一个案子。可是只有我们这种历史家这么有耐心的，把这真相一点一点掏出来，才知道二二八不是今天所说的那么简单，二二八原来有国际的背景，其中有日本人和美国人。"[8]他说明了事件的复杂性。

我想，如实地把当年打人的人和主张打人的人说出来，可以看出，除了一些流氓浪人、退伍日本兵以外，还有一些普通民众和青年学生，支持者还包括某些"知识菁英"。指出这一事实，目的不是为了说明这些人都是"坏人",而是为了说明事件的复杂性。他们之所以会有这样的思想、会被人煽动或自觉参与这种行动,不是用简单的理由,诸如"受到奴化教育""先进文化与落后文化的冲突",或是"打不到大的贪官污吏,便拿毫无保障的小公务员出气"的说法就可以解释的。

应当指出,即使是"穿着日本军服、挂着日本指挥刀"的,也不都是坏人,有这样的事例:3月7日在从台南开往台北的火车上,有些本省人拿枪对准外省记者进行检查。这时,有一个穿着军服、挂着日本指挥刀的台湾人说道:"他们(指记者们)都是好人。"并解释说,这次人民运动完全是要改革不良政治,检查的原因是怕你们有武器,怕共产党破坏铁路。外省记者在文章中表达了对这位"穿日本军服"的本省人的谢意。

由此可见当年本省人与外省人关系的复杂性。所以,对于这个问题,需要从台湾特殊的历史背景、当年国民党政府对台湾的统治,以及台湾同胞的复杂心态,作综合的研究,才能得到正确的认识。不要对复杂的问题作出简单的解释。

三、持续了多长时间?死伤多少人?

殴打、杀害外省人,持续了多少时间,也有不同的记载:

一是只有一天。"以外省人为主要泄愤对象,包括基层公务人员。但这现象很快在第二天就被制止了,也就是二月二十八出现打外省人的情况,到二月二十九这个现象就被有志之士制止了。"(按:当年没有2月29日,应是3月1日)"到了3月1日,殴打外省人的事就没有了。"

二是只有两天。"殴打外省人之情况，以二月二十八日下午的台北市最为严重，三月一日又持续了一天，以后就很少听到了。"

三是延续到3月5日。"从2月28日至3月5日。"

美国驻华大使司徒雷登向国务卿报告，3月4日台北来电说：台北没有再发生攻击外省人的事件，但岛上其他地方仍有骚乱不安之情形。

四是几天。"二二八事发的几天后，台湾的士绅出面组织二二八事件进程委员会稳定局势，这种报复性的骚动也较为少见了。"

五是一星期。"至少一星期时间"，"残酷地殴打外省籍的官员和老百姓，其中也有因伤重致死的"。

六是十几天。"在事变的十几天时间里，最主要的一件工作应是打'阿山'也。""十几天里，学生出尽风头，连十几岁的学生也参加行动。"

上述说法，有的是明显错误的。即使在台北也不是只有一天、两天，《二二八事件研究报告》指出："三月五日，（台北市）秩序已经完全恢复"，"治安也显著好转，盲目殴打外省人的暴行已减少"。

其他地区3月5日以后情况，在《研究报告》中有如下记载：

"（高雄）暴徒奸党及阴谋分子，即乘机煽惑学生、无知民众与失业青年，供给武器，使其四出骚动，抢掠外省人财物，将外省人集中看管。"

"三月五日下午五时，有十余名激进民众，带着枪、刀、手榴弹到（高雄）招商局宿舍，将全体人员拘捕，集中管理，并洗劫财物。"

3月6日，宜兰苏澳公路，"沿途各站均有暴民携带武器，登车检查行旅，凡遇外省人即予扣留毒打"。

花莲"三月五日事起之初有公务员四人（本、外省各二人）遭殴轻伤"。

从以上记载，可以看出，殴打、杀害外省人的情况，基本上在3月5日已经得到制止，而在边远地区，则还可能有个别的事例。吴浊流回忆说：3月5日"台北市可以说完全镇静下来，但地方却相反地陆续在纷乱中"。还有的报道说："在偏僻地区仍间或有一些流氓乘机抢掠外省人的财物"，"外省人仍不敢在街上走动"。总之，殴打外省人大约持续了六七天的时间。"十几天"的说法，也没有确切的史料根据。

此外，对于外省人被本省人殴打、杀害的人数，也有多种说法：

一是死亡147人。"外省人死亡合计为147人。"

二是伤亡400多人。"中央社报道：到3月3日止，台湾人伤亡一百人，外省人伤亡约四百人。"

三是1300人。"据估计伤亡的人数至少是一千三百人。"

四是二三千人。"从2月28日至3月7日左右，街上、公交车、火车、汽车、脚踏车上被打死的外省人就有二三千人之多，也有不少良善的台湾同胞不怕冒险地抢救掩护不少外省人。"

五是死亡398人。根据朱浤源的研究，当年被"暴民"加害者，死亡398人，失踪72人，受伤2131人。作者同时引用民进党当局二二八基金会的"受难人数"：死亡673人，失踪174人，受伤1237人。他的结论是："2月28日开始的短短几天之内，政府及民众被暴徒伤害的，高过后来3月6日之后较长的时间中，政府军被迫出兵平乱，所造成伤亡的人数。"[9]这个看法是否正确，还有待证实。

总之，究竟有多少人在"二二八事件"中伤亡，至今尚未有明确的结论。至于外省人的伤亡人数，估计也难有定论。尽管如此，故意夸大和缩小伤亡数字都是不可取的。正如当年著名本省籍人士丘念台所说的："地方当局透露，外省籍同胞被暴民杀死几千人；而民间却说事变期中，台民死伤近万。根据我的调查访问，双方实际伤亡数字，不及上列传说的十分之一，乃至不及百分之几。他们为什么要夸说死亡数字呢？难道死多了人便成为有理的一方？这种故作夸大的做法，大概是乱世变态心理的表现吧。"[10]

难道时至今日，这样的"变态心理"和"夸大做法"还要继续下去吗？

四、本省人怎样保护外省人？

有关本省人保护外省人的事实，台湾、大陆的不少出版物都给予肯定。《台湾史》指出："有不少台人保护外省人"；[11]《简明台湾史》指出："广大台湾民众保护了外省同胞"；[12]《台湾二二八事件档案史料》指出："许多外省籍公教人员、商人、学生都受到台湾同胞的保护"。[13] 原始资料、口述历史以及台湾省专卖局的档案中都详细记载了有关事实，有些事迹十分感人。以下列举一些事例：

（一）本省籍著名人士

作家吴浊流说："二二八事件是个不幸的事件。这个时候最重要的是保持冷静，不要迫害外省同胞。"

作家杨逵说："二二八发生时，外省人都不敢出来，我就把他们安排在一家旅馆保护。"

牧师黄武东说：从厦门、汕头来的外省会友被打得遍体鳞伤，"我乃设法让他们先洗浴，让他们换过衫裤，在伤处敷药，然后漏夜带他们到已接收的西门教会牧师宿舍中躲藏"。

国民参政员林献堂将财政处长严家淦保护在自己家中的故事，更是作为典型事例，广为流传。当时林献堂以自己的生命为严家淦作担保，他说："这个人对台湾是好的，你们要严家淦的话，先要踩过我的身体才可以过去。"不仅如此，当台中等处的外省籍公务员被暴徒拘禁于集中营，并决定全部杀光时，林献堂发出警告："你们如果把外省籍的公务员杀光，国军来了就要把台中的人民杀光"，九百多个外省籍公教人员的性命才得以保全。

（二）平民百姓

许多史料记载了这些事实，指出："大多数台湾老百姓依然是很善良的，并且在重重严密的监视当中，还想尽方法来保护外省人"，"许许多多的本省家庭保护了外省同事、老师、朋友"，"有很多台湾人暗地保护外省人，否则将有更多外省人伤亡"。在台中一带，有200多名外省教员受到本省人的保护，有的躲到本省人的亲戚家中。当年的《新闻报》指出："幸赖大多数良善台胞发挥同胞爱，用各种方法保护外省人"，"自二月二十八日至三月十五日，散处全岛外省人多仰赖良善台胞私人保护，这种高情厚谊使身受者永志不忘"。

下面是一些事例：

厦门人何志聪说：他的父亲当时的邻居是一家鱼贩夫妇，他们吩咐父亲不要外出，有人来时，可从竹篱小门逃到他家的田园里躲避。"那扇篱门拯救了父亲一命。"

"本省人王先生兄弟冒着危险，领我们到他家避难。王家的人把仅有的米煮成稀饭给我们吃，而他们则用地瓜粉煎粿吃，这种情形实在令人感动。"

当时就读师范学校的张永福回忆，他下课时发现有人在打"阿山"（外省人），赶紧趋前把人架开，还说："贪污那有轮到他们的份。"

他再晚一点，那人就会被打死。

有一个台湾人，带着几个外省人跑到中山堂去躲避，结果被乱民挡下来，几个外省人自然不能幸免，连带路的台湾人也一并被打死。

一个外省人被本省人追逐，一位姓王的台湾人出来救助，令其躲进他太太的房里。追逐者要搜他的家，王不肯，被打得遍体鳞伤，但依然横卧在门口，不让人进去。等到王已奄奄一息时，追逐者涌入搜寻，终未发现。这个外省人幸免一死，但姓王的本省人却已气绝身亡。

失业人员吴深潭保护新竹县长朱文伯的事例也很感人。当朱被打重伤时，吴把他安置在朋友家里加以掩护，但又不便送入医院或请医师治疗，就去购买药物，施行紧急治疗。第二天戒严，常有枪声，为安全起见，又趁夜化装，走避吴家，藏匿四天。吴出外探听消息，不幸被流弹所中，右手折断两指，左手手掌穿洞，流血很多，但没有丝毫怨言。

台南曾文区民众保护区长丁名楠（陈仪的外甥）的事例也很典型。丁在当地有很好的名声，"二二八"发生时，当地年轻人将他保护起来，保证他的安全。当"国军"到来时，丁要当地青年放下武器，他会保证他们的安全。可是有人当场端起枪，拉开保险，准备向他射杀。这时持枪者的家属反而靠拢到丁的周围进行保护，这样才化解了"一场箭在弦上的危机"。后来，丁名楠遵守他的诺言，军队到来时，他保证曾文区没有任何冲突，当地百姓没有伤亡。

杨炽昌回忆说：他的好朋友（台南）市参议员翁金护，为了保护外省人，将他们安置在今康乐街，安排住宿，准备膳食。但后来却被以"监禁外省人"的罪名被捕，"好心被雷打"。

新营镇长沈义人回忆说：为了收容外省人，他向各界募款买东西，去募款的都是妇女会的成员。事后政府却说这是欺侮外省人，让他们失去自由，是犯法行为。

（三）"集中保护"

有些地区对外省人采取了集中保护的措施。例如，高雄旗山地区由士绅召开治安维持会，保护外省人安全，乃将之集中青年旅社。嘉义中学的老师、学生做饭、送饭到收容所，照顾外省人。宜兰县将外省人集中于开化楼给予保护，并设立救护所，救护伤患。虎尾区则由本省人陈明嵩带领外省人到中山堂集中，加以保护，其他人不敢欺负。高雄的澎湖同乡会和三青团收容了不少外省人，并为他们疗伤。台中师范的师生收容了二百多名男妇老幼的外省同胞，加以保护照料，地方人士捐助白米，用十几口蒸汽饭锅，炊出干饭，由市妇女会合作，捏成饭团，配以腌菜、萝卜干，每天三顿，按口配给。

至于高雄第一中学，也集中保护了外省人，但却有不同的记载。一种是正面的，即"集中保护"，"学生们还是给他们东西吃，只是暂时将他们隔离而已"。另一种则是负面的，即"集中看管"，认为所谓"集中保护"，实为"拘禁"。当军队到达时，发现校舍的窗口上有一些外省人被绑在那里当人质。在嘉义，被"集中保护"的外省人经常受到斥责和鞭打，有1400多名外省公务员和家属被集中拘禁，当做人质。在台中，外省人则被"集中看管"，"不准自由行动，每天只给杯大的饭球两颗，且时被流氓殴辱"，甚至强迫外省人唱日本国歌。新竹县把外省人拘禁在大庙、警察局官舍、忠烈祠后山，有五个女眷被强奸。

以上资料表明，本省人保护外省人是无可辩驳的事实，有的甚至为了救助外省同胞，牺牲了自己的生命。但是有些情况则比较复杂，需要具体分析，既不要全面肯定，也不要全面否定。

五、外省人怎样保护本省人?

有关这方面的情况,一般论著很少提到,但在原始资料中却有所记载。曾可今的《台湾别记》写道:"有很多台湾人暗地保护外省人,否则将有更多外省人伤亡。同样,当国军镇压时,确有误杀和滥杀台人,而当时也有很多外省人出力救援。"此外,还有如下的说法:"在国府部队开始镇压后,外省人回过头来保护本省朋友","善良的本省同胞保护外省同胞不受流氓暴民打杀,甚至因此而牺牲生命。而善良的外省军民也保护本省同胞免遭误杀"。当年的机密文件显示,常常有多位外省人联名保证几位本省人,亲手用毛笔署名写下:"以生命担保,本省人某某未来不会有问题。"

《彰化县二二八事件档案汇编》中有七名外省人联名陈情警方,要求将"保护我等外省同胞之性命"的本省人释回:"在溪湖,六名福建人、一名广东人联名向员林区警察所长陈情,说杨金等这些人热心公益,事件爆发之后'勇敢力为、日夜奔走,保护我等外省同胞之性命'。然而,军方却来捕人。六人说,他们愿意连名具保","担保台湾籍商人杨金,爱祖国护民,绝无聚众殴人等行为"。该书编撰者吕兴中指出,在本省施暴、外省人清乡的同时,不乏彼此保护的。

一个外省人说:"三月五日前后,国府军队来了,抓了一群人要我们指认。我觉得与这些人无冤无仇,虽认得其中数人,但是我跟军队说:'他们是无辜的,并未参与。'"

本省人许成章回忆说:他的弟弟的邻居担心发生战争,开始挖防空洞,部队来时,以为他们要反抗,把他的弟弟和邻居一家老小都赶到市政府要枪毙。有一个较高阶的军官查问以后说,老人、小孩怎么会反抗？要将其释放。他的弟弟不敢回去，担心又要被抓。要求军官带他们回去。军官答应了。"可见军队中也有讲理的。"

逃难到台中师范、受到保护的外省人，多替台中师范师生说好话，没有一人被检举，人们都说这是"善有善报"。受到本省学生曾重郎保护的新竹中学校长辛志平，在"国军"到来时，也保护了曾重郎，并且帮助他逃过杀身之祸。国民党省党部主委李翼中，则极力担保本省籍知名人士蒋渭川的清白。

"国军"到达台湾以后，大多数外省人没有对本省人采取报复的行为。一个曾经被打的外省人说："我虽然被打三次，几乎被打死，但我不想报复，我原谅那些台湾人的幼稚和盲动。假使冤冤相报，仇恨越积越深，从此便永无宁日。"

但是，也有"少数心存报复的军警，以射击人命为儿戏，有时将善良的台湾人当成'暴徒'来处决，任意予以击毙"。

有关这方面的资料，显然比本省人保护外省人的资料为少。但也体现了本省、外省民众之间互相关心和互相帮助的事实。当然，社会是多样的，相互关系也是复杂的。只讲任何一面，都是片面的，不能全面地反映历史的真实。

六、几点看法

从以上事实可以看出，在"二二八事件"期间，本省人与外省人都是国民党政府的受害者，同时，本省人与外省人之间也存在着复杂的关系。概括地说，他们的关系是这样的：

第一，由于台湾回归不久，本省人和外省人的经历不同，文化上存在差异，彼此相处比较陌生，难免因各种差异而产生一些矛盾，但在"二二八事件"之前，他们和平相处，并不存在对立的情绪，更没有什么仇恨。

第二，当年接收台湾的国民党政府，在大陆时已经相当腐败，即将下台。他们统治台湾不到两年，就因贪污腐败导致民间的强烈不满。一般不明真相的台湾民众把国民党当局的统治视为"外省人"的统治。有人认为"由于外省人大多居于'能够贪污'的职位，因而'打倒贪官污吏'在一定程度上变为'打倒外省人'"，"不少民众把对于政府的不满投射于外省民众身上，造成外省民众无辜受害"。一位历史学者指出："外省人之所以惨遭殴打、侮辱、抢劫，甚至丧失了生命，考其原因乃源于台湾人对政治不清明忍无可忍的一种行动，原本'报复'的对象应该是有限的贪官污吏，及不守纪律的驻军，而不是广泛的公教人员与善良的百姓，因此行为难免过激。"[14] 在这种情况下，与本省民众并无冲突的无辜的外省同胞成为国民党政权的替罪羊。

第三，在"二二八事件"初期，对外省人造成伤害的，有流氓、浪人，但不仅仅只是流氓、浪人，有一些普通民众，特别是青年学生也参与了殴打、侮辱、拘禁等行动，甚至有些"知识菁英"也主张对外省人施加暴力，因而到处出现了"打阿山"的狂热。由此可见，把责任完全归于流氓、浪人，而否认本省人的任何过错是不符合事实的。当年由本省籍各界人士组成的"处理委员会"对此已经表示了遗憾："二二八那一天有一部分外省同胞被殴打，这是出于一时的误会，我们觉得很痛心，那也是一个我们同胞的灾难，今后绝对不再发生这种事件。"因此，在评论这一段历史时，至少应当承认本省人有过"过激行动"，这对外省人来说，可能是比较公平、比较可以接受的。

第四，与此同时，许多本省民众保护了外省人，外省人对此心存感激，永志不忘。其中有的体现了彼此间同事、师生、邻居等等的情谊，有的体现了同胞爱，有的则是善良人性的表现。各人的思想和动机不同，不要简单地或夸大地把它一律归入哪一类。

第五，"国军"到达以后，本省人受到残酷的镇压，滥杀无辜的情况十分严重，国民党政府是有罪的。外省人则没有罪。有人说，"在初期，本省人打了外省人，后来，外省人打了本省人"。这种说法如果不是无知，就是有意煽动省籍冲突。打杀本省人的不是外省人，而是国民党当局，作为打手的外省来的军警，执行的是国民党当局的命令。这个罪状不应当归到外省人身上。当然也有少数外省人乘机报复，通过检举，伤害本省人，他们是有罪的，但与大多数的外省人无关。

第六，从当年本省人与外省人关系的主导面来看，他们是互相关心、互相帮助的。当时，人们都承认这样的事实："二二八事件时，曾有不少台湾人保护外省人，事件后，亦有不少外省人伸手援助台湾人。"从事"二二八事件"研究的学者许雪姬指出："在二二八过程中，本省人、外省人互相救助的故事很多，应该从这个角度着手（考察）。"这个意见是正确的。本省人与外省人都需要有正确的"历史记忆"。我们回顾这段历史的目的，首先，是还历史本来的面目，作出公平的正确的结论，以免有人有意歪曲、掩盖、篡改，为特定的政治目的效力；其次，让大家看到当时本省人与外省人关系的主导面：一般老百姓是友好相处的、互相救助的，这个精神值得发扬，而不应当"记仇"，那样对台湾社会的和谐是不利的。

第七，现在，本省籍的"二二八事件"受难者已经得到平反，而当年受难的外省人，却还没有得到公正的对待。应当补偿他们的不是本省人，而是国民党当局，因为受难的外省人是当年国民党政府的替罪羊。

现在，现任的国民党主席已经向"二二八事件"受难的台湾同胞道歉，他是否也应当向受难的外省人道歉呢？

（2006 年）

注释：

[1] 李敖：《二二八和族群无关》，《李敖有话说》，凤凰台，2005 年 3 月 17 日。

[2] 赖泽涵等：《 二二八事件研究报告》，时报文化出版，1994 年，408 页。

[3] 《联合报》，2006 年 2 月 28 日。

[4] 黄秀政等：《台湾史》，五南出版，2003 年，253 页。

[5] 戴国辉著：《台湾总体相》，远流出版公司，1989 年，107 页。

[6] 戚嘉林著：《台湾史》，农学股份公司，1998 年，2053 页。

[7] www.228.org.tw/history228-general.php？id=11。

[8] 李敖：二二八事件，《李敖有话说》，凤凰台，2005 年 1 月 4 日。

[9] 朱浤源：《 二二八事件真相还原 》，转引自 http://www.law-culture.com/shownews.asp？id=13364。

[10] 张炎宪等编：《二二八事件回忆录》，稻乡出版社，1989 年，123 页。

[11] 黄秀政等：《台湾史》，五南出版，2003 年，253 页。

[12] 陈孔立：《简明台湾史》，九洲图书出版社，1998 年，207 页。

[13] 陈兴唐主编：《台湾二二八事件档案史料》，上卷，人间出版社，1992 年，22 页。

[14] 许雪姬：《光复初期的民变：以嘉义三二事件为例》，引自赖泽涵主编：《台湾光复初期历史》，"中研院"三民所，1993 年，201 页。